Texte zum Dokumentarfilm 10

AF287851

herausgegeben von der Dokumentarfilminitiative
im Filmbüro NW

Gabriele Voss
Schnitte in Raum und Zeit

Notizen und Gespräche
zu Filmmontage und Dramaturgie

Vorwerk 8

Texte zum Dokumentarfilm 10
herausgegeben von der Dokumentarfilminitiative im Filmbüro NW

Lektorat: Petra L. Schmitz

© 2006 Vorwerk 8 | Berlin
2. Auflage 2010
www.vorwerk8.de
Layout | veruschka götz typographers[1616]
Satz | Roman Mankowsky
Druck, Weiterverarbeitung | Interpress | Budapest

ISBN 978-3-930916-75-7

INHALT

Zunächst einmal – ein Vorwort

Als ich zum ersten Mal einen Schneideraum betrat, habe ich mir nicht vorstellen können, jemals über Wochen und Monate in der Abgeschiedenheit dieses verdunkelten Raumes zu arbeiten. Je länger ich aber später dort saß und zunächst nur bei der Montagearbeit zusah, desto mehr vergaß ich den hellichten Tag und die Welt da draußen. Ich vergaß die Stunden, die vergingen, und tauchte ein in das Licht der am Bildschirm entstehenden Geschichten. Inzwischen habe ich selbst mehr als dreißig überwiegend dokumentarische Filme für Kino und Fernsehen montiert, habe unendlich viel Zeit in der Abgeschiedenheit dieses dunklen Raums verbracht, doch die Faszination am Wachsen eines Films durch den Montageprozeß hat nie mehr nachgelassen. Wie kann man andere an diesen Prozessen teilhaben lassen und ihnen eine Vorstellung davon geben, was Montage eigentlich ist, wie weit sie ausholt, und mit welchen gestalterischen Fragen man sich in jedem Detail befaßt? Der Versuch wäre lohnend, denn oft wird der gestalterische Anteil der Montage an der Eigenart des späteren Films verkannt. Wie kann man mit Worten den Teil der Arbeit beschreiben, der zu großen Teilen schöpferische Arbeit ist? Kann ein Maler genau sagen, wie er sein Bild malt? Wird ein Schriftsteller genau darstellen können, wie sein Roman entsteht?

Als ich anfing, mich zum Thema ›Montage‹ und besonders ›Montage im Dokumentarfilm‹ umzusehen, stellte ich fest, daß über die gestalterischen Aspekte der Arbeit eher wenig geschrieben worden ist. Zwar finden sich Literatur zu technischen Fragen und Handbücher zu den verschiedenen Schnittsystemen, sucht man aber nach Texten über Dramaturgie und Gestaltung im dokumentarischen Montageprozeß, wird das Angebot dürftiger. Die Fragen nach der Gestalt eines Films sind nicht mit dem Abschluß des Drehens beantwortet. Sie reichen weit in den Montageprozeß hinein, in dem alle Elemente der Gestaltung zusammenkommen und die endgültige Form gefunden wird. Man kann den Montageprozeß nicht auf das Sortieren und Ordnen von Material, auf Auswählen und Kürzen und schließlich auf das Aneinanderreihen von einzelnen Einstellungen nach Vorgaben des Drehbuchs und Weisungen des Regisseurs reduzieren. Alle an der Montage Beteiligten bewegen sich in diesem Prozeß der Formgebung wie in den Windungen einer Spirale, in der bestimmte Elemente, gleich und doch schon verändert, auf immer anderen Stufen wiederkehren. Man bewegt sich vom Anfang bis zum Ende des Prozesses in zyklischen Bahnen, die sich, bedingt durch vielfältigste Einflüsse von außen, niemals 1:1 wiederholen. Mit dem Fortgang der Arbeit bewegt man sich zugleich auf dem unumkehrbaren Pfeil der Zeit, auf dem es immer wieder zu Überraschungen und chaotischen Wendungen kommt.

Es heißt, was bei künstlerischen Prozessen vor sich gehe, könne man nicht beschreiben, denn es beruhe im wesentlichen auf Intuition. Das gilt auch für den Montageprozeß. Dennoch kommt die Intuition nicht aus dem Nichts. Es gibt Hintergründe, aus denen sie sich speist, auch wenn diese im Moment der intuitiven Entscheidung nicht bewußt wahrgenommen werden. Diese Hintergründe sind hochkomplex. Sie setzen sich auf vielfältige und bei jedem auf unterschiedliche Weise zusammen. Sie kommen aus dem eigenen Vorwissen, aus der Vorgeschichte und dem kulturellen Kontext, aus dem eigenen Rhythmus und den aktuellen Wahrnehmungen der jeweiligen Umgebung, aus Tagesbefindlichkeiten etc. Zwischen Intuition und Ergebnis liegt eine unendliche Zahl von Wahlmöglichkeiten und Verzweigungen, die letztlich auch dazu führen, daß jedes Kunstwerk, jeder Film, einzigartig ist.

Ich führe seit Jahren Notizbücher, unter anderem auch darüber, was mich beim Prozeß des Montierens bewegt. Da findet sich, im Kontext der Arbeit notiert, sehr Unterschiedliches: Zitate aus Zeitungslektüren und Literatur, Notizen zu einzelnen Filmen und Festivals, Anmerkungen zu Ausstellungs- und Konzertbesuchen, Alltagsbeobachtungen, in letzter Zeit auch immer wieder Notizen zu Fragestellungen aus der Physik, der Chaostheorie und der Hirnforschung; manchmal weit Entlegenes, das mit der konkreten Praxis kaum zu tun zu haben scheint. Ich verwerfe es nicht, wenn ich das Gefühl habe: Das hat mit meiner Arbeit zu tun, wenn auch über Umwege und nicht unmittelbar. Es finden sich da zum Beispiel Notizen zur Quantentheorie und zu dem, was von ihr als »verschränkte Zustände« beschrieben wird. Die Wirkungsweise »verschränkter Zustände« ist dem Laien auch als »Schmetterlingseffekt« bekannt, abgeleitet von einem chinesischen Sprichwort, das besagt, daß der Flügelschlag eines Schmetterlings noch auf der anderen Seite des Erdballs zu spüren sei. Bezogen auf meine eigene Erfahrung bei der Montagearbeit heißt das, daß jede kleine Änderung an einer bestimmten Stelle eine nicht vorhersehbare Wirkung auf das Ganze hat. Eine Banalität, mag man denken. Sie hat aber weitreichende Folgen, wenn ich tagelang mit den Auswirkungen der kleinen Änderung auf den ganzen Film beschäftigt bin. Ähnlich anregend für eine Beschreibung dessen, was im Montageprozeß geschieht, sind für mich auch Kategorien wie »Chaos und Ordnung«, »Unschärferelation«, »Welle und Teilchen«, »Archetypus«, »lineare und zyklische Zeit« und das Bild der auf- und absteigenden »Spirale«, in der Anfang und Ende, lineare und zyklische Zeit, Wiederholung, Entwicklung und Veränderung eng miteinander verbunden sind.

Die Notizbücher sind Ausgangspunkt für dieses Buch geworden. In der Arbeit benutze ich sie oft als Zettelkästen, in denen ich unregelmäßig und unsystematisch herumblättere. Das Blättern führt häufig zu produktiven Reibungen. Es ist dem Spiel der Kinder vergleichbar, die am

Wegrand gefundene Steine aufheben und ausprobieren, ob sich damit ein Funke schlagen läßt. Wobei sie weniger nach strengen Regeln verfahren als nach dem Prinzip von Versuch und Irrtum, in dem der Zufall und das Vergnügen an der Überraschung eine große Rolle spielen. Ich weiß, daß ich dabei Gedankenspiele treibe auf manchmal ungesichertem Terrain. Aber das im Ergebnis offene Spiel mit seiner Mischung aus Regeln, Zufall und einem großen Maß an Unsicherheit hat für das, was im Montageprozeß geschieht, einen hohen Beschreibungswert.

Im Montageprozeß in den Windungen einer Spirale auf- und absteigen, dabei aus den Hintergründen schöpfen und doch die Mitte nicht aus den Augen verlieren, um die sich alles dreht. Im Zentrum des Montageprozesses steht für mich vor allem anderen: Wahrnehmung. Was ist zu sehen, was ist zu hören? Und mit welcher inneren Haltung begibt man sich in diesen Prozeß? Dann der Umgang mit dem Material, mit den Bildern und Tönen und die Fragen nach ihrer möglichen Kombination. Montage – zumal im Dokumentarfilm – ist für mich zuallererst dramaturgische Arbeit. Es geht um Erzählen, Spannungsbögen, Aufbau und Struktur. Es geht um den Zusammenhang zwischen größeren und kleineren Einheiten, die, schon bevor sie auf den Montagetisch kommen, mit Hilfe der Kamera aus Raum und Zeit geschnitten worden sind. Es geht um Anordnungen, nicht so sehr auf einer Fläche als auf dem unumkehrbaren Pfeil der Zeit. Zugleich geht es aber auch um die Parallelführung verschiedener Ebenen, um das Vertiefen in mehrere Schichten. Es geht um Zeit, Erzählzeit und erzählte Zeit, es geht um Dauer, Rhythmus und Timing. Es geht um Reihung und in der Reihung immer auch um Rückbindung an das, was schon dagewesen ist. Und bei alledem geht es auch um Werkzeuge, um ihre Einflüsse und ihre Handhabung.

Filmmontage ist in jeder Windung der Spirale ein Balanceakt: zwischen unendlich vielen Möglichkeiten und der Notwendigkeit der Reduktion, zwischen den Gegebenheiten im Material und den eigenen Absichten, zwischen Normen, Konventionen und dem Finden einer eigenen Sprache, zwischen einem Zuviel oder Zuwenig an Offenheit und Struktur, zwischen Paradoxien, die zwar zu gestalten, letztlich aber nicht aufzulösen sind. Es gibt keine festen Regeln, die auf alles passen. Und: das offene Spiel beginnt mit jedem Film neu. 9

Zu den Notizen, die sich über Jahre ansammelten und zu den Fragen aus der eigenen Praxis kommen die Fragen an andere: Wie sehen sie den Montageprozeß, und vor allem, wie arbeiten sie? Interessant dabei, daß es kaum Editoren und Editorinnen gibt, die ausschließlich Dokumentarfilme schneiden. Das ist kein Zufall. Es gibt bei aller Verschiedenheit zwischen Spielfilm und Dokumentarfilm auch viel Gemeinsames, und so wurde die enge thematische Beschränkung auf die ›Montage im Dokumentarfilm‹ im Laufe der Arbeit mehr und mehr durchlässig. Dennoch bleibt in der Auswahl meiner Gesprächspartner und in den Gesprächen selbst der Schwerpunkt ›Dokumentarfilm‹ erhalten.

Über ein Jahr habe ich ausführliche Gespräche geführt und dabei den Kreis der Gesprächspartner immer größer gezogen. Neben Editoren und Editorinnen im engeren Sinn kamen Filmemacher, Autoren und Wissenschaftler dazu. Meine Fragen, Bemerkungen, Einwände und Erläuterungen kamen aus eigenen Erfahrungen. Ich hatte gerade die Montage des Kinodokumentarfilms DIE CHAMPIONS abgeschlossen, eine Langzeitbeobachtung mit über vierhundert Stunden Ausgangsmaterial. Die Erinnerung an die Kämpfe mit den Materialbergen, an das Suchen und Finden der Erzählung, an die Schönheit und Grenzen des rohen, dokumentarischen Materials, an die Hoffnungen auf Gelingen und Tage voller Zweifel waren noch ganz frisch. Aufgeladen mit diesen Erfahrungen habe ich viele Stunden mit meinen Gesprächspartnern verbracht. Dazu gehören der Hirnforscher Wolf Singer, der Autor und Filmemacher Alexander Kluge, der Interface-Designer Claudius Lazzeroni, die Filmemacher und Editoren Peter Przygodda, Thomas Giefer, Heide Breitel, Mathilde Bonnefoy, Wolfgang Widerhofer, Barbara Hennings, Raimund Barthelmes, Beate Mainka-Jellinghaus, Elfi Kreiter, Brigitte Kirsche, Bettina Böhler und der Tonmischmeister Stephan Korte. Auf meine Fragen erhielt ich detailreiche, differenzierte Antworten. Doch es zeigte sich auch in diesen Gesprächen, daß der schöpferische Prozeß der Montage, der über Wochen oder Monate zurückgezogen in einem abgedunkelten Raum stattfindet, nur in Annäherungen zu beschreiben ist.

Mehr als 25 Stunden aufgezeichnete Gespräche sind auf diese Weise entstanden, schon von Anfang an mit dem Gedanken an eine spätere Veröffentlichung, aber nicht mit konkreten Vorstellungen zur späteren Form. Als ich auf die Begegnungen zurückschaute, nachdem alle Gespräche in Abschriften vorlagen, sah ich, was in meiner Wahrnehmung und Erinnerung über die Zeit daraus geworden war: Bis auf zwei Ausnahmen waren alle Gespräche zu einem einzigen Dialog verschmolzen, so als habe es nur einen großen Austausch aller mit allen gegeben. Das ergab die Idee für den Umgang mit dem umfangreichen Material: Auflösen der Einzelgespräche und der in ihnen vorgegebenen Chronologien, auswählen, verdichten und neue, thematische Zusammenhänge herstellen. Die Gespräche mit Wolf Singer und Alexander Kluge bewegen sich auf einer anderen Ebene als die Unterhaltungen über das praktische Tun im Schneideraum. Ich habe sie deshalb aus dem im nachhinein montierten Dialog herausgehalten und stelle sie in redigierter Fassung als Ganzes in das Buch.

Das Buch ist in drei große Abschnitte unterteilt. Der erste Teil basiert auf den über die Jahre geführten Notizen. Er beschreibt die gedankliche Wanderung durch ein von mir weit gestecktes Feld, in dem auch scheinbar nicht zusammengehörende Dinge nebeneinander stehen. Die Wanderung erfolgt mit gelenktem Blick, der sich aus den Hintergründen und Fragen der eigenen Praxis nährt: Was ist Montage – im mentalen Prozeß, in der eigenen Sinnestätigkeit und von dieser ausgehend dann auch: Was ist Montage im Film und im Dokumentarfilm im besonderen? Der zweite Teil enthält die Gespräche mit dem Hirnforscher Wolf Singer über Sehen, Hören, Wahrnehmen und Strukturieren sowie dem Autor und Filmemacher Alexander Kluge über das Erzählen und die Kategorie Zusammenhang. Vertiefungen, wenn man so will, auf deren Hintergrund man den Montageprozeß noch einmal neu betrachten kann.

Im dritten Teil folgt der von mir montierte Dialog unter Filmemachern und Editoren, der so niemals stattfand, der aber stattgefunden haben könnte. Er kehrt zu Problemstellungen und Fragen zurück, die schon im ersten Teil aufgeworfen worden sind. Es geht auch hier um das Selbstverständnis in der Arbeit, um den Umgang mit dem Material, um die Kriterien der Auswahl, um Dramaturgie, um das Finden der Erzählung, um den Bezug zum Zuschauer, um Rhythmus, Atem und Emotion, um das Setzen der konkreten Schnittstelle, um die Arbeit mit Raumblöcken und Zeiteinheiten, um den Umgang mit der Vielfalt des Tons, um Filmschnitt und Computerschnitt und um die für jeden einzelnen in der Arbeit sehr persönlichen Zugänge.

Wie in der Filmmontage sind aus der anfänglichen Materialsammlung zum Buch am Ende größere Stücke übriggeblieben, die sich nicht in den Ablauf der einzelnen Teile und Kapitel fügen, die aber dennoch zum Thema gehören, weil sie Facetten genauer beleuchten und vertiefen. Es sind längere Texte, die ich, als Material gekennzeichnet, bestimmten Stellen zugeordnet habe – wie Blicke aus anderen Fenstern, die weitere Perspektiven öffnen.

Zum Material gehören auch die Photographien von Christoph Hübner, zwischen den gemeinsamen Filmen wie ein visuelles Tagebuch entstanden, auf kleineren und größeren Wegen, auf Reisen und Spaziergängen. Sie begleiten meine Arbeit seit langem und geben immer wieder zu Überlegungen Anlaß, die auch im Text eine Rolle spielen. Ich habe sie für das Buch nach eben solchen Gesichtspunkten ausgesucht – zum Beispiel Chaos und Struktur, Linie und Fläche, darin wiederum Dramaturgien, Rhythmen, Brüche und Verzweigungen – alles in allem Zufallsanordnungen im Gegebenen, die nicht erst durch Montagen aus unserer Hand entstehen. Die andere Option, Abfolgen von Szenenphotos aus einzelnen Filmen zur Illustration bestimmter Schnittbeispiele zusammenzustellen, erschien mir nicht wirklich stimmig, denn mit ihnen wäre die Dimension der Zeit, mit der wir im Montageprozeß wesentlich zu tun haben, kaum darstellbar. Alexander Kluge spricht vom »Mehrzeiten-Kunstwerk«, und viele der Beteiligten, mit denen ich gesprochen habe, sehen in ihrem Tun entsprechend auch eine Nähe zur Musik und zur Komposition.

Ein Buch hat am Ende eine lineare Anordnung, daraus gibt es kein Entkommen. Man muß sich, wie beim Montageprozeß im Film auch, für ein Nacheinander, eine Abfolge entscheiden. Das heißt aber nicht, daß der Charakter von Notizen aufgegeben wurde zugunsten eines streng aufgebauten Textes, den man nur in seiner linearen Abfolge verstehen kann. Kreuz und quer lesen, Blättern wie in einem Notizbuch ist ebenso denkbar. So kann der Leser, letzter Teilnehmer am fiktiven Dialog, die Anordnungen im Buch nochmals umbauen, neu montieren und in eigene, für ihn sinnvolle Abfolgen bringen.

Danken möchte ich allen, die beim Entstehen des Buches Pate standen: der *Dokumentarfilminitiative im Filmbüro NW* und Petra Schmitz, die dieses Buch mit auf den Weg gebracht und unterstützt haben. Das gilt auch für alle anderen, die mich in der Endphase durch ihr Lektorat beraten haben. Mein Dank gilt Christoph Hübner, der mich in Phasen des Zweifels immer wieder ermutigte, weiter zu schreiben, und der alles Geschriebene als erster einer anregenden, kritischen Prüfung unterzog. Ihm danke ich auch, daß er die Photographien für das Buch zur Verfügung gestellt hat. Schließlich danke ich allen beteiligten Gesprächspartnern für ihre Bereitschaft, Auskunft zu geben und dadurch das Gespräch und das Nachdenken über Montage in einem umfassenderen Sinn zu ermöglichen.

Witten, im Juli 2005

WAS DER MONTAGE VORAUSGEHT – NOTIZEN UND HINTERGRÜNDE

Montage und Schnitt

Irgendwo habe ich gelesen, wieviele Möglichkeiten der Kombination man rein rechnerisch mit zehn Einstellungen hat: über drei Millionen. Kaum jemand wird sich die Mühe machen, mehr als drei Millionen Möglichkeiten aus zehn Einstellungen zu kombinieren. Selbst wenn es geschähe, würde sich wahrscheinlich niemand diese drei Millionen Möglichkeiten ansehen. Wenn es dennoch jemand versuchen wollte, würde er sich einer schier endlosen Aneinanderreihung gegenübersehen. Die Beliebigkeit der Anordnung und der Mangel an ordnender Struktur und Sinngebung würden wahrscheinlich bald beklagt. Ermüdung wäre die Folge. Der Versuch würde abgebrochen mit dem Verweis auf die Notwendigkeit von Reduktion, Auswahl und Formgebung.

Gedanken aus der Welt der Physik, die für den Umgang mit der Fülle der Möglichkeiten gelten, formuliert der Physiker und Heisenberg-Schüler Hans-Peter Dürr bei einem Vortrag an der Universität Witten/Herdecke zum Thema: *Naturwissenschaftliche Erkenntnis und Wirklichkeitserfahrung.* Er sagt: »Jeder kreative Akt ist ein Massenmord an allen anderen Möglichkeiten.«[1] Das gilt für den Montageprozeß in hohem Maß. Man schließt andere Möglichkeiten aus, und zwar nicht nur schlechtere.

»Die Montage ist ein Findungsprozeß, der mehr auf der emotionalen als auf der argumentativen Ebene liegt.«[2]
»In der Montage geht es immer darum, ob ich das Interesse des Zuschauers aufrechterhalte oder nicht.«[3]
»Montage ist der zentrale Prozeß, in dem letztlich über alle Elemente entschieden wird.«[4]
»Editing is a highly subjective artform.«[5]
»Editing is not so much a putting together as it is discovery of path.«[6]

---

[1] Vortrag vom 24.1. 2002.
[2] Peter Przygodda, Filmemacher und Editor, im Gespräch mit der Autorin im Mai 2004.
[3] Beate Mainka-Jellinghaus, Editorin, im Gespräch mit der Autorin im Dezember 2003.
[4] Mathilde Bonnefoy, Editorin, im Gespräch mit der Autorin im Oktober 2003.
[5] Helen van Dongen in der Sendereihe ZWISCHEN DEN BILDERN, Teil II: MONTAGE IM DOKUMENTARISCHEN FILM, ZDF 1981. Helen van Dongen montierte u.a.: LOUISIANA STORY, Regie: Robert Flaherty, USA 1948; SPANISH EARTH, Regie: Joris Ivens, USA 1937.
[6] Walter Murch: *In the Blink of an Eye*, L.A. 1995, S. 3 f. (Dt.: *Ein Lidschlag, ein Schnitt*, Berlin 2004). Walter Murch ist Editor, Sound Designer, Regisseur und Drehbuchautor. Filme u.a.: THE ENGLISH PATIENT, Regie: Anthony Minghella, USA 1996; APOCALYPSE NOW, Regie: Francis Ford Coppola, USA 1979; JULIA, Regie: Fred Zinnemann, USA 1977; THE GODFATHER, PART III, Regie: Francis Ford Coppola, USA 1991.

»Montage ist ein Teil der ›Kategorie Zusammenhang‹.«[7]
Im Duden heißt es unter dem Stichwort ›Montage‹: »1) Aufstellung, Aufbau, Zusammenbau, -setzung (von Maschinen u.a.). 2a) künstlerischer Aufbau eines Films aus einzelnen Bild- und Handlungseinheiten: b) der zur letzten bildwirksamen Gestaltung eines Films notwendige Feinschnitt mit den technischen Mitteln der Ein- und Überblendung und der Mehrfachbelichtung.«

»Ein Film wird geschnitten. Die Cutterin am Schneidetisch fügt aus einzelnen Stücken einen Film zusammen. Sie wählt aus, ordnet und kürzt. Sie sucht nach Anschlüssen. Bild und Ton werden getrennt bearbeitet. Filmmontage ist die Organisation von Bildern und Tönen.« Diese Aufzählung gibt der Anfangskommentar im zweiten Teil der Sendereihe ZWISCHEN DEN BILDERN – MONTAGE IM DOKUMENTARISCHEN FILM.[8] Das Geschehen scheint einfach. In der Beschreibung wird jedoch ein wesentliches Element nicht genannt: das Finden der Erzählung. Mag sein, daß sich der Anteil an dramaturgischer Arbeit hinter dem Stichwort »Organisation von Bildern und Tönen« verbirgt. Mag auch sein, daß man Anfang der achtziger Jahre, als die dreiteilige Sendereihe entstand, das Augenmerk nicht so sehr auf den großen Anteil an dramaturgischer Arbeit gerichtet hat, gerade in der Montage von Dokumentarfilmen. Die heute so zahlreichen Dramaturgie- und *storytelling-workshops* gibt es erst seit den neunziger Jahren, und sie beziehen sich vorwiegend auf das Erzählen im Spielfilm. Auch ein anderer Film, der viel später entstand, MONTAGE – MEINE SCHÖNE SORGE[9], stellt die Frage nach dem Bau der Geschichte, nach der Dramaturgie, nach dem Umgang mit dem Material und den Prozessen der Verdichtung nicht explizit. Sechs Editoren berichten, wie sie zu ihrem Beruf gekommen sind, wie sie mit Regisseuren und Assistenten zusammenarbeiten, wie sie mit dem Computerschnitt zurechtkommen im Unterschied zum Filmschnitt, wie sehr sie sich in ihr Material und den Film vertiefen, so daß sie sogar nachts davon träumen.
Was geschieht im Schneideraum in wochen-, oft monatelanger Arbeit? Was liegt zwischen den Materialbergen am Anfang und dem schließlich fertig montierten Film?

Für mich ist Montage im Dokumentarfilm zuallererst und in großen Teilen Ausarbeitung und Ausführung einer Erzählidee. Ein gegebenes, mehr oder weniger vorstrukturiertes Material vor dem inneren Auge

---

[7] Alexander Kluge im Gespräch mit der Autorin im Dezember 2003.
[8] ZWISCHEN DEN BILDERN, Teil II, Regie: Heide Breitel und Hans Helmut Prinzler, Produktion: *Stiftung deutsche Kinemathek* im Auftrag des ZDF 1981.
[9] MONTAGE – MEINE SCHÖNE SORGE, Regie: Maria Salvador, Produktion: HFF »*Konrad Wolf*«, Potsdam/Babelsberg 2000.

ausbreiten, die einzelnen Teile ganz genau betrachten und ihre Qualitäten erkennen, sie erst dann neu zusammenfügen und organisieren. Montage ist für mich der Prozeß, eine Balance zu schaffen zwischen Chaos und Ordnung, zwischen Sinn und Unsinn, zwischen zuviel oder zuwenig Struktur. In diesem Kontext ergeben sich die einzelnen Schnitte an bestimmten Stellen. »Ich schneide« heißt für mich: eine Montageidee umsetzen durch *cut and paste*, trennen und zusammenfügen.

Bei meinen vielen Lektüren bin ich auf eine Geschichte des chinesischen Schriftstellers Dschuang Dsi über das sachgerechte Zerlegen eines Tieres gestoßen.[10] Was dort beschrieben wird, könnte man mit dem Schneiden eines Films vergleichen, jedoch nicht mit Montage. Wie der Koch beim Zerteilen des Ochsen mit dem Messer der vorgegebenen Gliederung des Körpers folgt, so folgt auch mein Schnitt dem, was im Materialkörper angelegt ist. Der Schnitt setzt an schon vorhandenen Gliederungen an. Bevor ich so ansetzen kann, muß ich aber die ›Anatomie‹ des Materials studieren, gründlich, oft mehrfach. Erst aus solcher Kenntnis lassen sich die Schnitte organisch setzen. Nicht hacken, sondern schneiden – ein sensibler Prozeß trotz der Zerstörung, die damit verbunden ist.

Gedankenspiel: Rohschnitt, Ausschnitt, Querschnitt, Längsschnitt, Durchschnitt, Umschnitt, Verschnitt, Tonschnitt, Feinschnitt, Goldener Schnitt. »Der Goldene Schnitt ist das Grundverhältnis für rückgekoppelte Wachstumsprozesse, er darf schon deshalb nicht als *statisches* Verhältnis – gleichsam als *Bel ordre ohne Störungen* – angesehen werden. Die ›Störungen‹, die an den Chaos-Durchgängen entstehen, sind ihm stets auch ›anzusehen‹. Das Goldene Verhältnis kann an keiner ›Stelle‹ seines Prozedierens in ein ganzzahlig-rationales – in ein statisches Verhältnis – überführt (aufgelöst) werden. Schönheit, wirkliche Kunst, ist eine ›Flucht nach vorne‹; sie entsteht, wenn ein dynamisches System gerade noch vor dem Chaos ausweichen kann; Schönheit ist eine *Gratwanderung* zwischen Chaos und Ordnung, zwischen Zerfall und Erstarrung.«[11]

Schnitt: ein Ganzes zerlegen, zerteilen, auftrennen. Der Schnitt zerstört Kontinuität, schafft Diskontinuität. Teilstücke entstehen.
Montage: vorhandene Stücke zusammensetzen, mit den Stücken Zusammenhang herstellen, neue Kontinuität. Montage meint Drama-

[10] Vgl. in diesem Band S. 234 »Der Koch«.
[11] Friedrich Cramer: *Gratwanderungen – Das Chaos der Künste und die Ordnung der Zeit*, Frankfurt/M. 1995, S. 59f. Im Goldenen Schnitt verhält sich das Ganze zum größeren Teil wie der größere Teil zum kleineren.

turgie, nicht Technik. Schnitt und Montage beschreiben jeweils einen Teil des ganzen Prozesses: teilen und vereinigen, trennen und zusammenfügen, die Stücke anordnen auf dem Pfeil der Zeit, im Nacheinander von Anfang bis Ende. Das Anordnen ist dann auch eine Frage des Timings, des Rhythmus, der Komposition.

Je länger ich mich mit dem Versuch beschäftige, Montageprozesse zu beschreiben, desto deutlicher wird mir, wie wenig das mit einer Technik zu tun hat, die nur handwerkliches Trennen und Zusammenfügen meint. Entscheidend sind die Montageidee, der Subtext, die Sicht auf die Dinge, die Haltung zur Welt, die Wahrnehmungskonzeptionen, die Qualität des Materials, alles, was der Gestaltung vorausgeht und ihr zugrunde liegt. Entsprechend werden die einzelnen Teile, Einstellungen, Szenen, Sequenzen zusammengefügt und durch zusätzliches Material wie Kommentar und Musik ergänzt. Entscheidend ist am Ende, was zwischen den Bildern und Tönen beim Zuschauer entsteht.

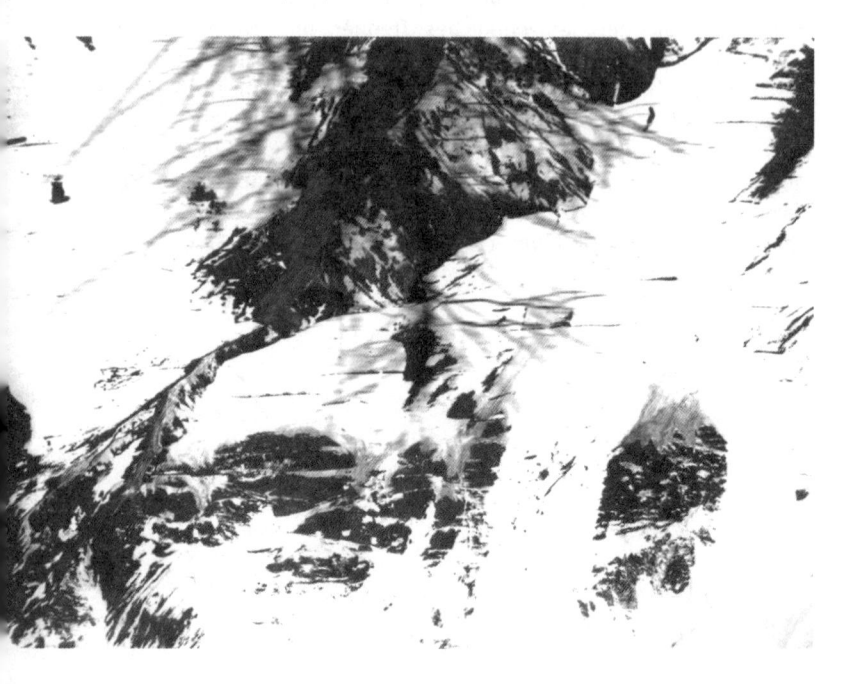

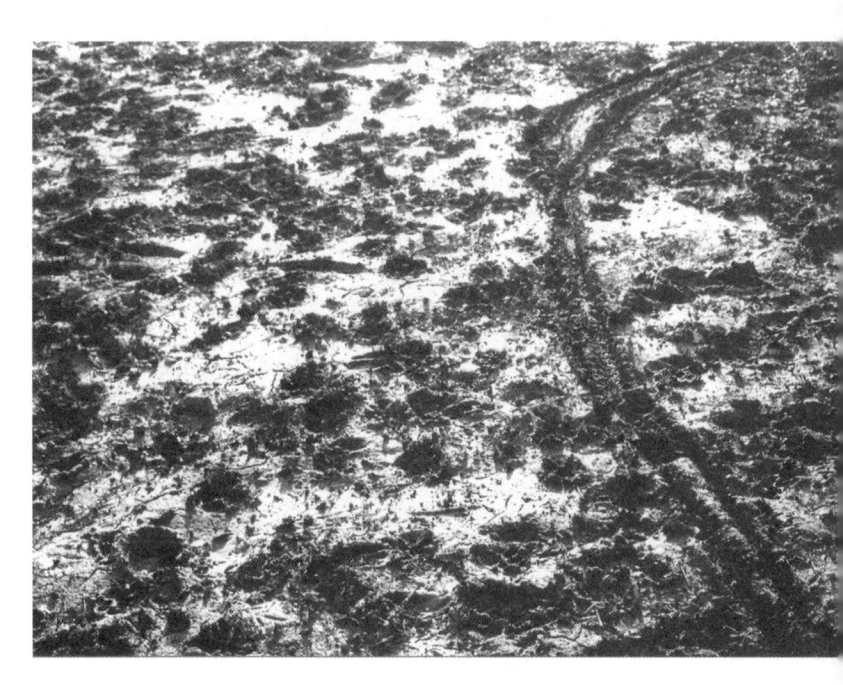

Chaos und Ordnung

Wie nehmen wir die uns umgebende Welt ursprünglich wahr, noch bevor Bilder von einer Kamera aufgenommen und an einem Schneidetisch montiert werden, und wir damit eine Geschichte erzählen können? In was sind wir hineingeboren? In ein Wirrwarr von Sinneseindrücken, in eine Fülle von Möglichkeiten – in Chaos und/oder Ordnung?

»Wir sind zwar überzeugt, bei geöffneten Augen alles gleichzeitig zu sehen. Doch das ist nur eine Illusion. [...] Problemlos können Menschen vermutlich nur etwa drei Aspekte ihrer Umgebung gleichzeitig bewußt registrieren. Dabei sind zu Beginn des Sehvorgangs noch alle Informationen vorhanden; auf die Netzhaut des Auges treffen alle Signale der Außenwelt ungefiltert. Doch danach erfolgt eine komplexe Analyse, an der zwischen dreißig und vierzig Prozent des Gehirns beteiligt sind. Dabei werden bestimmte Informationen ausgewählt und in elementare Eigenschaften zerlegt. Es gibt Zellen im Gehirn, die nur auf bestimmte geometrische Elemente, etwa Kanten, reagieren und Bereiche, die ausschließlich für die Verarbeitung von Bewegung, Helligkeit oder Farbe zuständig sind. Ungeklärt ist, wie diese Einzelinformationen aus zum Teil weit voneinander entfernten Arealen zum bewußten Eindruck werden. Und was passiert mit dem Rest, den wir nicht bewußt wahrnehmen?«[12] Also ist Wirklichkeit, wie sie uns als gegeben erscheint, Ergebnis eines Verarbeitungsprozesses zwischen Sehvorgang und Hirntätigkeit. Existiert die Welt, wie wir sie sehen, auch unabhängig davon, daß sie von uns gesehen wird? Oder ist das, was wir sehen, nur in uns? Kann ich mich mit anderen über das Gesehene nur deshalb verständigen, weil diese mit denselben Sinnesorganen ausgestattet sind wie ich?

»Grundvoraussetzung für jede kognitive Leistung ist es, die Figur vom Grund zu unterscheiden, also Strukturelemente als zu einer Figur gehörig zu identifizieren und diese vom Hintergrund abzugrenzen. Dies kann auf mannigfaltige Weise geschehen: alles was die gleiche Farbe, die gleiche Helligkeit, die gleiche Bewegungsrichtung und Geschwindigkeit hat, gehört wahrscheinlich zusammen. Das gleiche gilt natürlich auch für Strukturen im Klangraum, nur daß die Beziehungen hier meist eine zeitliche Struktur haben, Einheiten sich also aus Repetition, Regelmäßigkeit usw. abgrenzen. [...] Die Natur geht so vor, daß sie Verbindungen zunächst im Überschuß anlegt und nur die generellen Ordnungsprinzipien genetisch vorgibt. Die Feinabstimmung überläßt sie aktivitätsabhängigen Selektionsprozessen. [...] Das sich entwickelnde

---

[12] Tina Baier: »Augenblicke der Illusion«, in: *Süddeutsche Zeitung* vom 8.1. 2004.

System tritt also mit einem gewaltigen Satz von Hypothesen über die Struktur der Umwelt an diese heran und überprüft und modifiziert durch aktives Befragen der Welt das in der phylogenetischen Entwicklung erworbene und in den genetischen Kodes abgespeicherte Vorwissen.«[13]

Soviel man über Wahrnehmungs- und Funktionsweisen des Gehirns weiß, laufen Verarbeitungsprozesse im Gehirn nicht nur linear in einem zeitlichen Hintereinander ab. Was sich an Sinnesreizen von außen gleichzeitig bietet, wird parallel danach abgesucht, was für das Leben/Überleben tauglich ist. In einem Vortrag über nicht-lineare Dramaturgie[14] sagt Claudius Lazzeroni, Professor für Interfacedesign an der Universität Essen, daß im wissenschaftlichen Verständnis Gegenwart ungefähr drei Sekunden dauere. Das sei die Zeit, die das Gehirn brauche, um die eingehenden Sinnesreize zu prüfen. Dieser Prozeß des Prüfens laufe permanent. Die Strukturen im Gehirn seien auf Parallelität, Vergleich und Auswahl angelegt. Um aber zu vergleichen, muß etwas vorgegeben sein, das als gleich oder ungleich erkannt werden kann. »Wahrnehmung bildet nicht ab. [...] Wahrnehmung stellt sich als ein hochaktiver, hypothesengesteuerter Interpretationsprozeß dar, der das Wirrwar der Sinnessignale nach ganz bestimmten Gesetzen ordnet und auf diese Weise die Objekte der Wahrnehmung definiert«,[15] stellt Wolf Singer, Direktor am Max-Planck-Institut für Hirnforschung in Frankfurt/M., fest. Der Mensch kommt mit einem genetisch angelegten Vorwissen über die Struktur seiner Umwelt und die Bedürfnisse des Organismus auf die Welt. Das neugeborene Kind sieht dennoch alles zum ersten Mal. Durch Identifizieren, Vergleichen und Auswählen bilden sich nach und nach Feinstrukturen und Hierarchien in der Wahrnehmung aus.

»Konstruktion scheint das Unvermeidbare in der menschlichen Existenz«,[16] sagt auch Detlef B. Linke, Professor für klinische Neurophysiologie und neurochirurgische Rehabilitation an der Universität Bonn, in seinen Studien über Kunst und Gehirn. Götter, Mythen und Metaphern sind solche Konstruktionen, die der Mensch sich geschaffen hat, damit er Orientierung und Halt findet in der Welt. »Manche brauchen mehr, manche weniger. Manche drehen auch mit den Göttern noch durch. Wir leben sowieso alle am Rande des Wahnsinns«, führt Claudius Lazzeroni in seinen Überlegungen über das Nicht-Lineare aus. Eine Form des Wahnsinns wäre demnach die bewußte Wahrnehmung

---

[13] Wolf Singer: *Der Beobachter im Gehirn*, Frankfurt/M. 2002, S. 226ff.
[14] Vortrag, gehalten im Rahmen des Festivals *Blicke aus dem Ruhrgebiet*, November 2002.
[15] Wolf Singer: *Der Beobachter im Gehirn*, a.a.O., S. 80f.
[16] Detlef B. Linke: *Kunst und Gehirn*, Hamburg 2001, S. 71.

und das Nicht-Sortieren und Nicht-Vergessen-Können der permanenten Drei-Sekunden-Momente – zuviel Chaos und zuwenig Ordnung. Ausgewählt und erinnert werden muß etwas, und zwar zunächst das, was für das Leben/Überleben wichtig ist.

Neben den aktuell laufenden Verarbeitungsprozessen in der Wahrnehmung muß es einen Speicher geben, in dem neu Erkanntes langfristig abgelegt werden kann. »Im Kurzzeitspeicher [...] halten wir vorübergehend fest, was uns für die gerade anstehenden Handlungsfolgen relevant erscheint. [...] Es ist diese Gedächtnisfunktion, die uns die Erfahrung der Kontinuität von Zeit vermittelt und die Unterscheidung zwischen ›vorher‹ und ›jetzt‹ ermöglicht. [...] Sollen aber die Ereignisse dieser Wahrnehmungs- und Ordnungsprozesse auch noch nach Tagen und Jahren erinnerlich sein, dann müssen sie in Langzeitspeicher überschrieben werden, und zwar in das episodische Gedächtnis, denn nur dieses macht es möglich, die Erinnerung an Ereignisse zusammen mit dem Kontext, in dem sie geschehen sind, wieder wachzurufen.«[17]

Die Verarbeitung der nicht-linearen Dramaturgie unseres Alltags werde täglich von unserem Gehirn auf verschiedenen Ebenen geleistet, führt Claudius Lazzeroni in seinem Vortrag über nicht-lineare Dramaturgie weiter aus, die lineare Wahrnehmung und Darstellung von Welt sei erst Ergebnis einer kulturellen Konditionierung. Das Nicht-Lineare gestalterisch umzusetzen und auch zu rezipieren, müsse wieder neu gelernt werden.
Linearität und Nicht-Linearität sind Kategorien, die sich wechselseitig bedingen. Als nicht-linear werden solche Vorgänge bezeichnet, die in einem linearen Ablauf zu plötzlichen Veränderungen und Brüchen führen.[18] Beide, Linearität und Nicht-Linearität, sind nicht zu denken ohne Prozesse der Rückkopplung und Resonanz. »*Resonanz ermöglicht Ganzheit.* Das ist kein Spezialfall der Musik oder Akustik, es gilt für *alle* schwingenden Systeme – Atome, Moleküle, Organe, Organismen, Personen (per-sonare!), Gesellschaften; dieser Gedanke ist ein *generelles, in der gesamten Natur wirkendes Prinzip.*«[19] Eine Erzählung verläuft, ebenso wie ein Musikstück, immer auf dem Pfeil der Zeit, ob linear aufgebaut oder nicht. Erst im Ganzen verschmelzen die Elemente zu jenem vielschichtigen Gewebe, das wir Erzählung nennen, bewirkt durch Nacheinander und Rückkopplung, Widerhall und Mitschwingen.

Bei der Beschäftigung mit den Texten von Friedrich Cramer und seinen Ausführungen über das Verhältnis von Chaos und Ordnung fällt mir auf,

[17] Wolf Singer: *Der Beobachter im Gehirn*, a.a.O., S. 81f.
[18] Vgl. das Kapitel: *Das Sehen verarbeiten*, S. 116.
[19] Friedrich Cramer: »Kann man die Zeit erzählen?«, in: *Poiesis* Nr.12, Hohengehren 2001, S. 31.

daß sich im Chaos immer wieder Ordnungsmuster finden, daß Ordnungen zugleich immer wieder zu Chaos zerfallen. »Einer Zeitform, die Systeme erhält [z.B. Planetenumläufe, Atemsysteme, Stoffwechsel, Erg. G.V.], indem sie sie zum Schwingen, zum Rhythmus, zur Rotation antreibt, steht eine Zeitform gegenüber, die die Systeme verändert und erneuert, die sie zum Blühen, zum Fruchttragen, zum Entstehen und Vergehen anhält. Jene darf man als regelmäßig, als geordnet, diese als einen Zeitmodus betrachten, der zum ›Kippen‹ neigt, der durch Chaoszonen führt, bevor er sich wieder ›fängt‹.«[20] Die zyklische, wiederkehrende Zeit und die lineare, unumkehrbare Zeit sind belebten und unbelebten Systemen inhärent. Chaos und Ordnung sind Gegebenheiten, die als Einheit und Prozeß existieren. Was wir davon sehen und wahrnehmen, hängt vom Standpunkt der Betrachtung ab. Man kann die Gleichzeitigkeit von Chaos und Ordnung erkennen, wenn man die Dinge mal aus der Ferne und mal von Nahem sieht. Wo im Nahen Chaos erscheint, sieht man aus der Ferne oder in der Tiefe zum Beispiel Struktur. Wo im Nahen Einzelheit ist, sieht man mit Abstand Kontext und Zusammenhang. Dasselbe gilt für Verläufe in der Zeit, für einen einzelnen Tag, ein ganzes Leben, eine historische Epoche. Wir kennen die gemessene Zeit der Uhren und die subjektiv empfundene Zeit.

»Das lateinische Wort *tempus* für Zeit leitet sich von dem gleichnamigen Wort für Schläfe ab, da in der Hippokratischen Medizin der Puls an der Temporal-Arterie, also an der Schläfe gefühlt wurde. *Tempus* = Zeit ist also ursprünglich *unsere Eigenzeit*, der Rhythmus unseres Herzschlages, der sehr viel von uns erzählt. Er ist nichts Abgelöstes, sondern unser Allerpersönlichstes. Der absolute Zeitbegriff hat es zwar erstmalig erlaubt, exakte Bewegungsgesetze aufzuschreiben und Satellitenbahnen zu berechnen, aber er hat uns um unsere eigene Zeit, um die biologische Zeit betrogen.«[21]

»Die Brücke, die von dem zunächst ungeordneten Erfahrungsmaterial zu den Ideen führt, sieht [der Physiker, Erg. G.V.] Pauli in gewissen, in der Seele präexistenten Urbildern, den Archetypen, wie sie von Kepler und auch von der modernen Psychologie erörtert worden sind. Diese Urbilder dürfen – hier schließt sich Pauli weitgehend an die Gedanken Carl Gustav Jungs an – nicht in das Bewußtsein verlegt oder auf bestimmte rational formulierbare Ideen bezogen werden. Vielmehr handelt es sich um Formen des unbewußten Bereichs der menschlichen

---

[20] Friedrich Cramer: *Gratwanderungen – Das Chaos der Künste und die Ordnung der Zeit*, a.a.O., S. 11.
[21] Friedrich Cramer: »Kann man die Zeit erzählen?«, a.a.O., S. 25f.

Seele, Bilder von stark emotionalem Gehalt, die nicht gedacht, sondern gleichsam malend geschaut werden. Die Beglückung beim Bewußtwerden einer neuen Erkenntnis entspringt dem zur Deckung-Kommen solcher präexistenter Urbilder mit dem Verhalten äußerer Objekte.«[22]

Unter dem Aspekt der Reduktion von Chaos wäre Claudius Lazzeroni zufolge die klassische narrative Struktur eine unter vielen möglichen Konstruktionen, nach denen die Wahrnehmung der Welt geordnet und strukturiert werden kann. Sie könnte helfen, zurechtzukommen mit dem, was sich den Sinnen an Unstrukturiertem und Chaotischem bietet, und könnte unsere Wünsche nach Kohärenz, Harmonie und Zusammenhang erfüllen anstelle von Chaos und Unsicherheit. Unser Wahrnehmungsapparat trachtet immer danach, »stimmige, in sich geschlossene und in allen Aspekten kohärente Interpretationen zu liefern und für alles, was ist, Ursachen und nachvollziehbare Begründungen zu suchen«, stellt Wolf Singer fest. Fatal könne das werden, wenn Extrapolieren, Bedeutungzuweisen und das Herstellen von Kausalzusammenhängen »auf Prozesse angewandt werden, die anderen Gesetzen folgen als jenen, die der Beobachter und Interpret voraussetzt.«[23] In bezug auf nicht-lineare Vorgänge und ihre Darstellung in interaktiven Medien könnte das heißen, so Claudius Lazzeroni, daß man ein Netz von Spannungsbögen mit verwobenen Höhepunkten entwirft.

Was ist in dem Moment geschehen, in dem das Kind zum ersten Mal »Ich« sagt, gegenüber der Zeit davor, in der das Kind in der dritten Person von sich sprach? Wird mit dem »Ich« so etwas wie der narrative Faden für die Person gefunden? Etwas, das einem, neben der Unterscheidung und Abgrenzung vom anderen, erlaubt, sich gegenüber dem Nicht-Linearen in den Lebensereignissen als Kontinuität wahrzunehmen, die das ganze Leben andauert? Läuft über das »Ich« die Möglichkeit einer kontinuierlichen Erzählung des Lebens? Die sich als Illusion herausstellt, denn »meist nehmen wir nur wahr, was wir ohnehin erwarten, und oft vereiteln auffällige, aber möglicherweise unbedeutende Reize die Wahrnehmung der leisen, aber vielleicht viel wichtigeren Vorgänge«,[24] von denen wir dann nicht erzählen. Wenn es um die Zuverlässigkeit von Erinnerung und Gedächtnis geht oder auch von Berichten von Augen- oder Zeitzeugen, muß man diesen Mechanismus ebenso im Auge behalten wie die Neigung, Kohärenz und Stimmigkeit herzustellen, wo möglicherweise keine ist.

[22] Werner Heisenberg: »Wolfgang Paulis philosophische Auffassungen«, in ders.: *Schritte über Grenzen*, München 1971, S. 45.
[23] Wolf Singer: *Der Beobachter im Gehirn*, a.a.O., S. 81.
[24] Ebd., S. 80.

Auch jede Biographie schildert nur eine Illusion von dem, was im Leben gewesen ist, denn wir erinnern uns nicht genau daran. Erinnern ist, »ganz ähnlich wie die Wahrnehmung selbst, ein kreativer, konstruktivistischer Prozeß, bei dem das Gehirn versucht, aus den Gedächtnisspuren, die es ins Bewußtsein zu heben vermag, ein kohärentes Gesamtbild zu rekonstruieren. Damit ist die Erinnerung für die gleichen Deformationsprozesse anfällig wie die Primärwahrnehmung selbst.«[25] Demzufolge kann man das eigene Leben kaum so erzählen, wie es tatsächlich abgelaufen ist. Man erzählt zwar immer wieder von denselben Ereignissen und glaubt, daß das, was man erzählt, so gewesen ist, wie man es erzählt. Je öfter man es erzählt, desto mehr verfestigt sich der Glaube daran, »selbst wenn sich die Geschichte mit jeder neuen Erzählung immer mehr von der ursprünglichen entfernt.«[26] Auf den Montageprozeß bezogen müssen wir davon ausgehen, daß wir auch bei Augenzeugen- und Zeitzeugenberichten mit Fiktionen arbeiten. Die Frage ist, ob wir davon etwas sichtbar machen können oder wollen. Erinnerungen haben »holistischen Charakter, was in zeitlicher Abfolge erfahren wurde, liegt meist als gebündelter Gesamteindruck vor, dessen Komponenten auf's innigste assoziativ miteinander verknüpft sind.«[27] Selbst wenn uns die Erinnerung klar und transparent erscheint, ist es sehr schwierig, dieses Geflecht aus Fakten, Emotionen und in der Vergangenheit schon vollzogenen Einordnungen und Bewertungen wieder in das ursprüngliche zeitliche Nacheinander zurückzuführen. Erinnerungen sind allenfalls so etwas wie »datengestützte Erfindungen.«[28] Mit Erfindungen, Konstruktionen unserer Wahrnehmung, erzählen wir also Geschichten – selbst im Dokumentarischen.

Bei Werner Heisenberg lese ich: »Das reine Chaos ist vollkommen uninteressant. [...] Neue Kunst machen heißt, [...] neue Inhalte sichtbar oder hörbar machen, nicht nur neue Formen erfinden.«[29] Interessant sind für Heisenberg »komplementäre Betrachtungsweisen, die Paradoxien und scheinbare Widersprüche in Kauf nehmen.«[30] Heisenberg greift hier wahrscheinlich auf Erkenntnisse aus der Quantenmechanik zurück, die zeigten, daß die »ganze objektive Beschreibung der Natur im Newtonschen Sinne, bei der man den Bestimmungsstücken [...] bestimmte Werte zuschreibt, aufgegeben werden mußte zugunsten einer Be-

[25] Wolf Singer: »Wahrnehmen, erinnern, vergessen«, Skript zum Eröffnungsvortrag des 34. Deutschen Historikertages am 26.9. 2000 in Aachen, S. 9.
[26] Ebd., S. 10.
[27] Ebd., S. 2.
[28] Ebd., S. 12.
[29] Werner Heisenberg: »Abstraktion in moderner Kunst und Wissenschaft«, in ders.: Schritte über Grenzen, a.a.O., S. 238f.
[30] Werner Heisenberg: »Positivismus, Metaphysik und Religion«, in ders.: Der Teil und das Ganze, München 1998, S. 252.

schreibung von Beobachtungssituationen, in denen nur die Wahr-scheinlichkeiten für gewisse Ergebnisse angegeben werden können. [...] Man konnte von Welle oder von Teilchen sprechen und mußte gleichzeitig einsehen, daß es sich dabei keineswegs um eine duali-stische, sondern eine durchaus einheitliche Beschreibung der Phäno-mene handelt.«[31]

Komplementäre Betrachtungsweisen – der Film Rashomon[32] kommt mir in den Sinn. Es geht um die Geschichte der Ermordung eines fahrenden Händlers. Sie wird viermal erzählt – von jedem der Protagonisten und einem Zeugen in sich überlagernden, widersprechenden Berichten. Alle Versionen tragen zur Wahrheit bei, doch keine Version ist die Wahrheit. Was wirklich geschehen ist, bleibt ungreifbar und ungewiß. Auch der Film Lola rennt[33] erzählt in der Möglichkeitsform die Geschichte einer Liebe und eines Raubüberfalls.

Jemand, der dies im Dokumentarfilm weit entwickelt hat, ist der Nieder-länder Johan van der Keuken: »Das ganze Problem der Filmkomposition – die Fiktion ist – liegt in der Auflösung einer Anzahl von Themen, die in Wirklichkeit ganz und gar nicht gelöst werden. Der Bildausschnitt, das Einnehmen eines Standpunktes, ist an sich schon etwas Positives, zumindest der Anfang einer Kommunikation mit der Wirklichkeit, in je-dem Fall ist Sprechen besser als Nichtsprechen. Aber man weckt damit auch die Illusion, daß die soziale und politische Wirklichkeit durch die Herstellung einer Komposition bewältigt werden kann. Jeder Stand-punkt ist etwas sehr Doppeldeutiges und muß darum auch gleich wie-der aufgehoben werden. Bei mir folgt einem Bildausschnitt darum oft eine Verschiebung des Bildes, die nicht wirklich zu einem neuen Bild-ausschnitt führt, sondern die Dinge ein ganz klein wenig anders hin-stellt und damit anzeigt, daß jede Ansicht willkürlich ist und von einer unendlichen Reihe anderer Blickwinkel gefolgt werden kann. [...] Durch das kleine Verrücken der räumlichen Verhältnisse im Bild wird das *Beinahe* akzentuiert. [...] Die Wirklichkeit zeigen bedeutet also, das Beinahe vervielfachen.«[34]

In der *Süddeutschen Zeitung* vom 12.2. 1999 finde ich ein Zitat von Thomas Bernhard, der sagt: »Der Mensch ist gezwungen, im Chaos zu leben, alles andere ist Illusion.« Demnach wäre auch die Mühe vergeb-lich, zwischen Chaos und Ordnung einen Weg zu finden?

[31] Werner Heisenberg: »Änderungen der Denkstruktur«, in ders.: *Schritte über Grenzen*, a.a.O., S. 242.
[32] Rashomon, Regie: Akira Kurosawa, J 1951.
[33] Lola rennt, Regie: Tom Tykwer, D 1998.
[34] Johan van der Keuken: *Abenteuer eines Auges*, hg. von *Hochschule für bildende Künste*, Hamburg 1987, S. 137.

Ein paar Tage später habe ich von Umberto Eco notiert: »Das Leben in seiner Zufälligkeit ist verwirrend genug, um den Regisseur, der es erzählend interpretieren möchte, vor schwierige Aufgaben zu stellen. Er läuft immer Gefahr, den Faden zu verlieren und zu einem Photographen des Unzusammenhängenden zu werden. [...] Um diesem Auseinanderfallen seiner Erzählung zu entgehen, muß er den vorgegebenen Fakten ständig das Schema einer möglichen Organisation überlagern. Und er muß das improvisierend tun, also in kürzester Zeit.«

Detlef B. Linke kommt in seiner Beschäftigung mit Kunst und Gehirn zu dem Schluß: »Kreativität ist nicht das Aufsuchen einer Mitte zwischen Chaos und Ordnung, sondern das Finden einer höheren Ordnung, die [...] allerdings die teilweise Auflösung vorhergehender Ordnungen voraussetzt«,[35] und durch Chaoszonen hindurchgeht. Die höhere Ordnung könnte sich im Unterschied zu linearen Abläufen auch als Netzstruktur darstellen. In Netzen gibt es keinen Anfang und kein Ende. Oder auch: Anfang und Ende können überall sein. Für Detlef B. Linke ist »vielleicht gerade der Blick auf die Netzstruktur das allgemeine Charakteristikum unseres neuronalen Zeitalters.«[36]

Von einem Netz spricht auch der Dokumentarist Klaus Wildenhahn. Er warnt davor, bei der Montage im Dokumentarfilm zu früh ein Netz zu spannen, und meint damit wohl, zu früh ein Konzept zu haben, das Ordnung schafft. Denn »das ist ständig die Gefahr, daß man das Netz zu eng faßt. Dann wird die Struktur, das Thema vorherrschend. Oder man spannt es zu weit, und dann fällt alles zwischendurch heraus, und man weiß gar nicht, was für eine Sorte Produkt das dann ist.«[37]

Der Physiker Hans-Peter Dürr sagt in seinem Vortrag über *Naturwissenschaftliche Erkenntnis und Wirklichkeitserfahrung*, kreativ sei man im Moment der Schwebe. Die, die im Nebel stochern, seien näher an der Wahrheit. Was bedeutet es für den Montageprozeß, wenn man nicht im Chaos verharren, stattdessen den Nebel lichten, auch ein gewisses Maß an Ordnung schaffen und dennoch etwas vom »Moment der Schwebe« erhalten will?

Dem Leben in seiner ganzen Fülle verpflichtet, könnte man davon ausgehen, daß es so etwas wie die Ur-Suppe ist, in der die einzelnen Elemente eher ungeordnet herumschwimmen. Chaos und Ordnung – beides wäre zu zeigen, sofern man sich als Dokumentarist versteht. Das Gegenteil ist oft zu beobachten: Der Unordnung wird durch Montage und Schnitt eine zu einfache, nachvollziehbare Ordnung übergeworfen.

---

[35] Detlef B. Linke: *Kunst und Gehirn*, a.a.O., S. 117.
[36] Ebd., S. 116.
[37] Klaus Wildenhahn im Gespräch mit Christoph Hübner, in: *Dokumentarisch Arbeiten*, hg. von Gabriele Voss, Berlin 1996, S. 174.

Man versucht mehr und mehr, Kontrolle über das Chaos zu gewinnen und schon vorher genauer zu wissen, was beim Drehen und anschließend bei der Montage herauskommen wird. Im voraus kann man nur das Kalkulierbare wissen. Wo bleiben die Stücke, die sich nicht kalkulieren lassen, die aber auch zum Leben gehören? Erzähler, könnte man sagen, hängen im Unterschied dazu einen Faden in die Suppe hinein. In den Kristallen, die sich am Faden bilden, zeigt sich, woraus die Suppe besteht.

28.5. 2000: Vorführung des Films TAGEBUCH 2000 von Jürgen Böttcher in der Galerie Schlieper, Hagen. Der Film erzählt keine Geschichte, hat wenig vertraute Struktur, jedes Bild steht für sich, es ist ein Spiel mit Licht, Farben und Bewegung, ein Spiel für die Sinne, die einzelnen Einstellungen tagebuchartig gefilmt, und wie gefilmt, so auch hintereinander gezeigt. Keine weitere Montage, kein Subtext, das Verbindende einzig die Person des Autors und das, was er gesehen hat. Jürgen Böttchers Film TAGEBUCH 2000 ist 43 Minuten lang – jemand aus dem Publikum sagt im Anschluß an die Vorführung: »Ein bißchen Form muß doch sein.« Der Film RANGIERER,[38] ebenfalls an diesem Abend gezeigt, wird vom Publikum gegenüber TAGEBUCH 2000 als präzise gearbeitetes Kunstwerk gesehen.

[38] RANGIERER, Regie: Jürgen Böttcher, DDR 1984.

Erzählformen/Dramaturgie

Die Welt des Chaos/die Welt der Ordnung. Die Erzählung als Versuch, einen Weg zwischen beidem zu finden. In der Erzählung kann man enden bei einem Zuviel an Ordnung ebenso wie bei einem Zuviel an Chaos. Wieviel Chaos verträgt der Mensch, wieviel Ordnung braucht er? Gibt es ein generelles Maß für alle Zuschauer, einen Grenzwert, der nicht nur der kleinste gemeinsame Nenner ist? Erzählformen lassen sich als Umgangsformen mit den Gegebenheiten von Chaos und Ordnung beschreiben.

Vor ein paar Jahren fiel mir ein Buch in die Hände mit dem Titel: *Die Odyssee des Drehbuchschreibers* von Christopher Vogler.[39] Dem Autor zufolge gibt es einen Idealverlauf des Erzählens, der in den Grundzügen dem Verlauf des menschlichen Lebens vergleichbar ist. Das Leben als Reise. Ein jeder der Held seiner Geschichte. Anfangs bewegt man sich in der gewöhnlichen Welt. Die Lebensreise führt in ungewohnte Welten, in Risiken, Abenteuer. Am Anfang gibt es Widerstände, sich den Risiken des Abenteuers zu stellen. Aber der Held wäre kein Held, wenn er es nicht täte. Also macht er sich auf die Reise, wagt sich ins Abenteuer, dringt bis in die ›Höhle des Löwen‹ vor. Fast drohen ihn die gegnerischen Kräfte niederzuringen. Aber der Held wäre kein Held, wenn er die Widerstände nicht überwinden würde. Der Held erreicht das Ziel seiner Reise und kehrt verändert und geläutert in die gewöhnliche Welt zurück. »Die Etappen, Begriffe und Ideen, wie ich sie in der Reise des Helden vorgestellt habe, lassen sich als Entwurfsmuster für Storys verwenden, sie können aber auch dazu dienen, Fehler in einer Story zu finden – freilich nur, solange meine Vorschläge nicht zu eng ausgelegt und zu rigide angewandt werden. [...] Das Vergnügen an einer Reise besteht eben nicht darin, den zurückgelegten Weg jederzeit auf der Karte zu verfolgen, sondern im Entdecken und Erkunden neuer Örtlichkeiten. Und dabei dürfte die Karte eher hinderlich sein, denn erst wenn wir uns auf kreative Weise verirren und die Grenzen der Überlieferung verlassen, können wir Entdeckungen machen. [...] Alle Geschichten sind aus diesen Elementen aufgebaut, doch über deren Anordnung entscheiden die Erfordernisse der jeweiligen Story.«[40]

Universalien des Lebens, Universalien des Erzählens. Sie ziehen sich durch die Mythen der Völker, bis hinein in solche Varianten wie KRIEG DER STERNE.[41] Autoren wie beispielsweise Carl Gustav Jung[42] und Joseph

---

[39] Christopher Vogler: *Die Odyssee des Drehbuchschreibers*, Frankfurt/M. 1997.
[40] Ebd., S. 366f.
[41] KRIEG DER STERNE, Regie: George Lucas, USA 1977.
[42] Carl Gustav Jung: *Archetypen*, München 2001.

Campbell[43] stehen für die Beschäftigung mit Archetypen, Urbildern und Mythen. Selbst Physiker wie Werner Heisenberg und Wolfgang Pauli nehmen auf Urbilder und Archetypen Bezug. Bei der Lektüre des Buchs von Christopher Vogler entdecke ich Momente des eigenen Lebens wieder. Das Bild der Reise, die Aufbrüche ins Ungewisse, die Widerstände dagegen, die Überwindung des ›inneren Schweinehundes‹, das Glücksgefühl der Selbstüberwindung, der neuen Erfahrung.

Eine andere Lektüre – ein philosophischer Essay von Richard Rorty zu »Heidegger, Kundera und Dickens«, der etwas ganz anderes als die Universalien des Erzählens in den Mittelpunkt seiner Überlegungen stellt, nämlich das Finden einer Ausdrucksform, »die nicht auf eine *einzige wahre Beschreibung* hindeutet, die das zugundeliegende Muster hinter der scheinbaren Mannigfaltigkeit erkennen läßt.«[44] Ich verstehe die Überlegungen des Philosophen Richard Rorty zur »essentiellen Relativität der menschlichen Dinge«[45] so: Alle Beschreibung ist immer auch Selbstbeschreibung, alles Erzählen ist Sich-selbst-Erzählen. Jeder Akt des Erzählens ist auch der Versuch, sich selbst zu erschaffen durch Beschreibung. Es geht darum, nicht im einmal erlernten Vokabular steckenzubleiben, mit dem man aufgewachsen ist und in dem einem die Welt beschrieben wurde. Es geht darum, ein eigenes Vokabular zu finden, das nicht abschließend ist, kein ein für allemal gültiges Vokabular, das allen gleichermaßen verständlich ist. »Niemand ist der Stellvertreter *irgendeiner anderen* oder *höheren* Instanz. Wir stehen alle bloß für uns selbst und sind gleichberechtigte Bewohner eines Paradieses von Individuen, in dem jeder das Recht auf Verständnis, aber keiner das Recht auf Herrschaftsgewalt hat.«[46] Es gibt keine oberste Instanz, die zu entscheiden hätte, wann etwas richtig erzählt ist und wann nicht. Es gibt auch nichts, das die Zweifel am eigenen Tun aufhebt und Sicherheit schafft. Aber es gibt ein Ziel: daß man in einer eigenen und nicht nur in einer von anderen übernommenen Sprache spricht.

Die erste Sprache, der ich im Kino in den fünfziger Jahren begegnet bin, war die Sprache des kommerziellen Hollywood-Films. Erst viel später begegnete ich den individuellen Sprachen von Jean-Luc Godard, Alain Resnais, Marguerite Duras, Jean-Marie Straub und Danièlle Huillet, Chris Marker, Andy Warhol, Stan Brakhage, Maya Deren, Werner Nekes, Dore O., Klaus Wildenhahn, Johan van der Keuken, Herz Frank und vielen, vielen anderen.

---

[43] Joseph Campbell: *Der Heros in tausend Gestalten*, Frankfurt/M. 1978.
[44] Richard Rorty: »Heidegger, Kundera und Dickens«, in ders.: *Eine Kultur ohne Zentrum*, Stuttgart 1993, S. 90.
[45] Ebd. S. 94.
[46] Ebd., S. 91.

Letztlich hängt die Wahl einer Erzählform und die ihr entsprechende Art der Montage nicht von allgemein anzuwendenden Regeln ab, zum Beispiel den Kriterien, nach denen in der klassischen Narration eine Geschichte zu erzählen ist. Die Art der Montage, die jeder einzelne wählt, hängt von den Absichten und eigenen Wahrnehmungskonzeptionen ab, von der eigenen Philosophie und Weltsicht, mit der man seinem Stoff und dem Material gegenübertritt.

Einer Haltung im Zen, wonach alle Dinge gleich gelten, steht zum Beispiel die Haltung eines klassischen Erzählers gegenüber, wonach alle Dinge in einer Geschichte unweigerlich auf einen Höhepunkt zulaufen, wo die Dinge im Verhältnis zum Höhepunkt in Hierarchien geraten und Dinge, die nicht zum Erreichen des Höhepunktes beitragen, nicht in die Geschichte gehören. Wie sähe das am Beispiel eines konkreten Stoffes aus? Der Philosoph François Jullien gibt in einem Gespräch mit Roman Herzog über abendländisches und fernöstliches Denken ein Beispiel: »Der Ausdruck vom ›Langen Marsch‹ Maos ist in Europa vor allem heroisch verstanden worden, mit Gefahren und Gegnern, denen man ausweichen muß, eine abenteuerliche Sache also. Doch wenn man sich alles in seiner Gesamtheit anschaut, [...] bestand der ›Lange Marsch‹ darin, zu überleben, abzuwarten. [...] Die Kommunisten hatten die Nationalisten gelehrt, daß etwas erwachsen kann, indem man es lediglich reifen läßt und ohne daß man die Initiative ergreift.«[47] Klug ist es diesem Denken zufolge, die Dinge nicht zu forcieren, keinen Kampf vom Zaun zu brechen, sondern abzuwarten, bis alle Bedingungen für den siegreichen Ausgang eines Konflikts gegeben sind. Gelingen und Sieg sind nicht allein eine Frage der Stärke, sondern der Übereinstimmung der eigenen Fähigkeiten mit den äußeren Bedingungen. Ein Beispiel für einen Film, der aus dieser Grundhaltung erzählt: DIE SIEBEN SAMURAI.[48] Die Bauern eines Dorfes, das immer wieder von Räubern überfallen wird, suchen Hilfe bei den Samurai. Man sieht im Film, mit welcher Geduld und Menschenkenntnis ein erfahrener Samuraikämpfer die anderen sechs Mitstreiter auswählt; ebenso sieht man lange Zeit nichts anderes als die Vorbereitungen auf den Kampf, genaue Beobachtungen der Situation im Dorf, gespanntes Warten auf den Überfall. Erst zum Schluß kommen die Räuber, ein erbitterter Kampf tobt, es gibt Tote auf beiden Seiten, aber letztlich schlagen die sieben Samurai zusammen mit den Bauern die Horde Räuber in die Flucht.

[47] »Chinesisches Werkzeug«, François Jullien im Gespräch mit Roman Herzog, in: *Lettre internationale* Nr. 64, Frühjahr 2004, S. 95. Vgl. auch Ulrich Kühnen: »Denken auf asiatisch«, in: *Gehirn & Geist,* Dossier Nr. 2/2004, S. 86-91.
[48] DIE SIEBEN SAMURAI, Regie: Akira Kurosawa, J 1954.

In der *Süddeutschen Zeitung* vom 8./9. April 2004 schreibt Tobias Kniebe zum Film ELEPHANT von Gus van Sant: »Die langweiligen Momente aus dem Leben herauszuschneiden, das sei die Kunst des Kinos – so lautet eine alte Regel Hollywoods. [...] ELEPHANT ist ein Stück Zeit im Director's cut: Jene Momente, die in Hollywood auf dem Boden des Schneideraums landen, hier sind sie alle wieder drin. [...] Die absurde Verführung, die jeder Katastrophenfilm für seine Macher bereithält, ist ja die, selbst Gott zu spielen. Die eine Figur wird, weil sie dies oder jenes macht, sterben. Die andere darf, weil sie so oder so ist, überleben. Die Killer handeln aus diesen oder jenen Gründen. Schon hat uns der Regisseur ein komplettes politisches Weltbild verkauft. Er bestraft, verzeiht, vergibt Fleißbildchen und Survivalpunkte.« Das hat etwas von Schuld und Sühne, Erbsünde und Jüngstem Gericht, von der Gerechtigkeit eines strafenden und richtenden Gottes. In Gus van Sants Film »sterben die Schüler einfach so. Flach, undramatisch, unhysterisch.« Gus van Sant scheint uns sagen zu wollen: »Mißtrauen Sie allen großen Erzählungen, die dem menschlichen Leid einen Sinn geben wollen. [...] ELEPHANT ist ein wahrhaft radikales Werk: Es zeigt den Tod und weigert sich, ihm einen Sinn zu geben.«[49]

Im Kontext von Wahrnehmungskonzeptionen stellt sich auch die Frage nach dem Umgang mit den emotionalen Qualitäten eines Stoffes. Ist ein Stoff schon von sich aus emotionsgeladen – wie zum Beispiel das ›Columbine-Massaker‹ in den USA, um das es in dem Film ELEPHANT geht –, und wird durch die Montage die vorhandene emotionale Qualität herausgearbeitet? Oder wird die Emotion durch die Montage erst geschaffen, um den Stoff nachträglich zu dramatisieren? Alfred Hitchcock bezieht sich im Gespräch mit Peter Bogdanovich auf die Suggestionskraft der Montage, die ganz deutlich wird, wenn ein an sich emotionsneutrales Bild in einen bestimmten Kontext tritt: »Ich glaube, daß erst die Montage den Film zum Film macht. Man dreht eine Aufnahme mit Jimmy Stewart zum Beispiel, der irgendwohin guckt, dann eine Einstellung von dem, was er sieht, dann seine Reaktion. Aber wissen Sie, das ist wie der alte Pudowkin-Test.[50] Er machte eine einzige Aufnahme eines Schauspielers, der mit leerem Gesichtsausdruck nach unten blickt, und klebte sie zuerst in eine Einstellung mit einem spielenden Baby und dann in eine Aufnahme eines offenen Grabes. Das Publikum, das die Szenen sah, war begeistert von der Skala subtiler emotionaler Ausdruckskraft im Gesicht des Schauspielers. Aber in Wirklichkeit handelte es sich um dieselbe Aufnahme des Schauspielers, die sowohl in die Baby- als auch in die Grabsequenz eingefügt war. Nur die Montage

---

[49] Thobias Kniebe: »Mißtrauen Sie mir«, in: *Süddeutsche Zeitung*, 8./9. April 2004.
[50] Was Hitchcock hier beschreibt, ist auch als Kuleschow-Effekt bekannt. Der Russe Lew Kuleschow war der erste, der systematisch Experimente zur Filmmontage machte.

besitzt die Fähigkeit, dem Publikum Gefühle zu suggerieren.«[51] Hitchcock beschreibt hier einen Vorgang, der für die Montage grundlegend ist: Sie hat Mittel zur Verfügung, Emotionen zu erzeugen, die weit über die Kraft des einzelnen Bildes hinausgehen. Der Einsatz dieser Mittel hat wiederum mit Grundhaltungen zu tun. Wenn man Emotionalität als unverzichtbare Qualität für das erfolgreiche Erzählen von Geschichten ansieht, wird man möglicherweise einen an Dramatik armen Stoff in der Montage durch Zusätze wie schnelle Schnitte und Musik emotional aufladen. Die Emotion wird dann suggeriert. Man kann sich aber auch wie Gus van Sant dafür entscheiden, der emotionalen Qualität einer Sache zu entsprechen, indem man nichts hinzufügt, eher nackt und roh beläßt, was im Material vorgegeben ist, statt Gefühle zu unterstreichen und zu forcieren. Man kann annehmen, daß die Gefühle, die ein Zuschauer nach dem Anschauen eines solchen Films verspürt, eher seine eigenen Gefühle sind, die aus dem Betrachten des Materials hervorgegangen und nicht durch die Suggestion des Autors entstanden sind. Auch wenn der Zuschauer, durch Suggestion nicht an die Hand genommen, angesichts der eigenen Eindrücke unsicher ist.

Eine Beobachtung bei der Materialsichtung: Die dramatische Qualität einzelner Szenen ist in dokumentarischem Material oft nur flach ausgebildet. Wir haben in dem Film DIE CHAMPIONS[52] mehrere solcher Szenen. Zum Beispiel ein Fußballspiel am Ende der Saison, das entscheiden wird, ob die Mannschaft in der nächsten Saison weiter in der Regionalliga spielen kann oder absteigen wird, was auch für jeden einzelnen Spieler wichtig ist. Ein entscheidendes Spiel also, in dem aber nichts Dramatisches geschieht, was der tatsächlichen Bedeutung des Spiels entspräche. Ein Spieler sagt vor dem Spiel: »Uns reicht ein Unentschieden!« Die Mannschaft wird vom Trainer auf ein defensives Spiel eingestellt, ziemlich lasch bewegen sich die Spieler über den Platz. Kein Ehrgeiz, ein Tor zu machen. Das Spiel geht wie gewünscht unentschieden aus, anschließend wird der Saisonsieg laut gefeiert. Ein langweiliges Spiel, das als Sieg gefeiert wird? Das kann man, wenn man es 1:1 abbildet, kaum verstehen. Im Spielfilm würde man ein solches Spiel im Hinblick auf seine Bedeutung für das Weiterkommen zuspitzen und dramatisieren. Wie aber einem eher undramatischen Material im Dokumentarfilm die dramatische Bedeutung abgewinnen, die ihm entspricht?
Dramatisieren heißt oft: unterstreichen, dicker, effektvoller auftragen. Ein Hilfsmittel dafür ist die Musik. Kann man den Mangel an Dramatik

[51] Alfred Hitchcock in: Peter Bogdanovich: *Wer hat denn den gedreht?*, Zürich 2000, S. 577.
[52] In den Jahren 1998 bis 2002 entstand der Kinodokumentarfilm DIE CHAMPIONS unter der Regie von Christoph Hübner. Er begleitet junge Fußballer im Alter von siebzehn bis zwanzig Jahren bei dem Versuch, in den Profifußball zu kommen.

im Dokumentarischen durch solche Mittel ausgleichen, ohne daß die Dramatik nur behauptet wird? Wem sind wir im Dokumentarischen verpflichtet? Der Geschichte, die wir erzählen wollen? Den Protagonisten? Dem Gefühl von Realität, das wir haben? Einem wie auch immer begründeten Gefühl von Wahrhaftigkeit? Roberto Rosselini hat einmal gesagt: »Um die Wahrheit zu sagen, darf man nicht unterstreichen.« Ist das nur ein moralischer Anspruch? Ich habe in der eigenen Arbeit sehr oft den Eindruck, daß sich im dokumentarischen Material Gefühle und Befindlichkeiten relativ zart ausdrücken, nicht überspitzt, selten eruptiv, jedenfalls solange, wie es nicht an das Existentielle geht. Und auch das haben wir in anderen Projekten oft erfahren: Menschen ziehen sich zurück, wenn es ihnen nicht gut geht. Sie lassen sich dabei nicht gern mit der Kamera beobachten. Anders ist das bei Erfolgen.

Der Film-Editor Walter Murch verweist auf das »unveränderliche Bedürfnis der Menschen nach Geschichten, die in der Dunkelheit erzählt werden.«[53] Dieses Verlangen befriedigt das Kino, aber auch die im Dunkeln erzählte Einschlafgeschichte. Selbst beim Lesen einer Geschichte am Tag kann das Licht verblassen und der helle Raum im Dunkel versinken. Der Leser taucht ein in das Licht der Geschichte.

Läßt sich etwas aus der klassischen Dramaturgie von Aristoteles über Shakespeare bis zum amerikanischen Spielfilm auf die Dramaturgie des Dokumentarfilms übertragen? Zum Beispiel die Kriterien einer guten Geschichte und eines starken Stoffes? Die Dramaturgie, die gelehrt wird, um gute Drehbücher zu schreiben, geht davon aus, daß der Protagonist aktiv Handelnder ist, mit klarem Ziel, bemüht, sein Schicksal zu gestalten, auch wenn es nicht gelingt. Es gibt Widerstände und Widersacher, Wächter und Helfer an jeder Schwelle zur nächsten Etappe auf dem Weg zum Ziel. Die Geschichte dauert solange, bis der Hauptkonflikt entschieden ist. Das Ende des Konflikts muß nicht glücklich sein, nur absehbar.

Eine Geschichte ist demnach die Schilderung von folgenschweren Ereignissen, durch die sich die Hauptfigur wandelt. Folgenlose Elemente, die im Ablauf der Lebensreise scheinbar ins Leere laufen, werden ausgemustert. Mit den Mitteln der Dramaturgie werden die in den Figuren angelegten Ziele und Bedürfnisse verdeutlicht und verstärkt. Die Montage stellt in einem gegebenen zeitlichen Rahmen den Erzählfluß her.

Im Dokumentarfilm hat man immer wieder mit Menschen und Situationen zu tun, auf die diese Kriterien einer guten Geschichte nicht zutreffen. Es gibt möglicherweise keine so klaren Prämissen der Lebensreise,

[53] Walter Murch: *Ein Lidschlag, ein Schnitt,* a.a.O., S. 136.

kein so deutlich definiertes Ziel, wohin man kommen will, keine deutlichen Widerstände dagegen, keine große Entwicklung der Protagonisten und keine Auflösung eines sich zuspitzenden Konflikts. Oder gibt es das alles doch und wird nur nicht gesehen?

In dem Film Die Champions haben wir eine ziemlich klare Prämisse, und die heißt: Es ist schwer und hängt nicht nur vom Talent ab, Profifußballer zu werden und in der 1. Liga zu spielen.[54] Haben unter dieser Prämisse, wenn wir dem Muster der klassischen Erzählung folgen, nur solche Szenen eine Berechtigung, die dazu beitragen, sie zu belegen? Also Szenen, die von Erfolg oder Nicht-Erfolg erzählen, von Kampf und Widerständen, von Sieg oder Niederlage, von verwirklichten oder aufgegebenen Träumen. Wieviel Platz haben in einer solchen Dramaturgie Zwischentöne, Brüche, Verzögerungen und Umwege, die zum Leben gehören und aus der Sicht des Lebens möglicherweise notwendig und gar keine Umwege sind? Wir drehen auch bei diesem Film ins Offene, wenn auch unter klarer Prämisse. Unsere Herangehensweise ist eher die eines Forschers als die eines Geschichtenerzählers. Dazu kommt die eigene Tagesverfassung, die oftmals nicht geprägt ist von einem klaren Wissen darüber, was wir im Moment wollen. Oft ist es ein Mäandern, ein Suchen: Was ist möglich? Wobei immer auch ein Gegenüber da ist, das sich in die Suche einmischt. Den Charakter dieses Suchens und Mäanderns, der allmählichen Annäherung hat das Material, vor allem am Anfang. Sollen wir daraus jetzt etwas anderes machen, nur um eine gute Geschichte zu erzählen? Wieviel von dieser Suche können wir dem Zuschauer zumuten, ohne daß er den Saal verläßt? Wieviel Klarheit braucht der Zuschauer vor allem am Anfang und wieviel Dramatik später, um einer absehbar komplexen Geschichte zu folgen?

Auf der Duisburger Filmwoche gab es im Jahr 2001 in einem *Special* so etwas wie einen roh belassenen Film zu sehen. Ich meine den Film Das Haus von Thomas Heise. Der Film wurde vom Autor rekonstruiert und in die Form gebracht, die er 1984, noch zu DDR-Zeiten, beabsichtigte, als es den Film nicht geben durfte. Der Film beschreibt »das Klima, in dem etwas entsteht/geschieht.«[55] »Ich werde nichts ändern, verbessern, glätten, sondern die Sachen wiederherstellen«, schreibt Thomas Heise im Programmheft zu seinem Film[56] und berührt damit auch die Gefahren des Schnitts: glattbügeln, kleinschneiden, das, was die Qualität des

[54] »Die Prämisse einer Geschichte ist einfach eine Feststellung dessen, was mit den Figuren als Ergebnis des zentralen Konflikts der Geschichte passiert.« James N. Frey: *Wie man einen verdammt guten Roman schreibt*, Köln 1996, S. 74.
[55] Der Film zeigt Gespräche über Wohungsnot, Erziehungsschwierigkeiten und andere existentielle Sorgen zwischen Bürgern der DDR und den für sie zuständigen Verwaltungsbeamten im Berolina-Haus, einem Gebäude am Berliner Alexanderplatz.
[56] Programmheft Duisburger Filmwoche 2001, S. 78.

Materials am Anfang ist, zerstören. Wie diesen Gefahren begegnen? Statt von allem etwas zu nehmen, weniger nehmen und das auf eine besondere Weise zeigen, indem man es zum Beispiel nah am Rohen läßt. Jedenfalls hat das Rohe eine besondere Qualität im Dokumentarischen – das Leben des Augenblicks, des ausgelebten Moments gegenüber der Geschichte, die zu erzählen ist. Es gibt die Gefahr, daß diese Momente auf dem Weg durch die Windungen der Spirale, in den wiederholten, immer dichteren Rohschnitten von Mal zu Mal kürzer werden und am Ende ganz verschwunden sind.

Dietrich Schwarzkopf, ehemaliger Programmdirektor der ARD, sagte auf einer Veranstaltung zum Kulturauftrag des Dokumentarfilms im Fernsehen, der »reine« Dokumentarfilm müsse geschützt werden, der Dokumentarfilm »ohne fiktive und virtuelle Elemente«, das hebe die Unverwechselbarkeit der Gattung hervor. Interessant, daß ein Mann des Fernsehens das so sagt, aber im täglichen Programm ist wenig davon wiederzufinden.
Verteidigung des Dokumentarischen bedeutet: Verteidigung des Rohen und des Nicht-Perfekten. Beharren auf der gegebenen Welt. Wenn man den Umgang mit dokumentarischem Material auch als Spiel begreift, dann ist es nicht möglich, alle Fäden in der Hand zu halten und alles zu kontrollieren. Das sollte auch in der Montage sichtbar sein.

Episches oder dramatisches Erzählen – ist das Epische nur weniger zugespitzt auf die Elemente des Dramatischen, oder enthält es davon nichts?
Bertolt Brecht schreibt in seinen Texten »Über eine nichtaristotelische Dramatik«: »Der bürgerliche Roman entwickelt im vorigen Jahrhundert ziemlich viel ›Dramatisches‹, und man verstand darunter die starke Zentralisation einer Fabel, ein Moment des Aufeinander-Angewiesenseins der einzelnen Teile. Eine gewisse Leidenschaftlichkeit des Vortrags, ein Herausarbeiten des Aufeinanderprallens der Kräfte kennzeichnete das ›Dramatische‹. Der Epiker Döblin gab ein vorzügliches Kennzeichen, als er sagte, Epik könne man im Gegensatz zu Dramatik sozusagen mit der Schere in einzelne Stücke schneiden, welche durchaus lebensfähig bleiben.«[57]

Bei Gilles Deleuze lese ich: »Der Philosoph Leibniz [...] wies nach, daß die Welt aus Serien besteht, die sich nach ganz gewöhnlichen Gesetzen vollkommen regelmäßig aufbauen und konvergieren. Allerdings werden uns immer nur kleine Stücke dieser Serien und Sequenzen in einer

[57] Bertolt Brecht: »Über eine nichtaristotelische Dramatik«, in ders.: *Schriften zum Theater I, GW 15*, Frankfurt/M. 1967, S. 263.

umgestürzten und durcheinandergebrachten Ordnung sichtbar, so daß uns die Brüche, Disparitäten und Diskordanzen als etwas Außergewöhnliches vorkommen. [...] Es sind die Menschen, die die Regelmäßigkeit der Serien und den kontinuierlichen Fluß des Universums in Verwirrung bringen.«[58] Das kurzzeitige Stören der Serien mag als Unordnung und Chaos dramatisch erscheinen. Letzten Endes ordnet sich aber alles in den regelmäßigen, seriellen Ablauf wieder ein. Unter diesem Gesichtspunkt erscheinen die Dramen des Lebens, Kriege, Naturkatastrophen, Krankheit, Beziehungskonflikte etc. als gewöhnliche Elemente im Lauf der Dinge, die regelmäßig und doch unvorhersehbar wiederkehren. Wie wäre eine Dramaturgie gebaut, die von Kriegen und Katastrophen unter dem Aspekt des Seriellen erzählt? In einer Diskussion zu dieser Frage am Beispiel des Films ARARAT[59] von Atom Egoyan gibt Dr. Mihran Dabag, Direktor des Instituts für Diaspora- und Genozidforschung an der Ruhr-Universität Bochum zu bedenken, daß die Katastrophe sich für viele Menschen auf die immer gleiche Art wiederhole. Wie könne man das immer Gleiche erzählen, exekutiert an Tausenden von Menschen? Man brauche eine Geschichte. Man brauche das persönliche Schicksal, um davon zu erzählen.

Muß man davon ausgehen, daß die Realität des Menschen immer Elemente eines dramatischen Konflikts enthält und daß das Leben von Wünschen, Träumen, Sehnsüchten und Widerständen dagegen vorangetrieben wird? Was bedeutet demgegenüber ein Satz wie der des chinesischen Weisen Laotse: »Beim Nichtsmachen bleibt nichts ungemacht.«[60] Meinem Verständnis zufolge würde ein Film dann zeigen, was ohnehin geschieht. Das Geschehen selbst wäre der Zweck. Viele leben so, lassen geschehen, was geschieht, ohne aktiv einzugreifen. Kann man davon nicht spannend erzählen? Was würde das heißen? Nicht zuviel auf vorgegebene Erzählformen hinstrukturieren. Hat man schon zuviel strukturiert, wenn man wie Alexander Kluge feststellen muß: »Das Erzählkino schneidet ein Stück Leben ab. Wirkliches Kino schneidet niemals ein Stück Leben ab.«[61] Wie ist zum Beispiel vom Umherschweifen, Flanieren, Sich-treiben-Lassen und Sich-Verlieren zu erzählen? Ist der Flaneur nicht der Anti-Held schlechthin, den die Zufälle der Straße leiten? »Ein Rausch kommt über den, der lange ohne Ziel durch Straßen marschierte. Das Gehn gewinnt mit jedem Schritte wachsende

[58] Gilles Deleuze: *Das Zeit-Bild – Kino 2*, Frankfurt/M. 1997, S. 28.
[59] ARARAT, Regie: Atom Egoyan, CAN/F 2002.
[60] Vgl. Laotse: *Tao te king*, München 1993, S. 91; dort auch Richard Wilhelm, S. 158: »Das Leben wächst, aber es macht nichts. Durch Machen, bewußtes Beeinflussen, Anstrengung des Willens [...] werden nur kurze Spannungszustände zur Entladung gebracht. Wer täglich zehn Zwecke hat und zehn Zwecke erreicht, der erschöpft sich im Kleinbetrieb des Alltags.«
[61] Alexander Kluge in der Sendereihe ZWISCHEN DEN BILDERN, Teil III: ÜBER DIE TRÄGHEIT DER WAHRNEHMUNG, Regie: Klaus Feddermann, Helmut Herbst, ZDF 1982.

Gewalt; immer geringer werden die Verführungen der Läden, der bistros, der lächelnden Frauen, immer unwiderstehlicher der Magnetismus der nächsten Straßenecke, einer fernen Masse Laubes, eines Straßennamens. [...] Dialektik der flanerie: einerseits der Mann, der sich von allem und allen angesehen fühlt, der Verdächtige schlechthin, andererseits der völlig Unauffindbare, Geborgene.«[62]

Beispiele aus der Literatur für Erzählformen, die nicht dem Muster der klassischen Narration folgen und die mich darin beeindruckt haben: *Ulysses* von James Joyce, *Der Mann ohne Eigenschaften* von Robert Musil, *Mrs. Dalloway* von Virginia Woolf, u.a. Ein extremes Beispiel, schon aus dem 18. Jahrhundert, ist der Roman *Tristram Shandy* von Laurence Sterne.[63] Der Roman erzählt keine Geschichte im Sinne einer fortlaufenden Handlung, deren Entwicklung auf ein Ende hin komponiert wird. Es gibt nur Fragmente von Handlungen, unterbrochen von weitreichenden, assoziativen Abschweifungen, plötzlichen und zahlreichen Wechseln zwischen verschiedenen Zeitebenen, leeren Seiten, die der Leser füllen kann, und Fortsetzungen der Erzählung durch graphische Darstellungen. Man kann in diesen Roman an jeder beliebigen Stelle ein- und aussteigen.

In der Analyse von *Tristram Shandy* heißt es an einer Stelle mit Bezug auf John Locke und die empiristische Erkenntnistheorie,»daß der Geist nicht imstande sei, über einen längeren Zeitraum hinweg an einer Vorstellung unverändert festzuhalten.«[64] Der Roman ist gerade so gebaut, als sei dem Autor dieses Phänomen sehr vertraut. Der Ich-Erzähler, Tristram Shandy, springt seinen Gedanken und Assoziationen hinterher, als sei er ein Gefangener der Drei-Sekunden-Gegenwart und als ginge es darum, an jeder beliebigen Stelle alles auszubreiten, was ihm gerade durch den Sinn geht. Es scheint, als sei er nicht in der Lage, angesichts der Fülle eintreffender Assoziationen und möglicher Abzweigungen, die alles Erzählte bei ihm auslöst, bei einer einmal entwickelten Vorstellung zu verweilen. Oft kommt er erst nach Seiten auf die unterbrochene Erzählung zurück.[65]

Christoph Hübner und ich haben selbst mit einem Film einen Versuch in diese Richtung gemacht.[66] Am Anfang stand die Idee einer dokumentarischen Reise und einer fiktiven Figur. Ihr Name war Anna. Sie reiste ohne Auftrag, ohne Ziel, kreuz und quer. Anna sollte nur in der Gegenwart leben. Ihre Abkoppelung von Vergangenheit und Zukunft, Herkunft

41

[62] Walter Benjamin: *Das Passagen-Werk*, Frankfurt/M. 1982, S. 525f.
[63] Der Originaltext entstand zwischen 1760 und 1767.
[64] Norbert Kohl, in: Lawrence Sterne: *Tristram Shandy*, Frankfurt/Leipzig 1982, S. 705.
[65] Vgl. in diesem Band *Tristram Shandy*, 6. Buch/40. Kapitel, S. 235f.
[66] ANNA ZEIT LAND, Regie: Christoph Hübner, D 1994.

und Visionen machte sie nicht lebensunfähig. Wenn Anna im Ergebnis etwas hat von einem Müßiggänger, Flaneur, von einer unentschieden in die Welt hinein Träumenden, so ist sie denkbar weit weg von den heutigen Leitfiguren, den eilig Strebsamen, die alle zu einem Ziel unterwegs sind. Ihre Einsamkeit, ihr Zögern, ihre Unentschiedenheit, ihre Vagheit mußte im Strom der Zielstrebigen auf Unverständnis stoßen, ja auf Ablehnung, weil sie das ungehinderte Vorwärtsdrängen aufhielt, weil sie Fragen an Ziele und Richtungen allein dadurch aufwarf, daß sie keine hatte. Anna sollte ihr Handeln nicht von den Folgen her bestimmen, sondern aus Impulsen, die aus dem Moment kommen.

Anna reist kreuz und quer durch das Deutschland der Jahre 1989 bis 1994 und begegnet realen Menschen und Situationen in Ost und West. Man könnte auch sagen: Anna irrt umher, sie ist ohne Orientierung, komplett verloren in ihrem Land und in ihrer Zeit. Dem Film wurde vorgehalten, er sei zu sehr auf der Seite der Orientierungslosigkeit und der Abbildung des Chaos geblieben, ihm fehle Ordnung und Faßlichkeit. Genau das aber entsprach der Zeit, in der der Film entstanden ist, 1989 bis 1994. Die DDR und die alte BRD lösten sich auf und damit Strukturen auf beiden Seiten, die über Jahrzehnte hinweg unerschütterlich schienen. Obwohl die Zeit tatsächlich so war und der Film versucht, dem in der filmischen Abbildung gerecht zu werden, löscht das die Sehnsucht nach Orientierung beim Zuschauer nicht aus.

Der Film wurde mehrfach auf internationalen Festivals gezeigt, im deutschen Kino hatte er es aber schwer. Zuschauer bemerkten irritiert: »Die Anna will ja gar nichts.« »Wo will sie denn hin?« Nur wenige fanden es angenehm, daß es in einem Film einmal gestattet war, nichts zu wollen. Der lettische Dokumentarist Herz Frank bemerkte zum Film, nachdem er anfangs dem Entwurf gegenüber sehr skeptisch war: »Der Film ist wie ein Wald ohne Weg. Es gibt keinen festgelegten Zugang, man kann ihn von überall betreten und ist gleich mitten drin. Alles ist gleichzeitig und gleich gültig da. Eine Montage von Bruchstücken, ein Kommen und Gehen, eine Welt ohne Zentrum – eine tiefe Wahrheit.«

Der Geist sucht nach Struktur gegen die ihm innewohnende Tendenz, immerzu auseinanderzudriften. Struktur ist ein Mittel gegen den Wahnsinn. Wenn wir uns im Filmerzählen nicht an dieser Neigung und Notwendigkeit orientieren, Ordnung zu schaffen in dem Chaos, als das die Welt sich darbietet, was heißt das für das Publikum, das wir ansprechen? An komplexeren Strukturen, an einem wilden Spiel zwischen Struktur und Chaos Vergnügen zu finden, setzt jedenfalls eine andere Verfaßtheit des Geistes voraus. Auch eine gewisse Geistesbildung, die ohne Übung im Umgang mit solchen Darstellungsformen nicht zu erwarten ist.

Der Komponist Arnold Schönberg schreibt 1925 über seine Kompositionserfahrungen, das Strukturlose sei nur möglich für kürzere Stücke. Größere Formen könnten ohne deutliche Gliederung nicht bestehen.[67] Das gilt wohl auch für den größeren literarischen Text oder den abendfüllenden Film. Damit ist allerdings nicht die Frage beantwortet, wieviel Struktur und Gliederung nötig sind und ob es nicht auch ein Zuviel an Struktur und Ordnung geben kann. Schönberg spricht an anderer Stelle auch von unausgebildeten Köpfen, »die alles nur der Reihe nach erzählen können, so wie es geschehen ist, denen jeder Überblick über das Ganze fehlt, weshalb sie weder vorausgreifen, noch zurückstellen können und einen Satz mit dem folgenden kaum anders als mittels [...] ›und‹ verbinden.«[68]

Immer wieder die Frage: Was ist eine Erzählung? Für Gilles Deleuze ist die ›Erzählung‹ (récit) der Oberbegriff für die Erzählhandlung (narration), die sich auf die Darstellung der Handlungen und Ereignisse erstreckt, und für die ›Beschreibung‹ (description), die sich auf die Darstellung der Gegenstände und Figuren bezieht.[69]

Dokumentarfilm kann ohne Erzählhandlung Situationen von Menschen beschreiben, auch ihre Geschichte, ohne daß es eine stringente Entwicklung in dieser Geschichte auf ein klar definiertes Ziel hin gibt. Es entstünde in der Form vielleicht so etwas wie eine Erzählfläche, eine Ansammlung von Elementen im filmischen Raum, die ohne Hierarchien gleichzeitig und gleich geltend nebeneinander stehen. »Was mit allen Einschränkungen der Unvollkommenheit und der ungelenken Erprobung von Neuem in dem Film ANNA ZEIT LAND versucht wurde, könnte man »Kino der Momente« nennen. Ein Kino, das aus der erzählerischen Großstruktur herausführt, aus der klassischen Dramaturgie der großen Bögen, der Einfühlung, hin in die Kleinstruktur, in die Montage der Einzelmomente, in die Freiheit der Assoziation. [...] Wahrscheinlich ist das Dokumentarische der Idee eines Kinos der Momente näher als das Inszenierte, das Vor-Geschriebene des traditionellen Spielfilms. [...] Wenn man vom Drehen kommt und sich das aufgenommene Material anschaut, ist da immer wieder dieses Staunen, daß dieses ein Bild geworden ist, jenes ein Ton. Oft würde man gern alles in der ganzen Länge, in aller Einzelheit erhalten, gewissermaßen als Dokument seiner selbst. Oder jene Momente, wenn sich in anderen Filmen plötzlich ein Bild, ein Ton, ein Satz herauslöst aus der Geschichte und das Diktat des

[67] Arnold Schönberg: »Gesinnung und Erkenntnis«, in ders.: *Gesammelte Schriften 1*, Nördlingen 1976, S. 213.
[68] Arnold Schönberg: »Tonalität und Gliederung«, in ders.: *Gesammelte Schriften 1*, a.a.O., S. 206.
[69] Vgl. Gilles Deleuze: *Das Zeit-Bild – Kino 2*, Frankfurt/M. 1997, S. 361. Auch Amos Vogel: *Film als subversive Kunst*, Andrä-Wördern 1997, S. 83f.

Zusammenhangs verläßt: Seltene Glücksmomente. Wenn man danach sucht, stellt man oft genug fest, auch bei den eigenen Filmen, daß sie sich am Ende der Schnittarbeit zu weit entfernt haben von diesen Momenten der Offenheit, des Nicht-Bedeutens, der Nicht-Funktionalität. Sie sind oft zu glatt, zu passend geworden.«[70]

Kann man von ›Geschichten‹ im Gleichbleibenden, Ziellosen überhaupt sprechen? Setzt eine Geschichte nicht immer Entwicklung voraus? Etwas kann als Entwicklung überhaupt nur gesehen werden von seinem jeweiligen Ende her. Außerdem enthält Entwicklung immer auch einen Moment von Hoffnung, Hoffnung auf einen gelingenden Ausgang. Das wäre das ersehnte Glück. In der Malerei gibt es die Stilleben, die nur beschreiben und doch oder gerade deshalb Hoffnung mitteilen.

Alexander Kluge: »Die Grundform des Films ist dokumentarisch. Das Problem ist nur, daß ein Mensch nicht einheitlich auf Dokumente, auf eine Außenwelt reagieren kann. In ihm ist eine Kraft, die sagt: ›Diese Welt muß ich kraft meiner Illusion so verändern, daß sie mir gefällt. Ich lehne eine unmütterliche Realität ab.‹ [...] Der Mensch möchte sehen, was ist. Und er möchte gleichzeitig, daß dies seine subjektive Seite befriedigt [...] Er ist kein Wirklichkeitssucher, wenn Sie ihm nicht Schatzfund versprechen.«[71]

Könnte der ›Schatzfund‹ für den Zuschauer im Dokumentarfilm auch im Entdecken, in neuer Erfahrung und Erkenntnisgewinn bestehen? Was er in einem gegebenen Material selbst entdecken kann, das sollte man ihn entdecken lassen. Nicht vorsagen und vorab erklären, was zu sehen und zu hören ist. Die Schnittmeisterin Beate Mainka-Jellinghaus sagt zur Montage im Dokumentarfilm: »Im Grunde muß man nur zeigen.«[72] Zugleich darf man nicht langweilen, man muß es spannend machen. Neugier wecken. Die Dramaturgie des Erzählens wäre dann geleitet vom Entdeckersinn: von der Unkenntnis zur Kenntnis.

Steht ein ›Kino der Momente‹ einem Kino gegenüber, das Geschichten erzählt? Schließt das eine das andere aus? Wim Wenders sagt über Bilder und Geschichten: »Bilder sind sehr empfindlich. Sie wollen nicht wie ein Pferd arbeiten; wollen nichts tragen und transportieren: weder Botschaft noch Bedeutung, weder Ziel noch Moral. Genau das aber wollen Geschichten.« Also müßten beide in Konflikt geraten, und der Konflikt würde ausgetragen in der Montage. Wim Wenders: »Natürlich stellen auch in meinen Filmen die Geschichten eine Ordnung her. Ohne Ge-

[70] Christoph Hübner im Programmheft zu dem Film ANNA ZEIT LAND.
[71] Vgl. in diesem Band S. 128f.
[72] Im Gespräch mit der Autorin im Dezember 2003.

44

Was der Montage vorausgeht

schichten drohten die Bilder, die mich interessieren, verlorenzugehen und jeder Willkür anheim zu fallen.«[73] Aber warum? Bilder für sich – Bilder im Kontext einer Erzählung. Müssen die autonomen Bilder in der Struktur von Geschichten aufgefangen werden, damit sie nicht untergehen? Sind nicht auch andere Strukturen vorstellbar – zum Beispiel die des Gedichts, des Essays etc.?

»Das Kino kann eben dorthin sehen und denken, wohin die überkommenen Diskurse nicht reichen.«[74] Diese Qualität wurde schon früh erkannt, nicht nur als Möglichkeit des Kinos, sondern insbesondere auch als Möglichkeit der Montage. Mit den Mitteln der Montage kann man Innenwelten abbilden, Bilderketten herstellen, für deren Abfolge es nicht unbedingt nachvollziehbare Ursachen und Begründungen geben muß. »Nicht nur Assoziation wecken, sondern Assoziation darstellen kann die Montage. Also die Bilderreihe darstellen, die in uns aufsteigt, die Kette der Vorstellungen, die uns von einem Gedanken auf den anderen kommen läßt. Die innere Montage des Bewußtseins und Unterbewußtseins erscheint auf der Leinwand.«[75] Assoziationen können in viele Richtungen gehen. Das Schöne an der Phantasie ist ihre Freiheit. Sie muß keinen vorgegebenen Regeln folgen, auch keiner vorgegebenen Moral. Die Phantasie ist frei von dem, was sich gehört.

Auch in der Erinnerung sind die einzelnen Stücke anders verbunden, als es dem äußeren Ablauf und der ursprünglichen Wahrnehmung entspricht. Erinnerung verzichtet auf Vollständigkeit, ihre Lücken sind nicht nur Mangel. In ihr lösen sich Chronologien auf, werden Akzente und Gewichtungen nach persönlichen, für andere kaum nachvollziehbaren Kriterien gesetzt. Erinnerung ist dem Traum verwandt. In der Erinnerung oder auch im Traum werden Bilder aneinandergereiht, die nicht unbedingt einer Erzählhandlung folgen. Erinnerung heißt auch: Es muß nicht alles gleich verstanden werden. Bilder und ihre Details haben in der Erinnerung und im Traum eine andere Autonomie als in der stringent erzählten Geschichte, wo die Details und auch das Eigenleben der Bilder dem Fortgang der Geschichte nachgeordnet sind. Erinnerung bedarf des Anlasses, nicht der Anleitung.

Unterscheiden sich Erzählformen auch dadurch, daß sie mehr oder weniger auf ihr Sujet fokussiert sind? Ist das Narrative im Dokumentarfilm dem Spielfilm vergleichbar? Haben sich die Erzählformen im Spielfilm dem Dokumentarischen angenähert, zum Beispiel dem Brüchigen,

---

[73] Zit. nach Karlheinz Oplustil: »Peter Przygodda«, in: *Cinegraph – Lexikon zum deutschsprachigen Film*, hg. von Hans Michael Bock, Lg. 13, München 1989.
[74] Georg Seeßlen: »Wo Simulation herrscht, hilft nur Kino«, in: *Berliner Zeitung*, 30.10. 2003.
[75] Béla Balázs: *Der Geist des Films*, Frankfurt/M. 1972, S. 51f.

Diskontinuierlichen, Nicht-Linearen? Während umgekehrt der Dokumentarfilm versucht, seine Geschichten wie im Spielfilm zu erzählen? Neuere Spielfilme werden oft nicht-linear erzählt. Ihre Erzählung folgt keiner strengen Chronologie, trägt eher Elemente von hier und dort zusammen, überläßt den Zuschauer auch über größere Strecken der Irritation und dem Rätsel, bis sich am Schluß alle Elemente zu einem mehr oder weniger konsistenten Bild zusammenfügen. Es gibt eher ein Mindestmaß als ein Zuviel an Struktur. Während im Dokumentarfilm eine Entwicklung zu beobachten ist, die im Anliegen, eine stringente Geschichte zu erzählen, vielleicht zu sehr auf autonome Bilder, auf Abweichungen und Abzweigungen verzichtet und die Einordnung des Lebens in die Mainstream-Dramaturgien zu dominant werden läßt. Die Genres und Formen vermischen sich.

Alles werde komprimiert, lese ich in der *Süddeutschen Zeitung* vom 12.4. 2000, warum nicht das Erzählen? Das sei die Zukunft, heißt es. Wie sieht ein komprimiertes Erzählen aus? Noch mehr *action* und Beschleunigung der Schnitte, noch weniger Beschreibung?
Ich sehe im Rahmen der *Ruhrtriennale* Peter Sellars' Inszenierung von Euripides' DIE KINDER DES HERAKLIT.[76] Ich denke: Komprimiertes Erzählen gab es schon vor 2.400 Jahren. Und Peter Sellars bleibt in seiner Inszenierung dabei. Komprimiert heißt hier aber nicht schnell, sondern: Euripides erzählt, und Sellars inszeniert nur das Nötigste. Die Wahrheit ist einfach und braucht kein Beiwerk. Das Drama wird eher vorgetragen als gespielt.

Beobachtungen bei dokumentarischen Sendeformaten im Fernsehen: Vielen Filmen sieht man die Strategien an, die auf dem Markt erfolgreich sind: Aufwendige Kameraarbeit, Schienen- und Kranfahrten, Inszenierungen, immer wieder Elemente einer Spielhandlung, Versatzstücke von Spielfilmmusiken, zum Teil einfache Zitate aus solchen Musiken. Auch immer wieder: der Blick auf das Exotische, Spektakuläre. In der Montage ist dem Autor die gedrehte Welt vollständig verfügbar. Am Ende erscheinen auf dem Bildschirm in der Perfektion eingeschlossene Welten. Etwas vom Leben scheint wie abgeschnitten. Dazwischen gibt es aber auch einige warme Filme, unaufgebläht, die etwas von Menschen und der Brüchigkeit des Lebens erzählen.

»Es gibt Filme, die stellen sich nach jeder Einstellung selbst zur Disposition, immer wieder. Vorm Scheitern bewahrt sie, daß sie bewußt das Risiko des Scheiterns eingehen, immer wieder. Ihre Unsicherheit, die zur sich wiederholenden Selbstvergewisserung wird, ist das Eigentliche

---

[76] Aufführung in Bottrop im September 2002.

an ihnen. Wo andere Filme die Illusion von Wirklichkeit erzeugen, da entdecken sie die Faszination der Möglichkeit. Wo jene eine Kontinuität herstellen, da wagen sie sich vor zur Diskontinuität. Wo jene eine Ordnung einführen wollen, wo keine war, da streben sie danach, Verwirrung zu stiften, wo Ordnung herrscht. Ihre Tendenz, sich so zu organisieren, daß keine Aufführung mit einer endgültigen Definition von ihnen zusammenfällt, resultiert aus ihrer Form, die den Umgang mit ihnen über die bloße Handhabung hinaus erweitert, hin auf einen Überschuß an Freiheit des Verhaltens, die nicht verzehrt wird vom Augenblick der Aktion. Wo jene Skulpturen sind, sind sie Mobiles. Wo jene sinnkonsistent sind, da sind sie sinndefizitär, und sie wissen warum.«[77]

[77] Norbert Grob über den essayistischen Film, in: Jochen Brunow, Norbert Grob, Norbert Jochum: »Chaos in die Ordnung. Fragmentarisches zum essayistischen Film«, in: *Filme*, 01/1980.

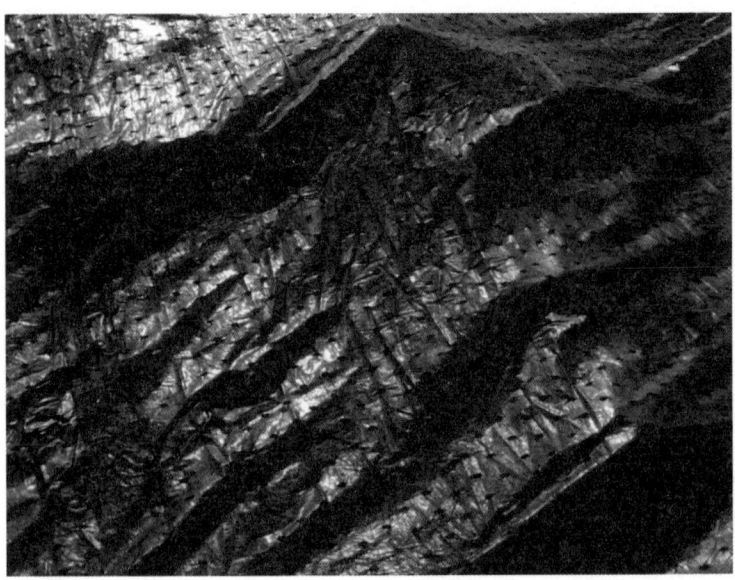

Raum und Zeit

Die Beschäftigung mit Fragen von Chaos und Ordnung, von Dramaturgie und Erzählung bedeutet immer auch ein Umgehen mit Fragen von Raum und Zeit. Am Anfang steht der ungeteilte Raum und die ungeteilte Zeit, so etwas wie Ewigkeit und die Fülle der Möglichkeiten. Wir sind nicht in der Lage, mit unseren Sinnen alles gleichzeitig wahrzunehmen. Der erste Schnitt wird gesetzt. Etwas wird ausgewählt und ausgeschnitten vor anderem. Der Raum wird geteilt, eine Grenze wird gezogen, ein Kader entsteht. Damit ist auch die Achse der Zeit geboren, auf der es ein Vorher und Nachher gibt. »Stellen wir uns einen einzigen Schlag im gesamten Universum vor. Ein Schlag: die Ewigkeit davor, die Ewigkeit danach. Ein Davor und ein Danach, das ist die Geburt der Zeit. Stellen wir uns, gleich darauffolgend, einen zweiten Schlag vor. Da sich jeder Schlag in der ihm nachfolgenden Stille fortsetzt, wird der zweite Schlag länger dauern als der erste. Eine andere Zahl, eine andere Dauer, das ist die Geburt des Rhythmus.«[78]

Ein Kader wird ausgeschnitten und in eine bestimmte Dauer gesetzt: Raum-Ausschnitt und Zeit-Ausschnitt. Davor und danach bleiben alle anderen Möglichkeiten. Der Vorgang wird wiederholt. An die erste Einstellung wird eine zweite gesetzt, ein anderer Kader mit einer anderen Dauer. Rhythmus und Richtung entstehen – der irreversible Pfeil der Zeit und mit ihm Entwicklung und auch Geschichte.

Montage hat mit Rhythmus zu tun. Mit Einheiten von unterschiedlichem Inhalt und unterschiedlicher Dauer. Rhythmus hat mit Emotion zu tun, mit innerer Bewegung, die von Erregung bis zum Stillstand reichen kann. Dazu gehört auch die Pause – eine Irritation in der Zeit, im Ursinn des Chaos das »weit Offenstehende«,[79] in dem nicht determiniert ist, wie es weitergehen wird. Die Pause als die Stelle, an der für einen Moment die Fülle der Möglichkeiten wieder erscheint, bevor sie zunichte gemacht wird durch das nächste Bild oder den nächsten Ton. Man könnte die Pause auch als leere Einheit von bestimmter Dauer beschreiben. Der leere Raum, in dem nichts ist. Die leere Zeit, in der nichts geschieht außer Dauer. Von leer kann man nur sprechen, wenn vorher und nachher etwas da ist. Die Pause gibt es nur in einer Relation. Die Kunst, Pausen zu setzen, ist essentiell für die Montage. Viele Filme haben keinen ausgeprägten Rhythmus und kennen keine leeren Stellen. Sie sind unentwegt nur schnell und haben Angst vor der Pause. Montage hat etwas mit Atem zu tun, einem von Anfang an gegebenen

[78] Olivier Messiaen, zit. nach Thomas Daniel Schlee, Dietrich Kämper (Hg.): *Olivier Messiaen – La Cité celeste – Das himmlische Jerusalem*, Köln 1998, S. 227.
[79] Peter Gülke, zit. nach Friedrich Cramer: *Symphonie des Lebendigen*, Frankfurt/M. 1998, S. 68.

Rhythmus, vergleichbar dem ersten und zweiten Schlag bei Olivier Messiaen. Wir können nicht unentwegt nur einatmen. Mit Atemlosigkeit bezeichnet man interessanterweise nicht die Ruhe, sondern die Hektik. Atemlosigkeit bezeichnet etwas, dem der entspannte Rhythmus von Ein- und Ausatmen fehlt. Deshalb für mich wichtig: etwas über die Hauptsachen hinaus, ein Blick, eine Geste, ein nachklingendes Geräusch.

Der ungeteilte Raum, die ungeteilte Zeit, das, was Messiaen Ewigkeit nennt, Kontinutität, unendliche Dauer. Der erste Schnitt, Teilung des Raumes und der Zeit, Diskontinuität entsteht, Unterbrechung, begrenzte Dauer, Verlust der ursprünglichen Einheit. Ein Schmerz wird empfunden, Sehnsucht, den ursprünglichen Zustand wieder herzustellen. Die Hoffnung, den Schnitt so zu setzen und die Montage der Teile so zu bauen, daß man Schnitt und Teilung nicht mehr spürt. Das Gefühl eines ungehinderten Fließens wiederherstellen – für die Dauer eines Films.

»Man nimmt Raumblöcke auf. [...] Man lebt nicht in einem Fluß, obwohl manche das behauptet haben. [...] Man lebt in der Diskontinuität, [...] die muß immer spürbar bleiben. Trotzdem, wenn man Film schafft, muß man aus dieser Diskontinuität einen Zug erreichen, so daß der Widerspruch zwischen Diskontinuität des Lebens und der Geschichte und des Alltags – also die physische Welt ist keine Kontinuität, das weiß man längst, da sind große Lücken drin. Wenn man versucht, den Leuten den Eindruck zu geben, das sei eine kontinuierliche Welt, ist das schon physikalisch ein Betrug. Politisch und historisch erst recht. Das Problem ist eben, ein Gleichgewicht zu finden, das im Grunde ein Ungleichgewicht ist.«[80]

Der Umgang mit Kontinutität und Diskontinuität. Der kontinuierlich wahrgenommene Fluß des Lebens, eine Stunde nach der anderen, ein Tag, ein Jahr nach dem anderen, die Jahreszeiten, zyklische, ununterbrochene Wiederkehr, Kontinutität – jedoch keine identischen Wiederholungen. Auf dem Weg durch die Zyklen Störungen, Brüche, plötzliche, manchmal dramatische Wendungen – Diskontinutität. In der Montage eines Films diese Ambivalenz erhalten. Bewußt machen, daß man mit Ausschnitten umgeht und mit fehlenden Stücken dazwischen, mit Leerstellen, mit Schwarz oder Weiß, in denen nichts und zugleich doch alles ist. Harte Schnitte, Schwarzkader, weiche Übergänge, Blenden. Mit diesen Mitteln der Montage Elemente voneinander trennen, sie auseinanderrücken, oder aber Kontinuität zwischen ihnen herstellen. Für Béla Balázs erfolgt mit Blenden so etwas wie Montage ohne

---

[80] Jean-Marie Straub in der Sendereihe ZWISCHEN DEN BILDERN, Teil III, ZDF 1981.

Schnitt.[81] Der Schnitt verschwindet im Schwarz zwischen Auf- und Abblende. Blenden sind für Balázs so etwas wie die Interpunktion der Montage. Die Abblende – ein Gedankenstrich, die Aufblende – ein Doppelpunkt? Um zu sagen: hier fängt etwas Neues an, hier ist etwas zu Ende, hier sollte man innehalten, hier vergeht Zeit. Die Blende verweist auf eine andere Zeit als die Eigenzeit der Dinge und Ereignisse. Sind harte Schnitte demgegenüber wie eine Seite ohne Punkt und Komma? Mit Ausnahme der Schwarzkader? Mit ihnen kann man deutlich auseinanderrücken, einen Absatz machen, den Ausschnitt und die Leerstelle betonen, das bewußt gesetzte Ende: Man ist nicht in einem Fluß, man bewegt sich nicht in der Kontinutität der realen Zeit, man sieht, etwas wurde herausgeschnitten.

Diskontinuität nach dem Tod des Filmemachers Hellmuth Costard: »In Anbetracht des Todes, der nur mein eigener ist«, sagt sein Freund und Mitarbeiter Bernd Upnmoor, »kann ich auch allein entscheiden, was mir wichtig ist.« Auswählen, montieren, Diskontinuitäten aneinanderreihen. Dieser Satz fällt in die unerbittliche Kontinuität/Diskontinuität des Alltags: eine Pizza, Alt-Bundeskanzler Kohl mit einem Windbeutel beschmissen, BSE-Rinder, wilde Suche nach Ursachen, Beliebtheitsskalen von Politikern, Regen, zwei Telephonate mit den Eltern, die achtzigjährige Mutter, die sagt: »Wenn ich in den Spiegel schaue, erschrekke ich und denke, eine Tote schaut mich an.« Demgegenüber der Vater mit seinen philosophischen Fragen nach der Seele und der Notwendigkeit von Theologie. Wo ist in all dem Kontinuität, die durch Montage herzustellen wäre? Der Sohn ist eingeschlafen auf dem Sofa, aus seinem Zimmer tönt Rap-Musik: »Fuck you! I hate you!« Links neben mir ein Artikel über Alexander Kluges zweitausend Seiten umfassende *Chronik der Gefühle*. Die ganze Zeit schon will ich gehen, um einen Film über Raoul Coutard anzusehen. Die Willkür meiner Auswahl bei diesen Notizen. Ein Tag besteht aus unendlich viel mehr.

Raum und Zeit sind im Film keine alternativen Größen. Sie beeinflussen sich wechselseitig. Das Element der Zeit macht das Räumliche fließend, das Element des Raumes bannt die Flüchtigkeit der Zeit.
Von Thomas Mann finde ich in einem Zeitungsartikel zum Thema Zeit, Bewegung und Raum die folgende Notiz: »Wir gehen, gehen – wie lange schon? Wie weit? Das steht dahin. Nichts ändert sich bei unserem Schritt, dort ist wie hier, vorhin wie jetzt und dann; in ungemessener Monotonie des Raumes ertrinkt die Zeit. Bewegung von Punkt zu Punkt ist keine Bewegung mehr, wenn Einerleiheit regiert. Und wo Bewegung nicht mehr Bewegung ist, ist keine Zeit.«[82]

[81] Vgl. Béla Balázs: *Der Geist des Films*, a.a.O., S. 62f.
[82] Thomas Mann, zit. nach *Süddeutsche Zeitung* vom 20./21.3. 2004.

Der Schnitt teilt Raum und Zeit, setzt Grenzen, schafft Unterschied. Montage stellt Zusammenhang her, ein Kraftfeld, einen Zeit-Raum für Verbindungen zwischen den durch Schnitte entstandenen Einheiten. Richtungen treten hervor, kreuzen sich, stoßen an, es gibt Verschiebungen, Verwerfungen, etwas türmt sich, etwas verschwindet unter der Oberfläche und taucht an anderer Stelle wieder auf. Obwohl die verschiedenen Einstellungen nacheinander auf einer Zeitachse angeordnet und auf eine zweidimensionale Fläche projiziert werden, vermag der Film das Gefühl von Raum zu erzeugen. Auf der Zeitachse wechseln die Perspektiven und Blickwinkel, so daß sich in der Vorstellung des Zuschauers ein Raum als Ganzes ergeben kann.

Im Comic gibt es bereits die Montage im Bild, die Auflösung in Einstellungen und die Montage der Bilder in einer zeitlichen Abfolge. Das Landschaftsrechteck, die Totale, die alles gleichzeitig hinstellt, wird aufgelöst. Der Comic hat eine Nähe zum Storyboard des Films, in dem nicht nur Einstellungen, sondern auch ein grober Ablauf vor dem Drehen skizziert werden. Der Comic ist angewiesen auf die Verräumlichung von Zeit. Kriterien wie ›lang‹ und ›kurz‹ gibt es für die einzelnen Bilder nicht. Die Dauer der Betrachtung hängt vom Leser ab. Dave McKean, Comiczeichner und Filmemacher, sagt 1998 auf der *Digitale* in Köln sinngemäß: Beim Film bekommen wir alles, beim Comic Ausschnitte.

Montage im Film macht den Versuch, Räume in einem zeitlichen Ablauf zu begehen, einen Zeit-Raum zu beschreiben. Hier kommt der Autor/ Editor unweigerlich ins Spiel, dessen Gehweise und Gangart, Tempo und Rhythmus sich der Zuschauer überlassen muß. Er selbst würde Raum und Zeit wahrscheinlich in einem anderen Rhythmus begehen. Die Montage für DVD und CD-Rom kann an diesem Punkt andere Wege als die Filmmontage einschlagen. Wege, die dem Betrachter mehr Freiheit lassen, weil sie, bezogen auf die Anordnung einzelner Einheiten in Raum und Zeit, eine individuelle Wahl und Interaktion mit dem Material ermöglichen. Wird der Autor in diesen Medien eher zum Programmierer von Möglichkeiten und gibt einen Teil der Autorenschaft an den Nutzer/ Betrachter ab?

Das Kino der Momente, in dem jede Einheit für sich und gleichwertig zu allen anderen stehen soll, enthält die Sehnsucht, in den Film ein Moment der bildenden Kunst einzuführen, nämlich: das unbewegte Bild von unbestimmter Dauer, vor dem wir, die Betrachter, uns frei bewegen können in unserer Eigenzeit. Kann das im Kinoraum überhaupt aufgehen? Wir sind im Kino nicht in einem Museum. Der Film ist, wie das Musikstück, ein Medium der Aufführung, nicht der Ausstellung. Die Zeit für die Betrachtung des Ganzen und der einzelnen Einstellung ist vom Autor/Regisseur/Editor durch Montage und Schnitt vorgegeben. Das Gesehene und Gehörte bleibt allerdings im Kopf des Zuschauers. Es kann dort in andere Raum-Zeit-Bezüge umgewandelt werden. Dies begründet die größere Nähe des Films zur Musik und zur Erzählung als zur bildenden Kunst, auch wenn die Gestaltung der Einzelkader nach dorthin offen ist. Schnitt und Montage setzen für jeden einzelnen Kader eine Dauer, und fügen so dem gegebenen Bildraum das Element der Zeit hinzu. Ein durch den Autor/Regisseur/Editor definierter Zeitraum entsteht.

Zehn Einstellungen liefern rein rechnerisch mehr als drei Millionen Möglichkeiten, sie zu kombinieren, ohne überhaupt über Raum- und Zeitgestaltung des einzelnen Kaders nachzudenken. Geschieht dies, nehmen die Möglichkeiten der Gestaltung durch Schnitt und Montage um ein Vielfaches zu. Verschiedene Einstellungsgrößen, verschiedene Blickwinkel, kombiniert mit verschiedenen Kamerabewegungen, das alles in frei gestaltbaren zeitlichen Einheiten. Im Umgang mit Raum und Zeit ist Montage der Komposition in der Musik vergleichbar. Vielstimmigkeit im einzelnen Kader, Klangraum und Klangfarbe, Anordnen der einzelnen Kader auf der Achse der Zeit, Komponieren in die Tiefe. »Die Montage ist die Komposition, die Anordnung der Bewegungsbilder als Organisation eines indirekten Bildes der Zeit. [...] Wann immer man die Zeit zur Bewegung in Beziehung setzt, das heißt, sie als Maß der Bewegung definiert hat, fanden sich zwei Aspekte der Zeit [...]: einmal die Zeit als Ganzes, als großer Kreis oder Spirale, die die Gesamtheit der Bewegung im Universum aufnimmt; dann die Zeit als Intervall, das die kleinste Bewegungs- und Aktionseinheit bezeichnet.«[83]

Das Nacheinander und die Gleichzeitigkeit. Die Gleichzeitigkeit universeller Gegebenheiten, Chaos und Ordnung, Raum und Zeit, Puls und Atem, Geburt und Tod. Um die Gleichzeitigkeit wissen und doch dem Nacheinander nicht entkommen durch die Sinne, mit denen wir alles wahrnehmen, auch das eigene Leben im unumkehrbaren Ablauf der Zeit. In diesem Kontext entsteht das Gefühl von Entwicklung und Geschichte, Vergangenheit und Gegenwart, Anfang und Ende, Ich und Identität. Montageformen, die auf unterschiedliche Weise versuchen, mit den Paradoxien dieser Gegebenheiten umzugehen – zum Beispiel Maya Deren in ihrem Film MESHES OF THE AFTERNOON (USA 1943): »Es gibt in dem Film eine ganz kurze Sequenz, nachdem dasselbe Mädchen dreimal am Tisch sitzt und den Schlüssel umdreht, bis ein Messer daraus wird: als das Mädchen mit dem Messer vom Tisch aufsteht und auf

[83] Vgl. Gilles Deleuze: *Das Bewegungs-Bild – Kino 1*, Frankfurt/M. 1997, S. 50f.

sein eigenes Ich zugeht, das auf dem Stuhl schläft. In dem Augenblick, wo das Mädchen mit dem Messer aufsteht, sieht man eine Nahaufnahme ihrer Füße, die dann langsam anfangen, vorwärts zu schreiten. Der erste Schritt ist im Sand (mit der Vorstellung von Meer im Hintergrund), der zweite Schritt (eingeschnitten) geht durchs Gras, der dritte auf dem Gehweg und der vierte auf dem Teppich, und dann springt die Kamera zu ihrem Kopf mit der Hand und dem Messer über, das sich dem schlafenden Mädchen nähert. Was ich sagen wollte, als ich diese Sequenz mit den vier Schritten plante, war, daß man einen weiten Weg rückwärts gehen muß – bis zum Anfang aller Zeiten –, um sich selbst zu töten, so, wie sich das Leben aus den urzeitlichen Meeren entwickelt hat. Jene vier Schritte umspannen meiner Meinung nach die gesamte Zeitdauer.«[84]

Horizontale Montage: eine Einstellung an die andere fügen auf dem Pfeil der Zeit. Eine Geschichte zu erzählen heißt nicht, Zeitabläufe in ihrer Chronologie wiederzugeben, in der man nur schlechte, störende Stücke herausgeschnitten hat. Erzählzeit und erzählte Zeit müssen nicht identisch sein. Montage kann den Pfeil der unerbittlich ablaufenden, realen Zeit durchaus verlassen.
Die Wahrnehmung von Zeit folgt in Geschichten nur zum Teil der Chronologie. Neben Rückblick, Erinnerung, Vorausschau gibt es das Innehalten, den Blick nach innen, neben dem Gestalten der zyklischen und der meßbaren Zeit gibt es das Gestalten von subjektiver Zeit. Horizontale Montage ist am Ende doch an das Nacheinander auf dem Pfeil der Zeit gebunden, auch wenn sie mit Vorausschau, Rückblick, Innehalten, Pausen, Erinnerungs- und Traumformen arbeitet.

Vertikale Montage: Montage im Bild oder Montage von zwei oder mehr Bildern parallel auf mehreren Spuren. Gleichzeitigkeit entsteht und damit eine spezielle Öffnung in den Raum neben der linearen Zeit, die unerbittlich weiter läuft.
»Als 1975 Godard NUMÉRO DEUX veröffentlichte, einen 35mm-Film, der (zumeist) zwei Videomonitore abbildet, war ich sicher, daß hier die neue Erfahrung am Videoschnittplatz zur Darstellung kam, der Vergleich zweier Bilder. Was ist diesen zwei Bildern gemeinsam? Was kann ein Bild mit einem anderen gemeinsam haben? [...] Es schien mir, als könne man zwar alles, was mit zwei Bildspuren möglich ist, auch mit einer machen, daß es aber mit zweien doch leichter sei, eine weiche Montage herzustellen. Mehr Versuch, weniger Behauptung. Vermeidung von Einsinnigkeit ohne Undeutlichkeit.«[85] »Manchmal kommt mir

[84] Maya Deren: *Poetik des Films*, Berlin 1984, S. 49f. Vgl. auch Amos Vogel: *Film als subversive Kunst*, a.a.O., S. 76-82.
[85] Harun Farocki: »Quereinfluß/Weiche Montage«, in: *Zeitsprünge*, hg. von Christine Rüffert, Irmbert Schenk, Karl-Heinz Schmid, Alfred Tews, Berlin 2004, S. 59f.

die reine Sukzession furchtbar ärmlich vor«, erläutert Harun Farocki im Gespräch mit Christoph Hübner, »da es keine Gleichzeitigkeit gibt, muß man übertrieben dramatisieren.« Das führe dazu, daß man vielleicht falsche Ableitungen mache und zum Beispiel sage: »Weil«, oder »A bewirkt B«, obwohl der damit unterstellte Zusammenhang eher eine Behauptung sei. »In Zukunft wird man nicht mehr sagen: ›A verursacht B‹, sondern ›A in Relation zu B‹. Man wird nicht mehr, wie noch in der Schule, vom Akkusativ als dem Anklagekasus sprechen. All diese Herrschaftsbegriffe in der Grammatik herauszubekommen, davon hat das etwas.«[86] Eine Syntax des »Und« entstehe im Unterschied zu einer Syntax des »Oder«.

Horizontale Montage und Nacheinander bleiben auch bei vertikaler Montage erhalten – bezogen auf das ganze Stück. Vertikale Montage ist in der horizontalen Montage immer schon gegeben durch die Parallelführung des Tons. Durch den Ton kann man vertiefen auf eine andere Ebene der Emotion.

Ein Zuschauer bezog die parallele Bildführung in der Filminstallation WAGNER‖BILDER[87] auf die beiden Hirnhälften und sagte, die Parallelführung der Bilder habe eine wohltuende Wirkung auf ihn gehabt. Diese Bemerkung hat mich überrascht, denn an eine solche Zuordnung habe ich bei der Montage in keinem Moment gedacht. Nach meiner Kenntnis von Untersuchungsergebnissen aus der Hirnforschung laufen in der linken Hirnhälfte eher analytische Prozesse ab, zum Beispiel das Erkennen und Durchschauen von logischen, sprachlichen oder mathematischen Vorgängen. Der rechten Hirnhälfte wird demgegenüber das gefühlsmäßige und intuitive Erfassen bei Wahrnehmungsprozessen zugeschrieben. Ich nehme an, daß bei Erkenntnis- und Wahrnehmungsprozessen immer beide Seiten beteiligt sind, wenn auch unterschiedlich stark, denn Sprache hat immer auch Klangfarbe, Tonfall und Rhythmus. Selbst für Zahlen und Mathematik würde ich das behaupten, auch wenn es serielle und monotone Rhythmen sind. Umgekehrt haben Emotion und Intuition immer Anteile, die auf Strukturen und Sinnzusammenhang verweisen, die auch oder sogar nur analytisch zugänglich sind. »Die Intuition läuft immer mit. [...] Entscheidungen, die auch von den unbewußten Motiven der Intuition mitgetragen werden, haben auf jeden Fall eine breitere Basis.«[88] Rein intuitives oder rein rationales Wahrnehmen gibt es nicht. Wir sind es, die mit den Dingen der Wahrnehmung manchmal eher analytisch, manchmal eher intuitiv umgehen,

---

[86] Harun Farocki im Gespräch mit Christoph Hübner in der Sendereihe: DOKUMENTARISCH ARBEITEN – MODELL/REALITÄT, ZDF/3sat 2005.
[87] WAGNER‖BILDER, Regie: Christoph Hübner, D 2002. Die Installation arbeitet mit einer Doppelprojektion zur Musik von Richard Wagner aus *Der Ring des Nibelungen*.
[88] Wolf Singer: »Die Intuition ist nicht schlauer als der Verstand«, in ders.: *Ein neues Menschenbild*, Frankfurt/M. 2003, S. 121.

je nachdem, worum es uns geht. Was aber meinte unser Zuschauer? Die wohltuende Wirkung der Doppelprojektion konnte er auf Rückfrage nicht genauer beschreiben. Vielleicht hatte sein Eindruck ja etwas damit zu tun, daß in der vertikalen Montage der Bilder verschiedene Dinge gleichzeitig und nebeneinander existieren können, daß die Anwesenheit des einen nicht die Existenzberechtigung eines anderen, sei es Ergänzung oder Gegenteil, in Frage stellen muß, weil auf einer Spur nur Platz für eines ist. Vielleicht wurde die Montage von Bildern auch deshalb als wohltuend empfunden, weil sie in der Parallelführung weniger hierarchisch war und auch weniger eng auf eine ganz bestimmte Bedeutung bezogen. Die Montage folgt bei dieser Film-Installation nicht dem Zwang eines bestimmten Systems, das nur analytisch interpretierend zu verstehen ist. Die Montage hat selbst in den gegensätzlichsten Elementen noch etwas vom freien Spiel der Kräfte und der Freiheit der Assoziation.

Im Kino den Film RUSSIAN ARK gesehen.[89] Neunzig Minuten in einer Einstellung durch die Hermitage in St. Petersburg. Dabei entfalten sich vor der Kamera dreihundert Jahre russischer Geschichte von der Zeit Zar Peters des Großen bis zur Gegenwart.
Assoziationen während des Films:
– Die Gleichzeitigkeit der Zeiten, alle Zeiten fließen ineinander, absolute Kontinuität. Zugleich, obwohl ungeschnitten, im Durchwandern der Räume: die Diskontinuität der Zeit, obwohl alles fließt: Brüche.
– Das Gefühl der Diskontinuität auch erarbeitet durch den Umgang mit dem Ton; auf der Tonebene eine ungeheure Montagearbeit; Atmosphären, Gesprächsfetzen, Musiken, die im Raum auftauchen und in der Zeit vergehen; Momente, keine ganzen Stücke.
Ich fühle mich wie in einem Traum. Schweben der Kamera, eine Leichtigkeit der Bewegung, ein Vorbeigleiten von Szenen, von Menschen, wie bei einer Zugfahrt, auf der man für kurze Momente flüchtige Blicke in Häuser und Fenster am Bahndamm werfen kann, Ahnungen von Geschichten – Liebesgeschichten, Streitgeschichten, Abschiedsgeschichten.
Ein literarischer Film. So wie dieser Film erzählt, erzählt oft moderne Literatur. Die Realisierung von Kontiunität und Diskontinuität in einem Stück wäre auch eine angemessene Form für die Verfilmung von *Mrs. Dalloway* von Virginia Woolf: die Einheit eines Raumes, darin die Kontinuität eines Festes und in der Kontinuität die Diskontinutität von Geschichten, die auf einem solchen Fest kurz aufscheinen und wieder versinken, als würde ein Scheinwerfer kurz auf sie gerichtet. Schon im Schwenk auf eine andere Person verschwindet der kurz erleuchtete Mo-

[89] RUSSIAN ARK, Regie: Alexander Sokurov, D/RUS 2002.

ment wieder in der Dunkelheit, und ein anderer tritt für kurze Zeit in das Licht der Aufmerksamkeit.

Häufig nehme ich Geschichte so wahr, wie dieser Film sie zeigt. Und nicht nur das, ich nehme auch meinen Alltag, meine Gegenwart so wahr. Montage hat damit etwas zu tun. Es geht nicht um ein Entweder /Oder zwischen Kontinuität und Diskontinuität, Nebeneinander und Nacheinander. Es geht um das Paradox und die Gestaltung der Paradoxien. Vergleichbare Paare, mit denen in der Montage ebenfalls umzugehen ist: im Ungefähren präzise sein, etwas feststellen und zugleich in der Schwebe halten, einfach werden und doch Komplexität nicht verlieren, ein Gleichgewicht finden, das ein Ungleichgewicht ist.

Was bedeutet *continuity*? Nichts soll den Fluß stören, aber warum nicht? Durch Schnitt und Montage *continuity* zerstören und wiederherstellen. Techniken, Diskontinutität abzumildern: klare Ursache-/Wirkungsketten, keine Elemente, die nicht motiviert wären, und zwar dort, wo sie das erste Mal auftauchen. Bewegungskontinutität von Einstellung zu Einstellung.

Nachdem ich den Film CODE UNBEKANNT[90] gesehen hatte, hatte ich das Gefühl: Alles ist Welle und Teilchen, Kontinuität und Diskontinuität zugleich. Als Teilchen ist es abgegrenzt gegen andere Teilchen. Der Schnitt zielt auf die winzige Lücke zwischen den Teilchen – schon vor dem Schnitt vorhandene Diskontinuität. Die Wellen kommen und gehen, es gibt keinen wellenlosen Zustand – schon vorhandene Kontinuität. Es gibt Wellenberge und Wellentäler, einen Rhythmus, in dem die Wellen kommen und gehen, und der Schnitt versucht, in dieser Bewegung mitzuschwingen und in der Montage der geschnittenen Bewegung eine organische Bewegung zu erhalten – bei Gleichzeitigkeit von Kontinuität und Diskontinuität.

Ein Teil der für die Erzählung notwendigen Entscheidungen, die beim Drehen auf Filmmaterial schon mit der Kadrage und dem Kameraschnitt getroffen wurden, wird mit Aufkommen der elektronischen Verfahren der Bildaufzeichnung auf den Montageprozeß verschoben. Das erlaubt im Dokumentarfilm in einem noch ganz anderen Ausmaß ein Drehen ins Offene. Die Drehverhältnisse steigen ins Unermeßliche. Mit der Materialmenge wächst aber auch die Fülle der Möglichkeiten. Der Montageprozeß wird dadurch erheblich komplexer und zeitaufwendiger.

---

[90] CODE UNBEKANNT, Regie: Michael Haneke, F/D/RO 2000.

Das Paradox des Dokumentarfilms: etwas, das gerade vergeht, festhalten. Die sich in der Zeit verflüchtigenden Momente sollen im dokumentarischen Bild wenigstens für einen Moment zum Stillstand kommen. Tief darin der Wunsch, den Ablauf der Zeit, Werden und Vergehen, das Flüchtige und Unhaltbare anzuhalten. Aber von dem, was einmal war, bleibt nicht mehr als ein Bild, ein Ton, aufbewahrt auf einem Träger und nur wieder zum Leben zu erwecken, wenn es abläuft in der Zeit.

Durch das Aus-der-Zeit-gehoben-Sein der einzelnen Einstellung (herausgenommen aus dem ununterbrochenen Ablauf der realen Zeit) wird Zeit im Film auf besondere Weise erfahrbar: daß etwas überhaupt Zeit kostet. Oder auch: daß keine Zeit da ist für die Wahrnehmung von Zeit. Eine Montage, die Zeit erfahrbar macht durch das Beharren auf Einzelstücken – im Extrem: die Plansequenz. Eine Montage, die Zeit fast zum Verschwinden bringt, indem sie die einzelnen Kader auf die kleinstmögliche Dauer reduziert, den Bruchteil einer Sekunde: der Einzelbildschnitt. Zum Beispiel die »Technik des Kurzschnitts« von Kurt Kren, der »durch Montage weniger oder sogar einzelner Kader mit der gewohnten Illusion eines kontinuierlichen Bewegungsablaufs bricht« und dadurch die »spezifische Zeitlichkeit des Films« reflektiert, »die nicht an die Wahrnehmung kontinuierlicher Bewegung gebunden ist.«[91] Demgegenüber der Dokumentarfilmer Nikolaus Geyrhalter: »Die Plansequenz ist etwas, das ich wirklich gern mag, weil man den Zeit- und Handlungsablauf eins zu eins spürt und miterlebt. Man ist von vorne bis hinten dabei und weiß, es wurde nichts geschnitten, es dauert einfach so lange, wie man es im Moment sieht. Das ist etwas sehr Wahrhaftiges, finde ich. Mehr kann einem im Dokumentarfilm eigentlich nicht passieren, als daß man Dinge von vorne bis hinten mitbekommt. Da ist Lebendigkeit in der unzensiertesten Möglichkeit eingefangen. Was nicht darüber hinwegtäuschen darf, daß es ein ausgesuchter Blickwinkel ist und natürlich meine Art zu sehen.«[92]
Alexander Sokurov sagt in einem Interview mit Alexandra Tuchinskaya zu RUSSIAN ARK: »Die Kunst des Kinos hat sich als Kunst der Montage entwickelt. Im Moment ist es die Kunst des Schneidens, die Kunst eines Messers. Viele Filmemacher haben jedoch nach der Kontinuität des Bildes gesucht, zum Beispiel Alexander Dovshenko. Meiner Ansicht nach hatte seine Erfahrung auch Einfluß auf Andrej Tarkovskij. Schon vor 15 Jahren habe ich über jedes Detail eines Films nachgedacht, der in einer Plansequenz gedreht werden könnte. Aber die technischen Möglichkeiten erlaubten mir damals nicht, eine Qualitätsarbeit zu machen. Die digitalen Kameras haben mir eine solche Chance gegeben. Dennoch,

---

[91] Gerald Schröder: »Kren filmt Brus«, in: *Schnitt*, Nr. 32, Herbst 2003, S. 12.
[92] Nikolaus Geyrhalter im Gespräch mit Christoph Hübner für die Sendereihe DOKUMENTARISCH ARBEITEN im Dezember 2003.

auch die Plansequenz ist nur ein Mittel – kein Ziel und keine künstlerische Aufgabe.«[93]

Michael Althen schreibt in der FAZ vom 27.6. 2002 unter dem Titel »Die Leute mit den Scherenhänden«:
»Zwischen 1930 und 1960 bestand der durchschnittliche Hollywoodfilm aus drei- bis siebenhundert Einstellungen, was für die einzelne Einstellung eine Länge von acht bis elf Sekunden bedeutete. Die Extrempositionen wurden natürlich von Hitchcock besetzt, der ROPE in einer einzigen Einstellung drehte und dafür bei der Duschszene in PSYCHO um so kräftiger auf die Tube drückte. Im Laufe der sechziger Jahre fiel der Durchschnitt auf sechs bis acht Sekunden, wobei es bereits Ausnahmen gab, die deutlich darunter lagen: GOLDFINGER, 4,0 Sekunden, MICKEY ONE 3,8, THE WILD BUNCH 3,2. In den Siebzigern sank der Schnitt noch einmal um eine gute Sekunde, so daß tausend Einstellungen pro Film völlig normal waren.
In den achtziger Jahren nahm die Geschwindigkeit dramatisch zu, zweistellige Schnittgeschwindigkeiten gab es im Mainstream-Kino überhaupt nicht mehr. Die meisten Filme lagen zwischen fünf und sieben Sekunden. [...] Das ist auch kein Wunder, weil zu jener Zeit das Kino anfing, auf die veränderten Sehgewohnheiten der MTV-Generation zu reagieren. So gab es Ende des Jahrzehnts bereits Filme mit 1.500 Einstellungen. Es folgten Anfang der Neunziger Filme wie JFK oder THE LAST BOY SCOUT, in denen man bereits zwischen zwei- und dreitausend Schnitte zählte, [...] und mit ANY GIVEN SUNDAY geht es nun auf viertausend zu.
Im Schnitt dauert eine Einstellung mittlerweile drei bis sechs Sekunden. [...], aber es gibt Werbeclips und Musikvideos, bei denen die Bilder im Schnitt nicht einmal eine Sekunde lang stehen, und es ist nur eine Frage der Zeit, bis diese Art fragmentierten Erzählens auch Spielfilme erfaßt. Da wird man wahrscheinlich nicht mehr von Schuß und Gegenschuß reden können, wie das vor allem bei Dialogen der Fall ist, sondern von einem Pulsieren und Oszillieren des Bildes. [...] Ob das wünschenswert oder auch nur erträglich ist, können nur zukünftige Generationen beantworten. Möglich ist es jedenfalls. Womit wir wieder bei Cézannes berühmten Ausspruch wären: ›Alles verschwindet. Wir müssen uns beeilen, wenn wir noch etwas sehen wollen.‹«

Mit der Beschleunigung löst sich der Raum auf, der Orientierung im filmischen Erzählen ermöglichte. Geht dem die Beschleunigung des Alltags in der Wahrnehmung des Zuschauers nicht schon voraus? Hängt die Wahrnehmung von Raum nicht auch mit Zeit-Haben und Langsam-

---

[93] Zit. nach Internet, www.sokurov.spb.ru.

keit zusammen? Und Hektik und Rasen bewirken schon eine Zersplitterung in der Wahrnehmung, noch bevor man einen Film gesehen hat. Nur daß der Film, der diese zersplitterte Wahrnehmung spiegelt, für den Zuschauer nichts Ungewöhnliches hat, sondern als passend zur Alltagswahrnehmung empfunden wird.

Die Dokumentarfilmmontage bleibt von diesen Entwicklungen nicht unbeeinflußt. Denkbar wäre eine Gegenbewegung, eine Montage der Entschleunigung, die Aufwertung der langen Einstellung und das Beharren auf der Dauer des einzelnen Moments. Denkbar ist aber ebenso, daß die Geduld und auch die Bereitschaft für das ruhige Beobachten abnehmen wird und schnelleres Erfassen von Strukturen und Verhaltensmustern an deren Stelle tritt.

Zwei Ergänzungen, wobei das Zeitmaß der schnellen Schnitte ebenso wie das Zeitmaß der Plansequenz denkbar ist. Harun Farocki fragt: »Warum muß immer der Mensch im Mittelpunkt des Erzählens stehen? Warum nicht Erzählformen finden für die Massenproduktion des Lebens?«[94] Der Schweizer Dokumentarfilmer Thomas Imbach hat das mit Samples und Querschnitten in der Montage seiner Filme WELL DONE (CH 1994) und GHETTO (CH 1997) versucht. Es gibt dort Montagen, die nach Kriterien wie »Schuhe/Füße, Smoke, Touch, Feuer, Drink, Typen, Kiddies, Haare, Sprachen, Sport, Lichter, Kleider, Zeichnen, Tiere, Musik, Food, Body, Job, Tanzen [...]«[95] usf. geordnet sind. Was dabei an charakteristischen Strukturen sichtbar wird, geht weit über den Einzelfall hinaus und träte ohne den gezielten Eingriff durch die Montage nicht so deutlich hervor. »Der Schnitt ist in jedem einzelnen Bild geprägt von authentischem Material. Das ist sehr wichtig. Die Authentizität kann man nicht zerstören. Aber man kann sie endlos atomisieren.«[96]

Maya Deren notiert in ihrer *Poetik des Films:* »Anstatt eine bewegte Handlung zu erfinden, sollte man einfach die Bewegungen von Wind und Wasser, Kindern, Leuten, Fahrstühlen, Bällen so aufnehmen, wie sie in einem Gedicht verarbeitet würden, und seine Freiheit dazu benutzen, mit visuellen Ideen zu experimentieren.«[97]

---

[94] Harun Farocki im Gespräch mit Christoph Hübner für die Sendereihe DOKUMENTARISCH ARBEITEN, Mai 2003.
[95] Thomas Imbach im Gespräch mit Christoph Hübner, in: *Ins Offene – Dokumentarisch Arbeiten 2*, hg. von Gabriele Voss, Berlin 2000, S. 134.
[96] Ebd., S. 133.
[97] Maya Deren: *Poetik des Films*, a.a.O., S. 17f. Vgl. in diesem Band »Bewegungsmuster« S. 236.

Einstellungen und Bruchstücke

Zu Beginn des Montageprozesses kommt eine mehr oder weniger große Anzahl von Einstellungen auf den Montagetisch. Aus ihnen wird der spätere Film entstehen. Anfang und Ende der Einstellungen sind zunächst definiert durch das Ein- und Ausschalten der Kamera. Man könnte auch sagen: Sie werden bestimmt durch den Schnitt der Kamera in Raum und Zeit. Damit ist allerdings noch nichts über die Qualität einzelner Einstellungen gesagt. Die Qualität der Einstellungen wird beim Drehen bestimmt. Sie können für sich selbst stehende, in sich geschlossene Einheiten bilden. Sie können aber ebensogut nur Bruchstücke sein, die erst im Kontext von anderen Bruchstücken ihren Sinn enthüllen.

David Wark Griffith erkannte als einer der ersten die spezifischen Möglichkeiten des Erzählens mit filmischen Mitteln. Er erkannte die Potentiale einer beweglichen Kamera und ersetzte die theatralische Szene durch Auflösung in eine Folge von unterschiedlichen Einstellungen. Durch die anschließende Montage von parallel oder zeitlich nacheinander stattfindenden Handlungen und Ereignissen fand er zu einer Rhythmisierung und Dynamisierung der filmischen Erzählung, welche die statische Darstellung und Abbildung einer Bühnenhandlung überwand. Parallelmontage, basierend auf der Vergleichbarkeit von Ereignissen, und *cross-cutting*, basierend auf der Gleichzeitigkeit von Ereignissen, schaffen aus unterschiedlichen Elementen eine große organische Einheit – eine Einheit in der Vielfalt. Dabei bleibt die Entwicklung der Erzählung im Wesentlichen an die Entwicklung der Handlung geknüpft, auch wenn, wie im Film INTOLERANCE (USA 1916), vier verschiedene Geschichten aus unterschiedlichen Epochen parallel erzählt werden. Griffith erläutert: »Die Geschichten beginnen wie vier Ströme, auf die man vom Gipfel eines Berges hinabblickt. Zunächst fließen die vier Ströme, langsam und ruhig, jeder in seinem Bett. Während sie dahinfließen, kommen sie indessen einander näher, werden immer schneller und vereinigen sich am Ende des letzten Aktes zu einem mächtigen Strom von aufwühlender Emotion.«[98] Ob die vier Geschichten wirklich vergleichbar sind, ist streitbar. Die Parallelmontage legt dies zwar nahe. Wenn der Zuschauer den Vergleich jedoch nicht nachvollziehen kann, bleibt die Parallelität eine Behauptung des Regisseurs.

63

---

[98] D.W. Griffith, zit. nach Jerzy Toeplitz, *Geschichte des Films, Bd. 1, 1895-1928*, Berlin 1975, S. 120.

»Die Parallelmontage von Griffith ersetzt Eisenstein durch eine Oppositionsmontage, die konvergierende oder zusammenlaufende Montage durch eine Montage der qualitativen Sprünge.«[99]

Sergej M. Eisenstein: »Die Einstellung ist keineswegs das *Element* der Montage. Die Einstellung ist – die *Zelle* der Montage. [...] Doch was kennzeichnet die Montage und somit auch ihren Embryo – die Einstellung? Der Zusammenprall. Konflikt von zwei nebeneinanderstehenden Abschnitten.«[100] Konfliktmontage – Eisenstein betont gegenüber dem Organischen die Gegensätze und Widersprüche. Er betont die Vielschichtigkeit der Ebenen, aus denen jedes Phänomen besteht. An die Stelle von Parallelität tritt Opposition, der Sprung ins Gegenteil, Auflösung von engem, raum-zeitlichem Zusammenhang, um eine neue Einheit höheren Grades zu bilden. Das pathetische Mittel dafür ist die Montage der Attraktionen. Die Attraktion in spektakulärem und assoziativem Sinn verstehen, letzteres auch im Sinne des Newtonschen Gesetzes der Anziehung, welches besagt: Wenn eine Sache mit einer bestimmten Kraft auf eine andere Sache einwirkt, wirkt die andere Sache mit derselben Kraft zurück. Würde heißen: zwei Bilder, die in der Montage nebeneinander stehen, wirken nicht nur linear, in einer Richtung aufeinander, nämlich das vorausgehende auf das nachfolgende. Sie wirken vielmehr wechselseitig aufeinander mit der gleichen ihnen eigenen Kraft. Die Wirkung eines jeden Bildes geht in mindestens zwei Richtungen.[101]

»An die Stelle der statischen ›Widerspiegelung‹ eines aufgrund des Themas notwendig gegebenen Ereignisses und der Möglichkeit seiner Lösung einzig und allein durch Wirkungen, die logisch mit einem solchen Ereignis verknüpft sind, tritt ein neues künstlerisches Verfahren – die freie Montage bewußt ausgewählter, selbständiger (auch außerhalb der vorliegenden Komposition und Sujet-Szene wirksamen) Einwirkungen (Attraktionen), jedoch mit einer exakten Intention auf einen bestimmten thematischen Endeffekt – die Montage der Attraktionen.«[102] Für Sergej M. Eisenstein hat die Montage der Attraktionen nichts mit einem Kunststück oder Trick zu tun. Ihr Ziel ist aber ganz klar: eine Einwirkung auf die Psyche der Zuschauer, die, so Eisenstein, »experimentell überprüft und mathematisch berechnet ist«, so daß »die eigentliche ideologische Schlußfolgerung« des Gezeigten vom Zuschauer aufgenommen wird.[103] Die Absichten sind in den Montagen

---

[99] Gilles Deleuze: *Das Bewegungs-Bild – Kino 1*, a.a.O., S. 59.
[100] Sergej M. Eisenstein: *Schriften III/Oktober*, München 1974, S. 233.
[101] Dieses Wirken in mindestens zwei Richtungen gilt generell für alle Ebenen der Montage. Es gilt für die Bilder und die Töne, ihr Wirken untereinander und miteinander und macht dadurch den Montageprozeß und sein Ergebnis hochkomplex.
[102] Sergej M. Eisenstein: *Schriften 1/Streik*, München 1974, S. 219.
[103] Ebd., S. 217.

deutlich zu erkennen. Sie werden nicht versteckt, sind oft aus gedank-
lichen Gleichheitszeichen konstruiert. Ein Beispiel aus dem Film
STREIK: Die Niederschießung der Arbeiter wird montiert mit dem Ge-
metzel in einer Viehschlächterei.[104] Nahegelegter Gedanke hier: Menschen werden abgeschlachtet wie Vieh. Der Vergleich wirkt auf mich
plakativ. Auf der anderen Seite hat die Ausforschung der vielen verschiedenen Dimensionen der Bilder zu einem ungeheuren visuellen
Reichtum in der Montage geführt.

Dziga Vertov: Abstraktion der Montage. Der Mensch im Universum, dessen Handlungen Veränderungen bewirken, die in keinem Verhältnis stehen zu seinen eigenen Dimensionen. Die Fernwirkungen durch
Montage zum Ausdruck bringen. »Du gehst durch eine Straße, heute im
Jahre 1923, doch ich lasse dich den verstorbenen Genossen Volodarskij
grüßen, der im Jahre 1918 durch eine Straße Petrograds geht und dei-
nen Gruß erwidert. Noch ein Beispiel: Särge von Nationalhelden werden in die Gräber gesenkt (aufgenommen 1918 in Astrachan), die
Gräber werden zugeschaufelt (Kronstadt 1921), Salut aus den Kanonen
(Petrograd 1920), ewiges Gedenken, die Mützen werden abgenommen
(Moskau 1922) – solche Dinge verbinden sich miteinander sogar bei
einem wenig ergiebigen, nicht speziell aufgenommenen Material«[105]
Esfir Schub, Schnittmeisterin bei »Goskino«, die auch Dziga Vertovs
Filme montierte: »Die Einstellung auf Fakten, nicht schlechthin wider-
gespiegelt, sondern tiefgründig beleuchtet, einprägsam, zum Weiter-
denken veranlassend, Raum und Umgebung, den Menschen in dieser
Umgebung mit äußerster Klarheit zeigend, und dieses Material so sinnvoll, assoziativ und verallgemeinernd zusammenstellen, daß es auch
die Beziehung des Autors zu den gegebenen Fakten deutlich macht,
das sind die Montage-Aufgaben, die vor den Schöpfern des Nicht-Spiel-
films oder intellektuellen Films stehen. Daran arbeiten jetzt die Kinoki.
In der Hauptsache leiten sie die Montageformen aus dem Wesen der
gefilmten Fakten und aus der Konstruktion ab, wobei Ausgangspunkt
natürlich die Zielsetzung des Films ist.«[106]
Dziga Vertov spricht von drei Phasen der Montage, die aufeinander aufbauen: Montage vor dem Drehen, Montage beim Drehen und Montage
nach dem Drehen. Montage vor dem Drehen und beim Drehen ist zu
verstehen als Prozeß der ideellen und dann tatsächlichen Auflösung
des Ganzen in einzelne Teile, Kader, Einstellungen, die nach dem
Drehen zu einer neuen Einheit montiert werden. Auflösung, Découpage

[104] STREIK, Regie: Sergej M. Eisenstein, UdSSR 1924. Vgl. auch Sergej M. Eisenstein: *Schriften III/Oktober*, a.a.O., S. 218.
[105] Dziga Vertov: *Schriften zum Film*, München 1973, S. 18.
[106] Esfir Schub: »Der Nicht-Spielfilm«, in: Wolfgang Klaue, Manfred Lichtenstein: *Sowjetischer Dokumentarfilm*, hg. von Staatliches Filmarchiv der DDR, Berlin 1967, S. 135.

ist das komplementäre Gegenstück zur Montage, das ihr immer vorausgeht. »Die Intuition des Films, der photogene Embryo, regt sich bereits in dem Vorgang, den wir découpage nennen. Segmentierung. Gliederung. Schöpfung. Teilung der Materie, um sich in eine andere zu verwandeln. Was vorher nicht da war, entsteht. [...] Der authentische Augenblick beim Film: Schöpfung durch Segmentierung. Eine Landschaft, die im Film neu erschaffen werden soll, muß sich in fünfzig, hundert und mehr Bildsegmente teilen, die sich später wurmförmig aneinanderreihen, sich zu einem Zellverband ordnen, um derart das Gebilde des Films zu ergeben: großer Bandwurm des Schweigens, zusammengesetzt aus materiellen Segmenten (Montage) und ideellen Momenten (découpage).«[107]

»Die Montagearbeit war für Flaherty weder ein Bauen noch ein Schöpfen, sondern eine Sichtung und Entfernung all dessen, was unnötig war. Er handelte wie ein Eskimo-Volkskünstler: Alles, was das Bild der künftigen Robbe oder des Walrosses verhüllte, wurde vom Materialblock abgeschlagen.«[108] Der Eskimokünstler sieht die Robbe im Eisblock und macht sie sichtbar für andere. Robert Flaherty vergleicht den Prozeß der Montage mit der Arbeit eines Skulpteurs. Hat der Eskimokünstler ein genaues Bild von der Robbe, die er freilegen will, bevor er den Eisblock entsprechend bearbeitet? Oder findet er die endgültige Gestalt der Robbe erst durch sein Tun im Arbeitsprozeß?

Der Bildhauer Alberto Giacometti sagt an einem bestimmten Punkt seiner Arbeit: »Bis jetzt habe ich noch nie, nicht einen einzigen Tag seit 1935, noch nie habe ich etwas so gemacht, wie ich es eigentlich wollte. Es ist immer etwas anderes herausgekommen als das, was ich eigentlich wollte.«[109] Giacometti will seine Figuren nicht »so lang gezogen machen«[110]. Aber sie werden unter seinen Händen in der Arbeit so lang. Das Material findet im Tun seine Form.

Ist Montage, die etwas herausholt aus einem Material, zu verstehen als ein Prozeß des Verbesserns? Wenn ja, was wird verbessert? Der Rohstoff? Die Geschichte? Die Gestalt der Robbe? Und nur das, was für die Gestalt der Robbe unnötig ist, ist zu entfernen? Der Autor als Skulpteur. Montage nicht als Verbesserung, sondern als Freilegen dessen, was im Material vorhanden ist.

[107] Luis Buñuel: *Die Flecken der Giraffe*, Berlin 1991, S. 122f.
[108] Wolfgang Klaue, Jay Leyda, u.a.: *Robert Flaherty*, hg. von Staatliches Filmarchiv der DDR, Berlin o. J., S. 17.
[109] Giorgio Soavi: *Alberto Giacometti – Der Traum von einem Kopf*, Bonn 2000, S. 45f.
[110] Ebd., S. 45.

Dokumentarisches Drehen: in den Steinbruch gehen, Materialblöcke losschlagen. Dokumentarische Montage: im Material sehen, was enthalten ist, das freilegen. Drehen und Montage. Für Karel Reisz sind im Dokumentarfilm »Regie und Schnitt lediglich zwei Stadien ein und desselben schöpferischen Prozesses.«[111]

Roberto Perpignani, Schnittmeister bei Orson Welles, später auch bei Bernardo Bertolucci, meinte im Oktober 1998 auf der *Digitale* in Köln: Mit der digitalen Montage vollziehe sich eine wirkliche Innovation. Mit ihr könnten wir eine Sprache entwickeln, die unserer Phantasie noch mehr entspreche. Bisher habe die Filmrolle Grenzen vorgegeben, die zu einer starken Entwicklung des Konzeptionellen geführt habe und das Kleben mit Acetat zur Selbstzensur. Noch seien die Kultur des Filmschnitts und die Kultur des digitalen Schnitts zwei getrennte Dinge. In der Arbeit mit Bernardo Bertolucci verfolgte Roberto Perpignani ein Konzept der Freiheit der Gestaltung, Freiheit und Autonomie der Erfindung. Bertolucci habe ihn gezwungen, sagt Perpignani, gegen die Normen zu arbeiten. Die Mittel seien über ihre Grenzen hinauszutreiben in den Bereich des Risikos. Heutige Filmmontage sei an einem Endpunkt angekommen, es fehle an Erfindergeist. Es gehe nicht um die Reproduktion von vorgefundenen Schemata. Die Vorhersehbarkeit müsse durchbrochen werden in der Form.

Heinz Emigholz[112] formuliert 1998 auf der *Digitale* in Köln seine Abneigung gegen den Schnitt. Er wolle keine Geschichten erzählen und vom Wort wegkommen. Die Avantgarde sei mit ihren Anliegen nur teilweise erfolgreich gewesen – oder auch sehr erfolgreich, wenn man den »assoziativen Schwachsinn« heutiger Fernsehsendungen sehe. Also nicht mehr schneiden – die Einstellung zeige, wie lange etwas braucht, um es aufzufassen. Bilder müsse man sich erarbeiten. Bilder sollten nichts repräsentieren. Bilder müßten für sich schon etwas sein vor dem Zusammenhang. 99% der Benutzung von Bildern in den Medien dienten nur irgendeinem Beweis. Die Bilder müßten stattdessen sich selbst genügen. Montieren sei nur möglich mit Bildern, die in sich eine Einheit bilden. Heinz Emigholz zeigt auf der Tagung Muster aus seinem Film über die Brücken des Schweizer Architekten Maillart.[113] Er macht dazu eine Vorbemerkung: »Monatelang saß ich vor den diversen Schneidetischen – analog oder digital ist hier egal – und konnte kein Motiv mehr für irgendeinen Schnitt in mir entdecken. Das Material, so wie es aus

---

[111] Karel Reisz, Gavin Millar: *Geschichte und Technik der Filmmontage*, München 1988, S. 87.
[112] Heinz Emigholz, *1948, Filmemacher, bildender Künstler, Kameramann, Schauspieler, Autor, Publizist und Produzent. Professor für Experimentelle Filmgestaltung an der Universität der Künste, Berlin.
[113] MAILLARTS BRÜCKEN, Regie: Heinz Emigholz, D 1995-2000.

der Kamera gekommen war, gefiel mir einfach. Eine komplizierte Vernetzung oder Kombinatorik, irgendwelche Dramatisierungen, Beschleunigungen und Umkehrungen schienen mir schlichtweg lächerlich zu sein, nein, schlimmer noch: *extrem überflüssige, verachtenswerte symbolische Akte*. [...] Der Raum wird schon in der Kamera geschnitten. Darauf ist zurückzugehen. Kameraarbeit ist als architektonische Tätigkeit ein Schnitt in den Raum hinein. In der Konstruktion des einzelnen Bildes sind die meisten Probleme und Paradoxien enthalten, die wir gewohnt sind, auf die Montage zu verlagern. Zu zeigen sind die Bilder eines poetisierten Raumes – für sich stehend, isoliert in der Zeit – Oberflächen, die erzählen.«[114]

Der Filmemacher James Benning hat ein ähnliches Verständnis. Von ihm notierte ich zum Umgang mit Bildern:»Das Wesen des Bildes ist in der Geschichte des Films zu früh den Anforderungen des Narrativen untergeordnet worden.« Das gilt zum Beispiel für die Zeit, die dem einzelnen Bild gelassen wird, ebenso wie für seinen Aufbau.

Auch in der Filminstallation WAGNER‖BILDER[115] sind die Bilder frei von einer erzählerischen Funktion. Sie wurden nach Kriterien ausgewählt, bearbeitet und montiert, die mit dem Charakter und der Qualität des einzelnen Bildes mehr zu tun haben als mit dem ganz entfernten Inhalt, der zugrundeliegt.

In dem Film DIE CHAMPIONS gibt es nur sehr selten ein Heraustreten aus der Erzählung und ein Betrachten eines Bildes für sich. Nicht, daß ich es nicht versucht hätte. Aber meistens entstand daraus das Gefühl einer Verzögerung, die in der Geschichte selbst nicht begründet ist. Eine willkürliche Setzung des Autors, die vom Zuschauer verlangt, für kurze Zeit und ganz unvermittelt die innere Haltung zu wechseln: vom Sich-erzählen-Lassen und Mitschauen zum Innehalten und Anschauen eines einzelnen Bildes. Aus einer Zeit, die fließt, in eine Zeit zu treten, die stillsteht. So stellt jeder Film, jedes Material seine eigenen, oft gegensätzlichen Anforderungen.

Richard Leacock im September 1999 auf der *Digitale* in Köln: »1941 – mit der damaligen Technik gab es keinen Weg, Wirklichkeit zu beobachten. Der einzige Weg war: to create reality. [...] Ein üblicher Gedanke: Art depends on control.« Beim Dokumentarfilm müsse man aber sagen: »Art depends on chance.« Diese Methode bedeutete schon damals: »Spent a lot of time to shoot, shoot this, shoot that.« Dann: »Spent a lot of time to look at it.« Und dann: »Spent a lot of time for the editing.«

---

[114] Heinz Emigholz: *Das schwarze Schamquadrat*, Berlin 2002, S. 94f.
[115] Vgl. Fußnote 87.

Regeln in diesem Prozeß: »No lights, no tripots, no questions.« Weiter: »Films always had to be about something.« Stattdessen: »Make a film about nothing in particular.« Das heißt: »Just film scenes, sequences. Be out of focus! All evidence is dangerous, specially for persons, who believe in it.« Das Problem, das am Ende bleibt, formuliert Richard Leacock so: »The problem is, how to reach an audience.« Ein möglicher Weg: »You only give the audience a bit of this, a bit of that and so on. Close ups, show them a little bit, don't tell the punchline in the beginning.«

Die klassische Dramaturgie gegenüber dem Freistil des *new american cinema* oder des *direct cinema*. Die Art, wie das Material im *direct cinema* zustandekommt, nämlich aus der kontinuierlichen Beobachtung, widerspricht eigentlich einer nachträglichen Bearbeitung, wie sie durch Montage unumgänglich ist. Warum zum Beispiel andere Schnitte setzen als die, die durch diejenigen hinter der Kamera gesetzt worden sind? Gibt es im nachhinein bessere Gründe, Schnitte zu setzen. Ein Grund für neue Schnitte ist die Erzählzeit, die im späteren Film eine andere ist als die Zeit der Aufnahme. Dagegen spricht die Faszination des ungekürzten Moments und des roh belassenen Materials.

»An den Filmen von Leacock machte ich die große Entdeckung, daß man, filmt man einen Gegenstand in seiner vollen Zeitdauer, nicht allein das Gefühl hat, eine Serie zufälliger Momente zu sehen, sondern auch einen Teil einer unendlichen Folge. Die einzige Begrenzung ergibt sich aus dem Ende der Filmrolle nach zehn Minuten, aber man fühlt sehr genau, daß es allemal Punkte einer unendlichen Wirklichkeit sind. Darum bedeutet das Nicht-Schneiden in seiner äußersten Konsequenz etwas Kosmisches. Ich sage das mit einem gewissen Augenzwinkern, aber doch auch mit Ernst. Man kann damit eine umfassende Wirklichkeit ausdrücken, während der harte Schnitt einen Eingriff der sozialen Persönlichkeit des Filmemachers darstellt.«[116]

Die Einstellung – Einheit oder Bruchstück? Alles drehen wie in einem Fluß, im Strom des Lebens mitschwimmen, kein Denken mehr in Einstellungen, die als mehr oder weniger kurze Ausschnitte aus dem Raum /Zeit-Kontinuum auf den Schneidetisch kommen und dort montiert werden. Heute kann das Einzelstück die Länge einer Kassette haben, zum Beispiel 36 Minuten bei einer Beta-Kassette, und jeder Schnitt ist wie das Hineinschneiden in das unaufhörliche Strömen des Lebens vor der Kamera. Im Moment des Schnitts hört das Strömen auf. Im klassischen Drehen, Einstellung für Einstellung, wurde der Schnitt vorweggenommen. Die Einstellung definierte den Schnitt schon mit. Was ge-

[116] Johan van der Keuken: *Abenteuer eines Auges*, a.a.O., S. 136.

schieht aber, wenn durch die Möglichkeiten des elektronischen Drehens gar nicht mehr in Einstellungen gedacht wird? Wie eine Schneise schlagen in etwas, das ohne Absatz gedreht ist? Dessen Qualität Kontinuität ist? Die Frage nach der Dauer einer Einstellung, nach ihrem Zeitmaß, nach ihrer Abgrenzung gegenüber anderen Einstellungen wird verschoben auf die Montage.

Im Material für den Film DIE CHAMPIONS habe ich oft Einstellungen ohne ersichtliches Ende vor mir. Schwenks mit der Bewegung der Protagonisten, die nicht als Einstellung gedacht sind, implizieren eine Ausführlichkeit, in der sich die Spannung manchmal verliert, zum Beispiel dann, wenn eine Bewegung nirgendwo hinführt. Das Geschehen verläppert sich. Gegenüber der Kontinutität der Bewegung, auch wenn sie nirgendwo hinführt, hat jeder Schnitt dennoch etwas Gewaltsames. Wie damit umgehen? Wie den Fluß erhalten, den Atem, der vorgegeben ist?

Eine lange Einstellung, in der immer etwas Neues geschieht, braucht möglicherweise keinen Schnitt. Totalen und Plansequenzen sind dann schwer zu schneiden, wenn nichts außer Stille und ruhigem Dasein ihre Eigenzeit definiert. Die reglosen oder gleichförmig bewegten Dinge scheinen von unendlicher Dauer. Schneiden heißt: der Dauer der einzelnen Einstellungen eine Begrenzung setzen – Timing. Aber wann ist es genug? Ich habe gelesen, die Verweildauer vor einem Bild im Museum dauere im Durchschnitt 12 bis 15 Sekunden. Kann man daraus etwas ableiten für die Mindestlänge einer Einstellung? Die Entscheidung für den Schnitt – hier und jetzt, kommt am Ende nicht aus dem einzelnen Bild, sondern aus dem Kontext und dem Rhythmus des Ganzen. Lange Einstellungen und Totalen ziehen eine langsamere Gangart nach sich. Es braucht eine bestimmte Zeit, um eine Totale aufzufassen. Die Dauer der einzelnen Einstellung wirkt sich auf den Rhythmus des Übrigen aus. Das Übrige wirkt sich auf die Dauer der einzelnen Einstellung aus.

Eine lange Einstellung, in der sich immer dasselbe wiederholt – wann braucht sie einen Schnitt? Wie schnell wird vom beschleunigten Auffassungsvermögen erfaßt, daß die Wiederholung zur Sache gehört? Sollten Wiederholung und Monotonie, wenn sie zur Sache gehören, erfahrbar gemacht werden durch permanente Wiederholung desselben Vorgangs in ungeschnittener Einstellung? Kann man nicht auch, um Monotonie und Gleichförmigkeit zu zeigen, sampeln, clipartig schneiden, denselben Vorgang sehr oft hintereinander bringen in verkürzter Form, oder wird das Monotone durch eine solche Montage zum Verschwinden gebracht? Ein Beispiel aus der Arbeit an dem Film DIE CHAMPIONS: die Trainings, speziell das Lauftraining. Hier ist nicht Laufen, sondern vor allem Dauer zu erzählen. Laufen ist Konditions- und Ausdauertraining. Das Ziel wird in der Dauer erreicht. Dauer ist dramaturgisch eine schwierige Größe. Bei den Trainingsszenen im Film habe ich mich manchmal für das Nicht-Schneiden entschieden, für das Nicht-Zerstören der Einheit von Raum und Zeit in einem bestimmten Moment. Die Hoffnung war, gerade dadurch etwas von der Dauer, der Disziplin und Geduld erfahrbar zu machen, die hier aufgewendet werden müssen, auch wenn die lange Einstellung auf das Ganze gesehen, nämlich die Dimensionen des Trainings im Spieleralltag, wieder nur einen Bruchteil zeigt. Um Dauer, Wiederholung und Monotonie wirklich erfahrbar zu machen, kann es durchaus sinnvoll sein, auf Verkürzung und rhythmische Beschleunigung in einzelnen Szenen zu verzichten.[117]

Was bedeutet das aber in der Dimension von ganzen Geschichten? Können und sollen Geschichten immer nur das Weitergehen erzählen? Wenn sie vom Leben handeln, gehören auch Stillstand und Verzögerung dazu. Geschichten werden oft als Konstruktion gebaut, in der die Wege des Protagonisten unerbittlich Stufe um Stufe hinauf- oder hinabführen. Das hat auch mit Erzählzeit zu tun, die nicht mit der erzählten Zeit identisch ist. Verweilen, Auf-der-Stelle-Treten, Nicht-Vorankommen haben es unter den Voraussetzungen begrenzter Erzählzeit schwer.

Der Filmemacher Klaus Wyborny sagt im dritten Teil der Sendereihe ZWISCHEN DEN BILDERN: »Sexualität und Angst sind die Hauptbotschaften des Hollywood-Films. [...] Die narrative Struktur ist der Versuch, die Welt kartographisch zu erfassen. [...] Räume so verbinden durch Montage, daß der Zuschauer sich eine Art Landschaft bilden kann.« Klaus Wyborny betont die Raumdominanz beim Schneiden. Die Behandlung von Raum und Zeit im Film, sagt Wyborny, habe bei ihm zu Neurosen geführt. Er sei sehr lange unglücklich gewesen, weil er sein Leben nicht so habe führen können wie der Hauptdarsteller eines Spielfilms. Eine Minderwertigkeitsneurose sei dadurch entstanden. Für Wyborny heißt Schnitt oft: das zu nehmen, was einem paßt. Schnitt sei eine Art Selbstzensur. »Schnitt ist eine Technik des Verbergens. [...] Schnitt – Zensur – Kastration. [...] Viele, die von Montage sprechen, verklären, was sie eigentlich ist.«[118]

---

[117] Zur Darstellung von monotonen Abläufen in industrieller Arbeit vgl. Gabriele Voss: »Wo bleibt die Arbeit? Oder: Das Lächeln von Sophia Loren«, in: *Poiesis*, Nr.10, hg. von Rudolf zur Lippe, Baltmannsweiler 1998.
[118] Klaus Wyborny in der Sendereihe ZWISCHEN DEN BILDERN, Teil III, ZDF 1981.

Töne und Bilder

»Die Kamera hatte eben erst Nerven und Phantasie bekommen. Einstellungstechnik und Montage waren gerade so weit, den stofflichen Widerstand der primitven Gegenständlichkeit ganz zu überwinden. Der stumme Film war auf dem Wege, eine psychologische Differenziertheit, eine geistige Gestaltungskraft zu erreichen, die kaum je eine andere Kunst gehabt hat. Da brach die technische Erfindung des Tonfilms wie eine Katastrophe ein. Diese ganze reiche Kultur des visuellen Ausdrucks [...] ist gefährdet. Die noch unentwickelte neue Technik hat in der Verkoppelung die alte bereits hochentwickelte auf ein ganz primitives Stadium zurückgeworfen. Und mit dem Niveau des Ausdrucks mußte sich auch das Niveau des Inhalts senken.«[119] Das ist nicht so geblieben. Mit dem Ton, vor allem aber mit der gesprochenen Sprache kommt eine Dimension dazu, die immer schon Bestandteil der Wahrnehmung ist. Wo Bewegung ist, da ist Ton. Alles, was wir sehen, ist von Tönen begleitet. Sprache bestimmt nicht nur unser Handeln mit anderen, Sprechen ist selbst Handeln.

Schnitte in Raum und Zeit betrafen im Stummfilm vor allem das Bild und die Bilderfolge. Dazu kamen Zwischentitel und Begleitmusik. Die Zwischentitel erfaßten in Schrift und Bild Teile des Dialogs und der Erzählung. Seit Erfindung des Tonfilms treten zur Bildmontage parallele horizontale und vertikale Montagen auf verschiedenen Tonebenen. Man hat zu tun mit gesprochener Sprache und mit nicht-sprachlichen Tönen, mit Dialogen, Geräuschen, Atmosphären und Musik. Alle Töne können synchron oder asynchron zum Bild laufen. Sie kommen aus dem On oder dem Off, aus Quellen im Bild, aus Quellen im Umgebungsraum des sichtbaren Bildes, oder aber aus Quellen, die mit dem konkret sichtbaren oder umgebenden Raum nichts zu tun haben, wie eine Off-Erzählung und Musik, die sich eher auf das Ganze beziehen. Die Fülle der Montagemöglichkeiten wächst mit den verschiedenen Tönen und Tonebenen um ein Vielfaches. Die Montage aller, aus unterschiedlichsten Tonquellen ausgesuchten Töne wird am Ende zu einem kontinuierlichen Klangbild gemischt.

1928 schreiben S.M. Eisenstein, W.I. Pudowkin und G.W. Alexandrow im »Manifest zum Tonfilm«: »Nur eine kontrapunktische Verwendung des Tons in Beziehung zum visuellen Montage-Bestandteil wird neue Möglichkeiten der Montage-Entwicklung und Montage-Perfektion erlauben. Die erste experimentelle Arbeit mit dem Ton muß auf seine deutliche Asynchronisation mit den visuellen Bildern ausgerichtet werden. Nur

[119] Béla Balázs: *Der Geist des Films*, a.a.O., S. 142.

eine solche Operation kann die notwendige Konkretheit herbeiführen, die später zur Schaffung eines orchestralen Kontrapunktes visueller und akustischer Bilder führen wird.«[120]

Der nicht-sprachliche Ton, die Geräusche, die Atmosphären, sind so etwas wie »die Stimmen der Dinge, die intime Sprache der Natur. Alles, was außerhalb des menschlichen Dialogs noch mitspricht, noch zu uns spricht in der großen Lebenskonversation und unser Denken und Fühlen ununterbrochen tief beeinflußt«, gehört dazu.[121] Auch die Stille und das Schweigen. »Stille ist, wenn ich weit höre.«[122] Im nicht-sprachlichen Ton ist die Beziehung zu Empfindung und Gefühl unmittelbar. Wir verstummen vor Entsetzen, vor Freude oder vor Staunen. Auch vor Glück. Die Montage von Bildern und nicht-sprachlichen Tönen hat eine Verwandtschaft zur Komposition in der Musik.

Die Sprache, das Alltags-Sprechen und seine Dialoge, das geführte Sprechen in Interviews, die gezielt gebaute Sprache in Erzählung und Kommentar. Ein von vornherein inhaltliches, konkrete Bedeutung tragendes Element kommt mit der Sprache ins Spiel. Die Sprache bildet eine eigene Welt zwischen Bild und Ton. Das gesprochene Wort hat ein anderes Zeitmaß als die sprachlosen Bilder und Töne. So etwas wie ein Staccato kommt in die Montage hinein. »Die Sprachgebärde hindert die Gebärdensprache«, stellte Béla Balázs fest.[123] Sprache und Sprechen haben einen eigenen Rhythmus, dem auch die Montage folgen muß. Nicht alle Sprache ist Handlungssprache, nicht alles Sprechen ist dialogisch. Besonders Interviews wirken im Dokumentarfilm manchmal wie aus der Zeit des übrigen Films gehoben. Vielleicht, weil sie zum Monologischen tendieren. Vielleicht, weil sie sich direkt über den Blick in die Kamera aus der Szene heraus an den Zuschauer wenden. Demgegenüber ein schlafender Mensch oder ein langer Blick. Stille, nichts geschieht, nichts wird gesagt. Es gibt den Atem, den Lidschlag und ihren Rhythmus. Die reglosen Dinge scheinen von unendlicher Dauer. Beim Betrachten kommt ein Gefühl von intensiver Zeit auf.

»Der Ton ist wesentlich. Im Tonlosen – was nicht das gleiche ist wie Stille – wird man verrückt. Es gibt Foltermethoden mit Tönen und in schalltoten Räumen. Normalerweise schenkt man den Tönen nicht genug Aufmerksamkeit. Jeder von uns hat tiefgehende Töne in sich. Ein einziger Ton kann eine ganze Umgebung, eine ganze Atmosphäre evo-

---

[120] S.M. Eisenstein, W.I. Pudowkin, G.W. Alexandrow: »Manifest zum Tonfilm«, in: *Texte zur Theorie des Films*, hg. von Franz-Josef Albersmeier, Stuttgart 1979, S. 43f. Vgl. in diesem Band »Eine einfache Form kontrapunktierten Bildes und Tons« S. 237.
[121] Béla Balázs: *Der Geist des Films*, a.a.O., S. 144.
[122] Ebd., S. 155.
[123] Ebd., S. 174.

zieren.« Das wurde von einem Teilnehmer in einem Montage-Workshop in Tunis gesagt, nachdem ich den Film Anna Zeit Land[124] gezeigt hatte.

Nach der Erinnerung an Geräusche und Atmosphären in Filmen gefragt, ist sie oft blasser als die an das Bild und die Geschichte. Die Erinnerung an die Tonebene und, mehr noch, daran, wie sie montiert war, bleibt vage. Der nicht-sprachliche Ton hat wohl einen Inhalt, er ist aber nicht in demselben Maße faßbar wie der Inhalt von Wort und Bild. Geräusche und Atmosphären haben für sich genommen selten konkrete Bedeutung, sie schaffen aber Bedeutung im Zusammenhang. Sie haben eine Anmutung, und sie lösen Gefühle aus. Wir erinnern uns an die Gefühle, wir erinnern uns aber nicht, wie sie erzeugt worden sind. Nicht-sprachlicher Ton und vor allem auch Musik spielen oft eine Rolle, die sich der bewußten Wahrnehmung entzieht, es sei denn, daß man ganz bewußt darauf hört. »Für einen normalen Zuschauer ist Ton eigentlich nur im Kontext mit den anderen Elementen und am ehesten in der Intensität wahrnehmbar. [...] Insofern ist Ton oft ausschließlich suggestiv. [...] Wenn ich aus dem Kino komme und mich fürchterlich aufrege, wie billig und einfallslos der Ton war, haben die normalen Zuschauer meist überhaupt nichts auszusetzen.«[125]

Das bewußte Hören im Film verlangt neben der Aufmerksamkeit für das Bild zusätzliche Anstrengung. Hören ist ein Vorgang, der sich nach innen richtet, auf das mit Sprache und Ton Bedeutete, das nicht in räumlicher Abgrenzung wie der Gegenstand des Bildes vor uns steht. Wir können das Ohr nicht in der gleichen Weise wie das Auge auf das ausrichten, was wir wahrnehmen wollen. Wir können es auch nicht selektiv vor bestimmmten Geräuschen verschließen. Eine bewußte Selektion der Töne beim Hören setzt Gehörbildung und Konzentration voraus. »Hören ist, verglichen mit dem Sehen, ›archaisch‹, mit der Technik nicht mitgekommen. Man könnte sagen, daß wesentlich mit dem selbstvergessenen Ohr, anstatt mit den flinken abschätzenden Augen zu reagieren, in gewisser Weise dem spätindustriellen Zeitalter widerspricht. Das Auge ist immer ein Organ von Anstrengung, Arbeit und Konzentration, es faßt ein Bestimmtes eindeutig auf. Dem gegenüber ist das Ohr eher dekonzentriert, passiv. Man muß es nicht, wie die Augen, erst aufsperren. Mit ihnen verglichen, hat es etwas Dösendes, Dumpfes.«[126]

---

[124] Vgl. Fußnote 66.
[125] Hubert Bartholomae im Gespräch mit Stephan Ott: »Reiner Originalton ist die pure Armseligkeit«, in: *Film & Computer*, hg. von Hilmar Hoffmann, Walter Schobert, Frankfurt/M. 1998, S. 139.
[126] Theodor W. Adorno: *GS 13 – Die musikalischen Monographien*, Frankfurt/M. 1971, S. 94f.

In einem Klangraum, und das ist auch das Kino, werden alle Töne aufgenommen, bewußt oder unbewußt. Deshalb läßt sich über Töne und Tonmontagen die unbewußte Wahrnehmung auch besonders gut steuern. Die Mischung der Töne trägt durch weiche Übergänge wie Auf- und Abblenden, Überblenden und Überlappungen dazu bei, daß man einen Schnitt nicht bemerkt und Kontinuität im Übergang von einer Situation zur anderen entsteht. Auch im Alltag wird der Übergang der Töne ineinander selten als sprunghaft wahrgenommen. Manchmal gibt es das im Erschrecken, manchmal auch im Traum oder in der Erinnerung. Man kann sprunghaften Ton in der Montage bewußt erzeugen und als Mittel einsetzen, um Aufmerksamkeit zu erzielen. »Das Überlappen des Tons bei einem Schnitt ist eine der wichtigen Errungenschaften des Tonfilms – besonders des Dialogfilms. [...] Das Überlappen des Tons in Dialogszenen ist oft nicht nur aus dramaturgischen Gründen nötig, sondern auch für einen flüssigen Anschluß. Häufig ist man gezwungen, von der statischen Einstellung eines Schauspielers auf eine andere zu schneiden, ohne daß Bewegungen vorkommen, in die man einen flüssigen Bildschnitt legen könnte. In solchen Fällen hilft oft ein überlappender Ton. Manchmal kann auch ein heftiges Geräusch, das man genau auf die Schnittstelle legt, die gleiche Wirkung haben.«[127]

Etwas zu sehen heißt, ein direktes Gegenüber zu haben, das gesehen wird. Sehen geht in eine Richtung, nach vorn. Was über das Vor-Uns, über den Kader im Film und im weitesten Sinn über den Blickwinkel unseres Auges hinausreicht, wird nicht gesehen, außer wir wenden den Blick – vom Blick nach innen abgesehen, der in viele Richtungen sehen kann.

Die Wahrnehmung von Tönen ist nicht an eine Richtung gebunden. Schall entfaltet sich mehrdimensional. Wenn auch von einer räumlich lokalisierbaren Quelle ausgehend, entfaltet er sich in alle Richtungen zur Allgegenwart im Raum. Ihn zu hören ist nicht daran gebunden, daß wir die Schallquelle auch sehen. Deshalb eignet sich der Ton auch eher als das Bild zum Begleitmedium. Das heißt nicht, daß er im Film nur als Begleiter des Bildes auftreten muß. Im Gegenteil: der Ton kann die Rolle der Dramaturgie übernehmen und weit über das sichtbare Bild hinaus erzählen. Töne prägen den visuellen Eindruck mit. Nur wenige Töne reichen aus, um ganze Bildwelten, ganze Erfahrungs- und Erinnerungswelten zu erschließen, ohne daß wir sie konkret vor Augen haben. Töne geben den Bildern und Bilderfolgen so etwas wie Klangfarbe. Anmutungen wie warm/kalt, drückend/leicht, hell/dunkel entstehen nicht nur durch Farbe, Kontrast und Helligkeit im Bild selbst und zwi-

[127] Sidney Cole: *Film Editing*, zit. nach Karel Reisz, Gavin Millar: *Geschichte und Technik der Filmmontage*, a.a.O., S. 180f.

schen den Bildern, sondern ganz wesentlich auch durch den Ton. Töne werden zudem in visuellen Kategorien wahrgenommen, das heißt: Durch das Hören von Tönen entstehen Bilder – Tonbilder könnte man sie nennen –, oder die gesehenen Bilder erscheinen in einer besonderen Stimmung, die, obwohl vom Ton verursacht, eher dem Bild zugeordnet wird. Töne erzählen auf vielfältige Weise mit, auch wenn das im Einzelnen nicht bewußt wahrgenommen wird.

Ich erinnere mich an den Film INDIA SONG von Marguerite Duras, die Geschichte einer Liebe in Indien, in einer übervölkerten Stadt am Ufer des Ganges, wenige Schauplätze, wenige handelnde Personen, kaum Handlung, aber eine Fülle von Tonbildern, die mich beim Zuschauen mitgenommen haben in die übervölkerte Stadt. Eine Szene in der Empfangshalle der französischen Botschaft: Zwei Diener in weißen Handschuhen sind im Begriff, grüne Tüllvorhänge vor netzbespannten Fenstern herabzulassen. Im Ton wird die Stadt lebendig, von der im Bild nichts zu sehen ist. Ganze Szenerien entstehen vor dem inneren Auge nur durch das, was zu hören ist. »Das Geräusch des Meeres breitet sich aus, nimmt von Sekunde zu Sekunde zu, überflutet die ganze Stätte. Dann beruhigt es sich. Wind kommt herein, bringt die Vorhänge zum Klatschen. In der Ferne Sirenen von Schaluppen. Vogelgezwitscher nah. Der Ventilator ist da, er dreht sich mit derselben traumhaften Geschwindigkeit. In der Ferne Lärm eines Dancing, ein Orchester spielt *India Song*.«[128] Später Stimmen im Foyer, eine Stimme aus entferntem Lautsprecher mischt sich darunter: »›Tonight the last boat is at seven!‹ Stimme 4: ›Man gibt den Touristen zu verstehen, daß die Schaluppen um sieben Uhr den Verkehr einstellen. Es sind Gewitter zu befürchten.‹ Schiffssirenen. Dann Stille.«[129] Gefragt nach dem, was im Film zu sehen war, würden wahrscheinlich viel mehr Bilder erinnert, als tatsächlich gezeigt wurden. Das Gehörte wird im Prozeß der Wahrnehmung schon in Bilder verwandelt, die als Gesehenes im Gedächtnis bleiben. Der Ursprung im Ton wird demgegenüber eher vergessen.

Es gibt eine schier unendliche Fülle an Tönen, die in der Montage miteinander kombiniert werden können und am Ende das Klangbild des Films bestimmen – Geräusche, Atmosphären, Originaltöne, Dialoge, Erzählung und Kommentar, Musik. Ein Übermaß an Information, die nicht nur konkret inhaltlicher Art sein muß, erzeugt in der Wahrnehmung ›Rauschen‹, gleichgültig, ob die Überfülle durch Bilder oder Töne oder durch die Montage von beiden Elementen entsteht. Bei der Tonmontage und bei der Gestaltung des Klangbildes geht es deshalb immer

[128] Marguerite Duras: *India Song*, München 1989, S. 102.
[129] Ebd., S. 107.

25. 5.04

25. 5.04

auch um ein Maß, um Verschiedenartigkeit, Kontrast, Abwechslung, Rhythmisierung, Dynamik und Transparenz. Je komplexer die Möglichkeiten der Gestaltung werden, desto dringender wird die Frage, was davon in welcher Kombination und in welcher Fülle der simultanen Wahrnehmung überhaupt zugänglich ist. »Ist es nicht schön, wenn man jetzt einen Film aus den fünfziger Jahren sieht, B-Picture, wo man nur ganz billige Schritte hört, nur die Tür, nur das Telefon ganz nackt im Raum. Nicht immer diese Füllsoße?«[130]

Die Frage nach der simultanen Wahrnehmung stellt sich besonders bei der Montage von Bild und gesprochenem Text aus dem Off, sofern beide sich nicht unmittelbar aufeinander beziehen und durch ihre Eigenständigkeit und Parallelführung eine hohe Komplexität für den Zuschauer entsteht. Dies könnte ihn veranlassen, die Aufmerksamkeit zu teilen und sie entweder den Bildern oder aber dem gesprochenen Text aus dem Off zu widmen, mit der Folge, daß ihm ein wesentlicher Teil des Ganzen entgeht. Die Schnittmeisterin Brigitte Kirsche spricht von der Bild-Ton-Schere, die man vor allem bei der Montage von Bild und Text mit bedenken müsse.[131] Für die Aufmerksamkeit ist es noch relativ einfach, wenn Bild und Ton und vor allem Sprache synchron laufen, wenn wir hören, was wir sehen und umgekehrt. Reduzieren lassen sich die Probleme hoher Komplexität in der Kombination von Bild- und Sprachebene auch, wenn einem Element – dem Bild oder dem gesprochenen Text aus dem Off – eine Führungsrolle gegenüber dem anderen gegeben wird. »Wenn ein Ton die zwingende Ergänzung eines Bildes ist, das Übergewicht entweder dem Ton oder dem Bild geben. Im Gleichgewicht schaden sie sich oder schlagen sich tot«, schreibt der französische Filmemacher Robert Bresson. »Wenn das Auge ganz erobert ist, nichts oder fast nichts dem Ohr geben. Und umgekehrt, wenn das Ohr ganz erobert ist, nichts dem Auge geben. Man kann nicht gleichzeitig ganz Auge und ganz Ohr sein.«[132] So sehr dies eine konsequente Haltung ist, hat es immer wieder auch Filme gegeben, in denen trotz Entkoppelung und Parallelführung von eigenständigem Bild und gesprochenem Text eine Gleichgewichtung und ein Dialog der beiden Ebenen gelungen ist. Schwierig wird die Parallelität allerdings bei einer bestimmten Art von Kommentar, der das mitlaufende Bild zum Bildteppich degradiert und etwas zu Sehendes für den Zuschauer gar nicht erst entstehen läßt, gleichgültig, wie nah oder fern die Bilder im Verhältnis zum Besprochenen stehen. Die Bilder und nicht-sprachlichen Töne sind dann nicht mehr als der notwendige Hintergrund, auf dem eine Fülle von In-

---

[130] Harun Farocki im Gespräch mit Christoph Hübner für die Sendereihe DOKUMENTARISCH ARBEITEN im Mai 2003.
[131] Brigitte Kirsche im Gespräch mit der Autorin im November 2003.
[132] Robert Bresson: *Noten zum Kinematographen*, München 1980, S. 35.

formationen ausgebreitet wird. Ein Phänomen, das den Alltag im Fernsehen beherrscht und die Frage rechtfertigt, was neben dem Gesagten für das Sehen übrig bleibt, obwohl das Medium ›Fern-Sehen‹ heißt.

Der Ton schafft eine andere Öffnung in den Raum als das Bild. Das Klanggebilde, das wir wahrnehmen, ist nicht nur etwas, das von einem Ort aus einer Quelle kommt und in der Zeit vergeht. Die Fülle der Töne kann heute durch Techniken wie zum Beispiel *dolby surround* im Kino an ganz verschiedenen Orten lokalisiert werden. Der durch Töne dargestellte Raum wird realistischer erfahrbar, als wenn sämtliche Töne nur von vorn aus einer Quelle (mono) kommen. Durch die differenzierte Anordnung der Töne in Raum und Zeit wird die Illusion des realistischen Raumes erhöht. »Im Monoformat müssen die Klangobjekte entlang einer einzigen Achse angeordnet werden, gestuft nur durch unterschiedliche Lautstärke und allenfalls noch entfernungsmarkierende Raumindikatoren. Das Stereoformat hingegen eröffnet einen neuen Horizont von 30° bis 360°, in dem die Klangobjekte angeordnet werden können. Stereoaufnahmen präsentieren ein transparenteres Klangbild, in dem die Hörer ihre Aufmerksamkeit gezielt fokussieren können, denn die räumliche Position der Schallquelle ist eine der wichtigsten Grundlagen zur auditiven Entflechtung komplexer Klanggemische.«[133] Das Bewußtsein für die Tatsache, daß wir im Kino etwas durch und durch Künstliches erleben, wird durch die immer perfektere Gestaltung des Filmtons sowohl gesteigert als auch abgeschwächt. Die Töne saugen uns hinein in den Film. Der Kinoraum wird zur »tönenden Umhüllung«[134], die uns aufnimmt wie ein Bad und uns von allen Seiten durchdringt. Gleichzeitig besteht die Gefahr, daß das Bild in solcher Raumillusion nur noch »ausschnitthaft wie eine Pappkulisse«[135] wirkt.

Was bedeutet Sound Design? Bewegt es sich in den Grenzbereichen und Übergangszonen zwischen Originalton, Geräusch und Musik? Oder heißt es nur, synthetisch nachzuvollziehen, was im Originalton vorgegeben ist und dabei das zu entfernen, was stört, um die Transparenz, die Klangqualität und letztlich die Raumillusion zu erhöhen? »Unter Sound Design wird oft alles verstanden, der ganze Prozeß des Tonschnitts«, sagt der Tonmischmeister Stefan Korte, »ich denke aber, man sollte Sound Design vom Bereich des eigentlichen Tonschnitts abgrenzen. Für mich gehört es in den Bereich der Musik. Im Sound Design werden Töne mit bestimmten Absichten verfremdet oder auch neu generiert, die wie die Musik auf Emotionen und Stimmungen zielen.«[136]

[133] Barbara Flückiger: *Sound Design*, Marburg 2002, S. 53.
[134] Henry M.Taylor: »Spektakel und Symbiose: Das Kino als Gebärmutter«, in: *Tonkörper*, hg. von Alfred Messerli, Janis Osolin, Frankfurt/M. 1991, S. 94.
[135] Barbara Flückiger: *Sound Design*, a.a.O., S. 58.
[136] Stephan Korte im Gespräch mit der Autorin im April 2004.

Oskar Fischinger machte schon in den dreißiger Jahren Lichtton-Experimente, um einen Filmton synthetisch herzustellen. »Der Tonfilm reproduziert die vorher von ihm aufgeschriebenen Töne. Wenn ich nun aber darauf verzichte, mir vorher Töne aufschreiben zu lassen? Wenn ich irgendwelche Linien aufschreibe und diese durch eine Tonfilmapparatur laufen lasse und dadurch wiederum die Membrane eines Lautsprechers bewege, was gibt es dann? Auch irgendwelche Töne. Warum soll die von meiner Hand aufgezeichnete Linie nicht das gleiche bewirken wie die vom Lichtstrahl photographierte? Der Wechsel hell-dunkel, glasklar und geschwärztes Silber auf dem Film, das ist es, worauf es ankommt. Diesen Wechsel setze ich in Tonschwingungen um.« Fischinger zeichnete direkt auf die Lichttonspur, einfache Linien, Muster, Figuren, um auf diese Weise die Beziehung zwischen Ornament und Klang zu erforschen. »Es ist nicht ausgeschlossen, daß durch diese hiermit einsetzende Entwicklung für den schaffenden Künstler, für den Komponisten, nicht nur eine ganz neue Art zu arbeiten sich ergibt, sondern daß sich auch gleichzeitig sein graphisches Empfinden unmittelbar und unverwischbar festlegen läßt, so daß er auf keine Reproduktion durch fremde Hände angewiesen ist und seine Gestaltung, sein Werk, direkt durch die Apparatur sprechen lassen kann.«[137]

Noch vor der Verfremdung und Generierung künstlicher Töne steht etwas anderes an: Die Montage der Originaltöne, wie sie durch die Aufnahme gegeben sind. »Erst wenn der Tonfilm das Geräusch in seine Elemente zerlegen kann, erst wenn er die intimen Einzellaute herausheben und mit *Tongroßaufnahmen* uns nahe bringen kann, erst wenn er diese Elemente in der Montage vorbedacht zu einer Gesamtwirkung komponieren kann, dann erst wird der Tonfilm zur neuen Kunst werden«,[138] schrieb Béla Balázs, als der Tonfilm entstand. Die ›Komposition‹ der Töne zunächst und im Ursinn des Wortes: eine Zusammenstellung. Alle Töne auf einmal, einzelne Töne für sich, Tontotalen und Tongroßaufnahmen – sie werden hörbar, parallel und nacheinander, auf einer Tonspur angeordnet im Ablauf der Zeit. Mit den Tönen arbeiten wie mit Einstellungen, Töne verfremden und synthetisieren, aus der unstrukturierten Fülle und Vielfalt ein Klangbild montieren – diese Möglichkeiten sind nicht erst mit der digitalen Schnittechnik entstanden, auch wenn sie durch sie verfeinert und perfektioniert worden sind.

Entsteht mit den Möglichkeiten von Mehrkanalton, Surround-Verfahren und Sound Design jetzt eine neue Vision vom Klangbild eines Films, die auch den Dokumentarfilm betrifft? Führt diese Vision für den Dokumen-

[137] Oskar Fischinger: »Klingende Ornamente«, in: *Deutsche Allgemeine Zeitung*, 28.7. 1932, zit. nach: *Film als Film*, hg. von Birgit Hein und Wulf Herzogenrath, Stuttgart 1978, S. 76.
[138] Béla Balázs: *Der Geist des Films*, a.a.O., S. 145.

tarfilm weg von einer einfachen Reproduktion der Töne der Außenwelt, weg von einem ungebrochenen Realismus auf der Tonebene, wo der Ton vor allem das bedient, was im Bild zu sehen ist? »Ton hat mit Sicherheit erst einmal die Aufgabe, eine glaubwürdige Realität herzustellen, die vorher nicht da ist. Ein reiner Originalton ist die pure Armseligkeit. Das geht vielleicht bei einem Dialogfilm, der in einem Zimmer spielt, wie zum Beispiel beim Totmacher, bei dem es eigentlich keine Tongestaltung gibt. Man stellt Realität her, und von dort aus fängt dann die echte Gestaltung an.«[139]

Die Gestaltung der Tonebene – integraler Bestandteil der Dramaturgie und Montage eines Films. Die Palette der Montagemöglichkeiten reicht vom harten Schnitt/Tonsprung bis hin zum weichen Übergang/alle Arten von Tonblenden. Musikalisch ausgedrückt: die Möglichkeiten der Tonmontage reichen vom Staccato bis zum Legato, vom Pianissimo bis zum Fortissimo, vom Solo bis zum Tutti, von der Gestaltung eines einzelnen Motivs über die Begleitung bis hin zum Kontrapunkt, vom Kammerstück bis zur Symphonie. Der Schweizer Dokumentarist Erich Langjahr sagt über seine Arbeit mit Ton und Musik: »Eigentlich ist alles Musik, alle Töne sind aus der Natur.«[140] Die Töne helfen ihm bei der Rhythmisierung und Dynamisierung des Films. Er versucht, in der Tonmontage zu einer »musikalischen Tonpiste« zu kommen, noch bevor es überhaupt zum Einsatz von Musik kommt. Das heißt für die Materialaneignung: die Originaltöne nicht nur nach ihrem Inhalt zu betrachten, sondern auch nach Leitmotiven, nach Harmonien und Dissonanzen, nach Rhythmen und Klangfarben. Am Ende ist es eine dramaturgische Frage, welche Art von Tongestaltung zu einem Film paßt.

Wenn die Originaltöne behandelt und komponiert werden können wie Musik, wenn letztlich alles zu Musik und Rhythmus wird, auch das gezielt eingesetzte Geräusch und auch die Atmosphäre, warum dann noch Musik hinzufügen?
Was Musik ist und bewirkt und wann sie der Sache dient, ist schwer zu fassen, denn dem Wesen der Musik wird man mit Worten kaum gerecht. Musik hat mit Schwingung zu tun, Schwingung der Luft, Schwingung des Atems, Schwingung von Saiten, Schwingung von Resonanzkörpern. Wo keine Schwingung ist, da gibt es keinen Ton. Wo aber Ton ist, da ist Bewegung. Und wo Bewegung ist, da gibt es einen Ablauf in der Zeit. Hans Zender, Komponist und Dirigent, kommt nach einem Überblick

[139] Hubert Bartholomae im Gespräch mit Stephan Ott: »Reiner Originalton ist die pure Armseligkeit«, in: *Film & Computer*, hg. von Hilmar Hoffmann, Walter Schobert, a.a.O., S. 138. Der Totmacher, Regie: Romuald Karmakar, D 1995.
[140] Erich Langjahr im Gespräch mit Christoph Hübner, aus der Sendereihe Dokumentarisch arbeiten – Schauen statt zeigen, WDR/SF DRS/3sat 2005.

über die Entwicklung dessen, was Musik über die Jahrhunderte für den Menschen bedeutet hat, zu der Feststellung: »Die einzige noch verbleibende Möglichkeit, heute Musik zu beschreiben, wäre, sie eine ›Strukturierung von Zeit‹ zu nennen.«[141] Und die ›Strukturierung von Zeit‹ in der Musik muß nicht unbedingt durch die klassischen Musikinstrumente realisiert werden. Das kann ebenso mit Hilfe von Geräuschen und Atmosphären geschehen.

Bertolt Brecht schrieb in den vierziger Jahren im amerikanischen Exil über die »Überschwemmung unserer Filme mit Musik.« Sie »nimmt das voraus, was die Vorgänge auf der Leinwand erzeugen sollen. Sie genießt vor.«[142] Derart verwendete Musik begleitet, illustriert, interpretiert, verdeutlicht, verstärkt und suggeriert oft auf der gefühlsmäßigen Ebene, was aus der Abfolge der Bilder allein nicht zu entnehmen ist. Musik umklammert Brüche und verbindet Übergänge so, daß die Abfolge von Ereignissen im Bild und zwischen den Bildern selbstverständlich erscheint. »Es ist für den Musiker leicht, eine gewisse artifizielle Logik zusammenzumusizieren, das heißt das Gefühl von Schicksalhaftigkeit, Unentrinnbarkeit und so weiter zu erzeugen.«[143]

Hanns Eisler, der neben der Musik für den Film KUHLE WAMPE von Slatan Dudow[144] – das Drehbuch entstand in Zusammenarbeit von Dudow mit Bertolt Brecht und Ernst Ottwald – unter anderem auch die Musik zu Dokumentarfilmen von Joris Ivens geschrieben hat, betont gegenüber einem bloß illustrierenden Umgang mit Musik: »Ich habe in vielen meiner Filme bewiesen, daß eine andere Methode weit effektvoller ist, nämlich das Prinzip des Kontrapunktierens gegen das Bild. Die Musik kann das Bild wie ein Zuschauer kommentieren. Beispiele: Ein Slum wurde von mir in der Musik nicht durch den Ausdruck der Düsterheit und der Trauer charakterisiert, sondern durch ein kräftiges, grelles Musikstück, das die Aufmerksamkeit mehr darauf lenkte [gemeint ist das polyphone Präludium für die ersten Einstellungen des Films KUHLE WAMPE, Erg. G.V.]. Ein anderes Beispiel: Zwei Menschen, die höflich miteinander sprechen, aber in Wirklichkeit feindlich gegeneinander eingestellt sind, wurden von einer Musik begleitet, die später den Ausbruch der Feindseligkeiten als logisch erscheinen läßt. Es wird sich beim näheren Experimentieren leicht beweisen lassen, daß das Mittel der konventionellen Illustration an Wirkung von einer kommentarmäßigen Begleitung der Musik übertroffen

---

[141] Hans Zender: *Happy New Ears*, Freiburg 1991, S. 40.
[142] Bertolt Brecht: »Über Bühnenbau und Musik des epischen Theaters«, in ders.: *Schriften zum Theater I, GW 15*, a.a.O., S. 488f.
[143] Ebd. S. 491.
[144] KUHLE WAMPE, Regie: Slatan Dudow, D 1932.

wird.«[145] »Kann Musik so viel sagen«, folgert Bertolt Brecht, »so muß ihr, daß sie gehört werde, erlaubt sein, verhältnismäßig selten zu sprechen. Die Musik wird umso wichtiger sein können, in je kleinerer Quantität sie verwendet wird. Und sie wird ihre Funktionen umso besser bedienen, je weniger Funktionen es sind.«[146]

Unmittelbar mit den Bildern korrespondierende Musik gegenüber einer zu einzelnen Szenen kontrapunktischen Musik mit vielen Abstufungen dazwischen – damit sind für mich zwei wesentliche Positionen zum Einsatz von Musik im Film skizziert, auch wenn sie zu verschiedenen Zeiten unterschiedlich benannt wurden. Die »Autonomie« der Musik gegenüber den Bildern ist verlangt worden, auch eine bestimmte »Fremdheit«, ihre Befreiung vom Zwang, eine Korrespondenz zu den Bildern zu haben. Meistens sind Korrespondenz und Autonomie im Einsatz von Musik im Film aber nur relative Alternativen. Man könnte sagen, die korrespondierende Musik ziele auf eine direkte Verdeutlichung der einzelnen Szene, die kontrapunktisch gesetzte Musik ziele über die einzelne Szene hinaus.[147] Walter Murch beschreibt im Gespräch mit dem Schriftsteller Michael Ondaatje, daß Musik für ihn richtig eingesetzt ist »als Sammlung und Kanalisierung vorher geschaffener Emotionen, nicht als Mittel, das die Emotion erzeugt.«[148] Musik in Korrespondenz, aber zeitversetzt – in gewisser Weise asynchron zu dem Geschehen, das ihr Anlaß ist.

Eine radikale Autonomie der Musik in Verbindung mit anderen Künsten hat der amerikanische Musiker und Komponist John Cage[149] in seiner Zusammenarbeit mit dem Tänzer Merce Cunningham entwickelt. Cage ging es nicht um eine, sei es auch noch so entfernte Synchronisierung von Geste und Klang. Er und Cunningham befreiten die Tänzer geradezu von der Notwendigkeit, Musik auf der Ebene von Bewegung zu interpretieren. Die Musik schrieb den Tänzern nichts vor und die Choreographie ihrerseits auch nichts der Musik. Auch wenn Musik und Tanz sich in gemeinsamen Aufführungen zeitgleich ereigneten, ging es darum, »jedes einzeln so wahrzunehmen, wie es ist, ohne zu erwarten, daß es einem schon fertigen Bild entspricht oder zumindest ähnelt.«[150] Das

[145] Hanns Eisler: *Schriften I, Musik und Politik/1924-1948*, München 1973, S. 464f.
[146] Bertolt Brecht: »Über Bühnenbau und Musik des epischen Theaters«, in ders.: *Schriften zum Theater I, GW 15*, a.a.O., S. 497.
[147] Kontrapunkt, eine Kompositionsart in der Musik, »bei der die Einzelstimmen melodisch selbständig sind und dabei eine Funktion im Zusammenklang aller Stimmen ausüben können.« In: *Sachwörterbuch der Musik*, hg. von Eberhard Thiel, Stuttgart 1962, S. 269.
[148] Michael Ondaatje: *Die Kunst des Filmschnitts – Gespräche mit Walter Murch*, München/Wien 2005, S. 121.
[149] John Cage, 1912-1992, Initiator und führende Figur der indeterminierten Komposition mit Hilfe von Zufallsoperationen.
[150] Richard Kostelanetz: *John Cage im Gespräch*, Köln 1991, S. 142f.

setzt voraus, so Cage, daß das Verhältnis zwischen den Künsten nicht hierarchisch ist.

Neben den Fragen nach Korrespondenz und Kontrapunkt, Fremdheit und Autonomie, Suggestion und Vertiefung von Gefühlen war für mich immer eine Bemerkung von Robert Bresson interessant – gerade auch in bezug auf den Dokumentarfilm: »Musik. Sie isoliert deinen Film vom Leben deines Films (musikalischer Genuß). Sie ist ein mächtiger Veränderer und Zerstörer des Wirklichen, wie Alkohol oder Drogen.«[151] Das klingt wie eine Warnung vor starken Kräften, deren Entfaltung und Wirkung, einmal in Gang gesetzt, kaum mehr zu kontrollieren sind. Die Rede ist hier nicht von der die Wahrnehmung intensivierenden Kraft der Droge, sondern von ihrer langfristig zerstörerischen Wirkung, auch wenn ihre Einnahme zunächst eine Steigerung des unmittelbaren Erlebens bewirkt. Die Warnung vor der Droge – nimmt man sie ernst, so ist ein maßvoller Umgang mit ihr, möglicherweise aber auch die Abstinenz die Folge.

Die Komposition eines Klangbildes aus einer Fülle von Tönen – Funktion der Montage auf der Ebene des Tons. Will man heute die Vision von Mehrschichtigkeit und Komposition einer Gesamtwirkung mit Kinoqualität auch im Dokumentarfilm realisieren, dann ist ein Rückgriff auf Tonarchive und Tonkonserven, auf Geräuschemacher, Dolby-Technik und Sound Design neben den Originaltönen, Atmosphären und Geräuschen, die man vom Drehen mitbringt, unausweichlich. »Als ich anfing, haben alle Kollegen ihre Mischungen selber vorbereitet und ich auch. Es hat immer etwas mit Gestaltung zu tun gehabt«, sagt der Editor Peter Przygodda.[152] Er läßt sich auch heute die Gestaltung des Tons in seiner Gesamtwirkung nicht aus der Hand nehmen. Wenn man aber Filme für die Mischung in Mehr-Kanal *dolby-surround* vorbereiten muß und möglicherweise vierzig bis siebzig Tonspuren hat, ist das im Schneideraum nicht mehr machbar. Was für die Tonarbeit im Schneideraum dennoch bleibt, ist die Entwicklung eines differenzierten Layouts, das für die spätere Bearbeitung im Tonstudio eine möglichst genaue Vorstellung davon gibt, wie der Film am Ende klingen soll.

[151] Robert Bresson: *Noten zum Kinematographen*, a.a.O., S. 50.
[152] Peter Przygodda im Gespräch mit der Autorin im Mai 2004.

Werkzeuge

Vom Filmschneidetisch zum Schnittcomputer – was ist mit dem Wechsel von dem einen an den anderen Arbeitsplatz vor sich gegangen? Machen wir am Schnittcomputer dasselbe wie vorher, nur mit einem anderen technischen Gerät? Am digitalen Schnittplatz sitzen wir vor mindestens zwei Bildfenstern, die Erscheinung erinnert an eine Computeroberfläche. Wir bedienen Maus und Tastatur zur Steuerung des Gerätes. Die Tastatur weckt Assoziationen an den Schreibvorgang. Am Filmschneidetisch saßen wir vor einem Bildschirm mit einem Bild, bedienten einen Schalthebel (oder Knopf) und ein Werkzeug, die Klebepresse, mit der man das Filmmaterial durchschnitt und mittels Klebeband oder Klebstoff neu zusammensetzte. Dieser Vorgang hatte mit Schreiben auf keinen Fall etwas zu tun.

Hinweise bei Vilém Flusser, wie man über die neue Qualität der Arbeit nachdenken kann. Er schreibt:»Für die Menschen, die durch Bilder programmiert sind, fließt die Zeit in der Welt, wie die Augen im Bild wandern: sie diachronisiert, sie ordnet die Sachen zu Lagen. [...] Die Erfindung der Schrift besteht nämlich nicht so sehr in der Erfindung neuer Symbole, sondern im Aufrollen des Bildes in Linien («Zeilen»).«[153] Statt gleichzeitig im Bild wird mit der Schrift nacheinander in abstrakten Zeichen erzählt.»Mit der Erfindung der Schrift beginnt die Geschichte, nicht weil die Schrift Prozesse festhält, sondern weil sie Szenen in Prozesse verwandelt: Sie erzeugt das historische Bewußtsein.«[154] Heute wird eine Entwicklung sichtbar, die auch den alphabetischen Code hinter sich läßt. Die Welt wird zunehmend in Zahlen und Formeln erfaßt. Texte, Bilder und Töne sind digitalisierbar geworden, sie werden in Zahlenreihen umcodiert. Das geschieht nicht erst seit heute. Neu ist, daß wir mit den Computern Apparate vor uns haben, die es gestatten, die Zahlencodes, die»Algorithmen (mathematische Formeln) als farbige – und womöglich bewegte – Bilder auf Schirmen aufleuchten zu lassen.«[155] Der Algorithmus eröffnet weitreichende Möglichkeiten des Eingriffs in das zugrundeliegende Material, so etwas wie eine Kernspaltung des Bildes und einen Zugriff auf immer kleinere Einzelteile. Vergleichbares gilt für den digitalisierten Ton. Eine Folge dieser Entwicklung könnte sein, daß sich der Materialbegriff selbst grundsätzlich ändert, daß Material in Zukunft betrachtet wird als eine materialisierte Möglichkeit von vielen, die selbst nicht unumstößlich ist. Der Eingriff in das digitalisierte Bild macht diesem Ver-

87

[153] Vilém Flusser: *Medienkultur*, Frankfurt/M. 1998, S. 24f.
[154] Ebd., S. 26.
[155] Ebd., S. 221.

ständnis zufolge nichts anderes sichtbar als die Potenzen, die ohnehin vorhanden sind.

Vilém Flusser fragt, warum wir den synthetischen Bildern und Tönen so sehr mißtrauen. Daß sie nur »komputierte Punktelemente« seien, virtuell und nicht wirklich, läßt er nicht gelten. Seiner Meinung nach wird die Technik eines Tages so weit sein, daß man mit ihrer Hilfe Punktelemente so dicht streuen kann, zum Beispiel in Hologrammen, daß die so erzeugten Dinge sich nicht mehr unterscheiden von den Dingen der uns umgebenden Welt. Angst und Mißtrauen vor diesen synthetischen Welten könnten damit zu tun haben, sagt Flusser, »daß es Welten sind, die wir selbst geschaffen haben, und nicht, wie die uns umgebende Welt, etwas, das uns gegeben wurde.«[156]

Anstelle der einen uns gegebenen Welt, mit deren Darstellung wir uns befaßten und deren Gegebenheit wir hinnahmen, ist nun die Existenz unendlich vieler Welten denkbar.

Nicht nur ein Film, sondern unendlich viele Filme können aus einem gegebenen Material hervorgehen. Während wir am Filmschneidetisch davon ausgingen, daß wir an einem Film arbeiten, wird uns am Computer ständig vor Augen geführt, daß wir an etwas Virtuellem arbeiten und nur eine von vielen Möglichkeiten realisieren. Der Schneidetisch zeigte uns den jeweils aktuellen Zustand des Arbeitsprozesses an einem Film. Der Computer zeigt immer auch noch die andere Möglichkeit, das Potentielle, das Unverwirklichte, das Nicht-Verwendete. Auch wenn wir uns für eine Variante entscheiden, bleiben die Alternativen im Ausgangsmaterial, das nicht mehr zerschnitten wird, immer virulent. Am Computerschnittplatz habe ich nicht mehr das Gefühl, auf einer Zeitachse zu arbeiten, sondern mich in einem Feld von Möglichkeiten zu bewegen, mit Material zu spielen, eher Modelle zu entwickeln als endgültige Lösungen.[157]

»Das gewaltige Potential an Verfahrenstechniken und Speicherplatz, wie es zum Beispiel in einem großen Avid-Schnittsystem zur Verfügung steht, provoziert auch eine neue Haltung im Umgang mit dem Ausgangsmaterial. Selbst beim Spielfilm wird das filmische Konzept zuweilen erst in einer monatelangen, immer wieder durch Drehphasen unterbrochenen Arbeit am Schnittcomputer herausgearbeitet. Das Nervenzentrum der Filmarbeit, in dem die wichtigen Entscheidungen getroffen werden, verlagert sich vom Drehbuch, vom Studio, von der Kamera weg in den Schneideraum. Der virtuelle, digitale Schnittprozeß macht es möglich: Immer wieder neue Varianten durchspielen, den Zufall zur Mitarbeit einladen, aus dem in den unterschiedlichsten Formaten gedrehten Material

---

[156] Ebd., S. 203.
[157] Vgl. in diesem Band »Alte Bilder – neue Bilder.« S. 238.

das filmische Konzept erst entwickeln, experimentieren! Regelwerk und Theorie arbeiten tief im Hintergrund, sozusagen auf dem letzten Layer! Um dabei nicht im Meer der Möglichkeiten, in der Redundanz, zu ertrinken, muß das Kopf-Werk dem Hand-Zeug enge Wegmarkierungen setzen. Auch der Kopf bedarf für die schnelle Analyse der aussichtreichsten Verknüpfungsmöglichkeiten eines ständigen Trainings. Für die, die auf dies analytisch-synthetische Kopftraining verzichten, ist es sicher einfacher, nach bewährten Schnittregeln zu arbeiten.«[158]

Die Gefahr der vielen Optionen: *a little bit of everything*. Schon allein wegen der Fülle der Möglichkeiten muß man einen Plan haben. Schneiden ist ein progressiver Prozeß. Am Filmschneidetisch war dies ganz deutlich, denn es gab nur ein Material. Um zu einem Fortschritt, einer neuen Version zu kommen, mußte jeweils die bis dahin erreichte Version zerstört werden. Nur mit hohem Aufwand gab es ein Zurück, der Rückwärtsgang war umständlich. Beim digitalen Schnitt bleibt das Ausgangsmaterial unzerstört, ebenso wie jeder Fortschritt die vorausgegangene Version unberührt läßt. Das erhöht die Zahl der Optionen, wodurch sich wiederum die Komplexität erhöht. Die Komplexität frißt die durch technische Schnelligkeit gewonnene Zeit wieder auf.
Walter Murch stellt fest, daß man mit den digitalen Schnittsystemen sehr schnell vorankommen kann. Aber die Frage ist nicht, »how fast you can go, but, where are you going so fast?«[159]

Die 23 Fassungen des Films ANNA ZEIT LAND, die ich geschnitten und montiert habe, bedeuten nicht, daß ich nicht genug nachgedacht hätte, um mich für die einzig gute und richtige Fassung zu entscheiden. Ich bin auch nicht der Meinung, daß in jedem dokumentarischen Material letztlich nur eine Lösung für einen Film enthalten ist. Die Computer geben uns im Unterschied zum Filmschnitt die Möglichkeit, nicht nur eine von mehreren Möglichkeiten zu realisieren. So, wie wir früher im Filmschnitt nicht nur die Wertstücke verwendet haben, nehmen wir jetzt am Computer nicht nur zusätzlich noch den Müll.

Bei elektronisch gedrehtem Material handelt es sich häufiger als beim Film um Material, das auf der Suche entsteht und hinterher zu etwas werden soll. Am Anfang viel Chaos und wenig Struktur. Durch die digitale Technik ist es leichter geworden, mit diesen Bergen von Material umzugehen.
Ein Drehverhältnis von 1:7 im Film, schon gesteigert auf 1:20 in den siebziger Jahren, erschien uns damals für einen Dokumentarfilm viel.

Werkzeuge

89

[158] Helmut Herbst: *Dem Licht bei der Arbeit zusehen*, o. O. 2004, S. 89.
[159] Walter Murch: *In the Blink of an Eye*, a.a.O., S. 110.

Das Drehverhältnis ändert sich mit dem elektronischen Drehen oft auf 1:50, 1:100 oder sogar mehr. Man könnte es aber auch so sehen: Tatsächlich haben wir ein Drehverhältnis von 5:100 (= 1:20) oder 10:100 (= 1:10), denn bei entsprechender Qualität des Materials wäre es durchaus möglich und auch interessant, aus dem einen Material mehrere Filme und Varianten zu gestalten. Nur hat die Zeit, all diese Varianten herzustellen und auch anzusehen, nicht in demselben Maße zugenommen. Was machen wir jetzt mit den vielen Wertstücken? Entwerten sie sich gegenseitig? Erfordern sie nicht andere Erzähl- und Präsentationsformen?

DVD und CD-Rom gehören in diesen Zusammenhang. Ähnlich wie das Buch oder die Ausstellung ermöglichen sie nun ein Zurückblättern und Zurückgehen an beliebige Stellen, ein Aufbrechen linearer Abläufe, ein Wählen zwischen verschiedenen Optionen. Möglichkeiten, die im Prozeß der Montage eines Films ausgeschlossen wurden, werden hier wieder verfügbar. Bisher mündete auch nicht-linear Bearbeitetes meist noch auf dem unumkehrbaren Pfeil der Zeit einer Fernsehsendung oder einer Kinoprojektion. Mit DVD und CD-Rom komme man von der linear zur nicht-linear gestalteten Geschichte, schwärmten manche beim Aufkommen dieser Bildträger. Weg von der einen Vorgabe des Autors hin zu Varianten, die der Nutzer sich aus einer vorgegebenen Menge an Material selbst zusammenstellen kann. Allerdings reicht ein größeres Materialangebot allein nicht aus für sinnvolle Wahlalternativen. Ohne dramaturgisch durchdachte Benutzerführung würde man sich im Chaos der möglichen Optionen verlieren. Und nicht jeder gerät über die neu eröffneten Wahlmöglichkeiten ins Schwärmen. Robert Altman zum Beispiel: »Bisweilen schwärmen die Leute von den Directors Cut-Möglichkeiten auf DVD. Für mich ändert sich dadurch gar nichts. Was man von mir sieht, ist genau das, was ich gemacht habe.«[160]

Mit dem Computer ist das Arbeiten in der *timeline* gekommen. Das heißt arbeiten auf einer Zeitachse, auf der die viele parallele Spuren gleichzeitig angelegt werden können. In mancher Schnittsoftware wird die *timeline* auch *program* genannt. Demzufolge arbeitet man beim Montageprozeß an einem Programm. Was ist das im Unterschied zur Arbeit an einer Arbeitskopie? Die Arbeitskopie war eine Rolle, die ab- und aufgerollt wurde, von links nach rechts, vorwärts und rückwärts. Sie nahm an Umfang zu oder ab, der Arbeitsfortschritt war täglich zu sehen. Der Begriff *timeline* hat noch etwas davon: Zeit-Linie, Zeit-Achse, auf der die Elemente nacheinander angeordnet sind. Man kann durch diese Zeitachse scrol-

[160] Aus einem Interview von Uwe Mies mit Robert Altman, in: *Westdeutsche Allgemeine Zeitung* vom 16.6. 2002.

len, sich den Ablauf der Einstellungen und Szenen dabei vor Augen führen. Daß man etwas getan hat, zeigt sich am Ende des Arbeitstages, aber nicht mehr am Umfang von kleineren und größeren Rollen. Der Arbeitsfortschritt ist nur virtuell in Form von Daten vorhanden. Man muß *backups* machen – Sicherheiten schaffen, das Erarbeitete aus dem Computer herausholen. Und hat am Ende, was immer der Träger ist, auf dem man sichert, Festplatte oder CD, doch nichts in der Hand, worauf der Arbeitsfortschritt im Vergleich zum Vortag materiell erkennbar wäre. Jede CD glänzt auf die gleiche Weise, man notiert, was ihr eingebrannt wurde, man sieht davon aber nichts. Man arbeitet in der Unsicherheit, daß Arbeitsergebnisse auch verloren gehen können. Man gewöhnt sich daran. Der Begriff *program* geht noch weiter. Er löscht die Vorstellung aus, auf einer Zeitachse zu arbeiten. Er suggeriert eher etwas wie das Arbeiten in einem Feld von Möglichkeiten, aus denen man an beliebiger Stelle und in beliebiger Reihenfolge auswählen kann.

Am Schneidetisch war es nicht möglich, mit einem *cursor* durch ein *program* zu springen. Man hatte immer einen gewissen Zeitaufwand, um durch schnelles Vorwärts- oder Rückwärtslaufen, das nicht sprunghaft, sondern kontinuierlich war, von einem Punkt zu einem anderen zu gelangen. Im Schnellauf kam einem das Material noch einmal vor Augen. Man konnte sich dabei vergegenwärtigen, was man hatte. Man bekam einen Überblick darüber, wie eines auf das andere folgt. Die Strukturen des Aufbaus traten deutlich hervor. Auch der Rhythmus einer Abfolge von mehreren Sequenzen und Szenen war erkennbar – wie lange oder wie kurz etwas dauert. Das ist eine Qualität, die beim Springen von Punkt zu Punkt verlorengeht. Auch beim Scrollen durch die *timeline* gibt es im schnellen Vorwärts oder Rückwärts keinen fließenden Ablauf mehr. Von daher ist die Bezeichnung ›nicht-linearer Schnitt‹ für die Arbeit am digitalen Schnittplatz zutreffend. Und die Möglichkeit, an beliebigen Stellen hin- und herzuspringen, hat weiterreichende Folgen. Denn Schneiden und Montieren bedeutet auch: während der Arbeit am Einzelstück das Gefühl für Rhythmus und Timing des Ganzen, für große und kleine Bögen nicht zu verlieren. Zu häufiges Sehen in Realzeit bringt Gewöhnungseffekte hervor, die den Blick auf das Ganze verstellen. Deshalb muß man von Zeit zu Zeit nach Wegen suchen, auf Distanz zu gehen und den Blick auf das Ganze aufzufrischen. Schneller Vor- und Rücklauf boten dazu eine Möglichkeit. Dabei traten Dinge vor Augen, die man nicht unbedingt gesucht hat, die manchmal aber weiterhalfen als das, wonach man gesucht hat. Wer nie am Filmschneidetisch gearbeitet hat, wird diese Möglichkeiten vielleicht nicht vermissen. Dennoch muß jeder für sich Wege finden, das Rhythmusgefühl zu erhalten, einen Abstand zum Material zu ermöglichen und aus der Gewöhnung herauszutreten.

Walter Murch: »On linear film machines [...] you achieve ten times normal speed by *reducing the amount of time* that any one frame is seen by ninety percent. So a frame is on for 1/240 of a second, not 1/24 of a second. It's very fast, but it's still there – you can still catch a little something from every single frame. But by the nature of their design, digital systems can't do that. They achieve ten times normal speed at the cost of *suppressing* ninety percent of the information. So if you ask a digital machine to go ten times faster than normal, it will do so by showing you only one frame out of ten. [...] You are *not seeing* ninety percent of the film – whereas when you watch sprocketed film at high speed on a KEM or a Steenbeck, you see *everything*. I'm always amazed at how perceptive the human eye is, even at those high speeds, at detecting tiny reflections of looks and expression and action.«[161]

Der Schnittcomputer – eine übervolle Werkzeugkiste. Die digitale Technik ist mit einer eigenartigen Leichtigkeit verbunden. Von der Technik her wäre es ein leichtes, sich von alten Formen und Vorstellungen zu lösen. Es ist eine Frage, wie wir innerlich davon loskommen und wohin wir dann kommen oder kommen wollen.

Es ist möglich, im digitalen Schnitt anders mit Zeit und Raum umzugehen als im Filmschnitt: Bild im Bild, mehrere Bilder parallel, nacheinander und nebeneinander gleichzeitig, horizontale und vertikale Montage – solche Dinge werden einfacher. Zeitlupe, Zeitraffer, Rücksprung, Vorausblick, Darstellung von linearer und zirkulärer Zeit, all das war auch im Filmschnitt möglich. Effekte erforderten in der Umsetzung allerdings aufwendigere Arbeiten am Tricktisch des Kopierwerks. Jetzt geht vieles sofort, durch unmittelbaren Zugriff und *realtime*-Darstellung. Man kann ganz anders ausprobieren, man wagt vielleicht mehr, die Arbeit bekommt etwas Spielerisches. Nicht mehr so viel Vorausüberlegung und Planung wie am Filmschneidetisch, denn nichts geht verloren. *Undo*, *redo*, rückgängig machen und wiederherstellen, das geht auf Tastendruck. Lernen, diese Freiheit zu nutzen, denn mit der Freiheit kommt auch die Verführung. Warum nicht dies oder das versuchen, nur weil es möglich ist? Immer mehr Beiwerk, immer mehr Zierat, bis hin zu dem Gefühl, die Bilder seien roh und unbearbeitet nur allzu nackt und unperfekt.

Anläßlich der Schnittpreis-Verleihung 2001 in Köln formulieren Editoren ihre Erfahrungen so: Die ganze Palette der Effekte werde vor allem dort zum Einsatz gebracht, wo es Mängel im Material gebe. Martina Matuschewski: »Die Effekte bin ich schon leid. Die Fernsehleute bestehen oft

[161] Walter Murch: *In the Blink of an Eye*, a.a.O., S. 109f.

darauf, weil sie Angst haben, daß die Zuschauer wegzappen, wenn sich nichts bewegt.«

Daß wir mit einer neuen Qualität in der Arbeit am Schnittcomputer zu tun haben, scheint für mich auch dann auf, wenn ein bearbeitetes Bild vom Computer nicht als solches behandelt wird, nämlich als bearbeitetes Bild, das aus dem Original und der Bearbeitung besteht, sondern als neues Original, in dem das Ausgangsmaterial und seine Bearbeitung zu einer neuen, untrennbaren Einheit verschmolzen sind. Schneiden, montieren, *compositing* – neben den Anordnungen auf der Zeitachse zunehmende Eingriffe in das einzelne Bild, ist das die Entwicklung? *Compositing* verstanden als Überlagern und Verschmelzen vieler Schichten zu einem neuen Gesamtbild, das anschließend wie ein Original behandelt wird. Statt Nacheinander: Gleichzeitigkeit von mehreren Schichten.

»Mit dem Computer nicht schneiden, sondern weben«, fordert die Künstlerin Ingrid Wiener im Oktober 1998 auf der *Digitale* in Köln.[162] Beim Weben wird ein Bild durch Linien von unten nach oben oder von oben nach unten aufgebaut. Das Bild ist nicht auf einen Schlag gegeben, es wächst allmählich aus der Schichtung von Linien. Auch das elektronische Bild wird aus dicht aneinandergefügten Bildpunkten auf Zeilen geschrieben und aus den Zeilen nach und nach aufgebaut. Dies geschieht aber so schnell, daß es vom menschlichen Auge nicht als Schichten oder Weben wahrgenommen wird. Was könnte das Bild des Webens für die Montage bedeuten? Durch Montage einen Faden spinnen (lineares Aufrollen) oder weben – das Gewebe einer Erzählung herstellen?

Lynn Hershman[163] sagt auf derselben Veranstaltung: Das Gedächtnis sei ein Gewebe. Der Computer widersetze sich einem zentralen Willen, er erzeuge Unordnung. Die Manipulation durchdringe alles so sehr, daß es schwer sei, irgendetwas zu glauben. Das Fiktive werde zur Realität. Verweben der Fiktion in die Realität. Lynn Hershman beschrieb diesen Vorgang am Beispiel ihres interaktiven Projekts ROBERTA. Mit dem Projekt ließ sie sich auf ein nicht-hierarchisches Abenteuer ein. Man konnte im Internet Material zu Roberta, einer von Lynn Hershman erfundenen Figur, in einem Archiv finden und ohne vorgegebene Reihenfolge ansehen. Die Geschichte von Roberta konnten sich die Zuschauer selbst

[162] Vgl. auch Dieter Roth & Ingrid Wiener: VIDEOBRIEFE (1988/89), Video-VHS, Berlin 2003.
[163] Lynn Hershman Leeson, *1941, in den siebziger Jahren eine der ersten Filmemacherinnen, die interaktive Medien als Werkzeug ihrer künstlerischen Arbeit verwendet. Insgesamt 52 Filme und Videos. Autorin von *Click in* und *Hotlinks to a Digital Culture*. Professorin für Elektronische und Digitale Künste an der *University of California*/Davis.

zusammenbauen, die Autorin war Materialanbieter. Obwohl Roberta nur im Netz existierte, wurde sie im Lauf der Zeit für die Nutzer so sehr Realität und verlangte so viel Materialnachschub, daß Hershman damit kaum noch nachkam und sich einen Weg ausdenken mußte, Roberta unwiderruflich verschwinden zu lassen. Roberta kann man heute nicht mehr im Netz antreffen. Wandelt sich bei diesen Möglichkeiten des interaktiven Zugriffs im Netz der Begriff des klassischen Autors, der anderen eine Geschichte erzählt – und zwar jeweils nur eine?

Schichtung von Bildern in einem Bild, Schichtung von Bildern parallel auf mehreren Ebenen. Das passiert schon immer im Kopf des Zuschauers, im Gewebe des Gedächtnisses. Was bedeutet es, wenn es jetzt mehr und mehr auch auf den Bildschirmen passiert? Ein Bild allein ließ immer noch freien Raum, in den hinein eigene Bilder projiziert werden konnten. Dieser Raum wird – vor allem im Fernsehen – zunehmend vollgestopft durch Bild im Bild, Graphiken, Bluescreen etc. Auf der sehr begrenzten Fläche der kleinen Bildschirme bleiben kaum mehr Leerstellen, in die hinein phantasiert werden könnte.

8.3. 2001: Geträumt, ich müsse verteilt auf zwei Videopartitionen schlafen. Nie lag ich richtig.

Toulona
318
Carai

Die eigene Haltung

Möglichkeiten der Montage gibt es viele. Die Frage ist: Wie stelle ich mich dazu – als Cutter, Schnittmeister, Editor? Wie sehe und verstehe ich mich und meine Tätigkeit? Bin ich Handwerker, Co-Autor, Dramaturg und Erzähler, Interpret oder Skulpteur? Ausmustern, zusammensetzen, freilegen, eine Form finden, die Erzählung finden, herausbringen – ein vielfältiges Tun. In den verschiedenen Sprachen gibt es unterschiedliche Bezeichnungen dafür. Der *Bundesverband Filmschnitt-Editor e.V.* hat sich darauf verständigt, daß die Berufsbezeichnung in Zukunft ›Editor‹ heißen soll, auch um zu betonen, daß diese Arbeit eine künstlerische, schöpferische Seite hat.

Fremdwörter-Duden: »*Edieren* (lat.): Bücher (insbes. ältere klassische Werke) herausgeben, veröffentlichen.« Im Oxford Advanced Learner's Dictionary heißt es dazu: »1 to prepare a piece of writing, a book, etc. to be published by correcting the mistakes, making improvements to it, etc. [...]. 2 when somebody edits a film/movie, television programme, etc. they take what has been filmed or recorded and decide which parts to include and in which order.«

Im Dokumentarfilm ist der Editor derjenige, der die Geschichte aus dem Material herausarbeitet und in eine Form bringt, gemeinsam mit dem Regisseur. Seine Tätigkeit ist derjenigen des Interpreten vergleichbar, der versucht, sein Material zu lesen, zu verstehen und dem Zuschauer vor Augen zu führen, was es enthält. Andererseits ist er dem Drehbuchautor vergleichbar, nur daß er mit Filmstücken statt mit Worten seine Geschichte erzählt. Und er erzählt sie nicht vor, sondern nach dem Drehen. Er hat eine Doppelrolle: Autor der Montage, Mechaniker der Montage. Ein Editor im Dokumentarfilm ist in gewisser Weise selbst Filmemacher, ebenso wie der Regisseur. Er bündelt die Kräfte des filmischen Geschehens.

Eine andere Polarität: das Material als zu respektierende Gegebenheit oder als beliebig zu manipulierende Masse – Knete oder Marmorstein. Respekt vor dem Material bedeutet, das Material nicht umzumodeln im Sinne des Autors, allenfalls es auf eine Weise freizulegen und zu arrangieren, daß zum Vorschein kommt, was es von sich aus ist. Der Dokumentarist Klaus Wildenhahn fürchtet, daß das, was er »Kulturfilm« nennt, im dokumentarischen Machen die Überhand gewinnt in dem Sinne, »daß der Regisseur oder Autor doch wieder seinen Stoff beherrscht und ihn schön macht [...] gegenüber dem schmutzigen, etwas verdunkelten, improvisierenden, manchmal dilettantisch aussehenden *cinéma vérité*.«[164] Welche

[164] Klaus Wildenhahn im Gespräch mit Christoph Hübner, in: *Dokumentarisch Arbeiten*, hg. von Gabriele Voss, a.a.O., S. 179.

Strategien gibt es für einen Autor, eher sein Material zum Vorschein zu bringen als sich selbst? Nur wer sich selbst zurücknehmen kann, entdeckt den anderen, schafft den Raum, ihn zu sehen. Man spürt sehr genau, wenn die Willkür des Autors in der Montage die Oberhand gewinnt. Wie ist das mit Worten zu beschreiben? Vielleicht hilft der Vergleich mit dem Kochen: ein gutes Mahl bereiten aus frischen Rohstoffen, wobei man – bei aller Verfeinerung – den ursprünglichen Geschmack der Rohstoffe möglichst erhält.

Wie man die Rolle desjenigen definiert, der schneidet und montiert, hängt wie der Montageprozeß selbst von grundsätzlichen Haltungen gegenüber Film und Wirklichkeit ab.
Zum Beispiel Johan van der Keuken: »Der Film ist eigentlich die Spannung zwischen Freiheit, mit der das Auge oder das Ohr durch die Welt wandert, und dem Willen, sich mit ihr in einem Diskurs darzustellen.«[165] Durch Kadrage, Schnitt und Montage wird die Freiheit des Umherschweifens begrenzt und der Diskurs eröffnet. Zwischen diesen beiden Polen sind die unterschiedlichen Rollenverständnisse möglich. Manchmal ist der Editor im Diskurs mit dem Material allein. Meistens führen Regisseur und Editor den Diskurs gemeinsam. Der Editor findet sich in der Doppelrolle des Handreichenden und des Co-Autors. Ausschließlich Handreichender der Regie zu sein, ist vor allem für die Dokumentarfilmmontage eher die Ausnahme. Im Dokumentarfilm liegt kein Drehbuch vor, das den Gang der Erzählung vorab definiert. Montage im Dokumentarfilm ist in gewisser Weise das Finden des Drehbuchs.

Die von Werner Heisenberg festgestellte Unschärferelation löst bei mir Überlegungen aus, die mit der Quantenphysik im engeren Sinn wahrscheinlich nicht so viel zu tun haben. Die Unschärferelation in meinem Verständnis: wenn die Eigenschaft eines Teilchens bestimmt ist, kann sie nicht gemessen worden sein. Wenn sie gemessen worden ist, kann sie nicht genau bestimmt sein. Denn die Messung beeinflußt die Aussage. Das Ergebnis der Messung enthält Schärfe und Unschärfe zugleich. Was hat das mit dem Autor/Editor zu tun? Das Medium der Beobachtung, das Auge, die Kamera, die Vorstellungen über die Welt beeinflussen das Ergebnis der Beobachtung. Man kann nicht alles zugleich scharf sehen. Selbst wenn etwas scharf erscheint, muß man die Unschärfe dennoch mitdenken. Auch das, was man nicht erfassen kann, was man nicht aufzeichnet, nicht festhält, nicht erzählt im Beobachteten und Dokumentierten, ist anwesend. Das, was man zeigt und zeigen kann, enthält Genauigkeit und Ungenauigkeit zugleich. Das »Beinahe akzentuieren«, wie Johan van der Keuken sagt. Wie stellt man

---

[165] Johan van der Keuken: *Abenteuer eines Auges*, a.a.O., S. 136.

sich zur unausweichlichen Unschärfe als Dokumentarfilmautor/Editor, der etwas von der Wirklichkeit zeigen will? Wirklichkeit ohne Subjekt, außerhalb von demjenigen, der sie sieht und beobachtet, kann nicht beschrieben werden. »Film ist das einzige Mittel, dem Anderen zu zeigen, wie ich ihn sehe«,[166] sagt der Filmemacher Jean Rouch zu seiner Filmarbeit in Afrika. Macht es unter diesen Voraussetzungen überhaupt Sinn zu versuchen, nur dem Sujet, das man zeigt, gerecht zu werden und sich selbst dabei zurückzunehmen?

Was hat es mit der persönlichen Willkür des Editors auf sich? Willkür beschreibt zunächst eine Möglichkeit, nämlich diejenige, grundsätzlich an jeder beliebigen Stelle in ein gegebenes Material einzugreifen. Man schneidet nicht nur mit rationalen Begründungen. Oft entscheiden Intuition und Gefühl. Eine Montage muß dennoch nicht willkürlich sein. Die Übergänge zwischen Willkür und angemessenem Eingriff sind fließend. Es geht um Annäherungen. Thomas Giefer sagt über die Montage: »In der Montage liegt mein Beitrag. Das ist meine Position, meine Leidenschaft, auch meine Opposition gegenüber denen, mit denen ich einen Film gemacht habe und die ich auch dazu benutze, meine Geschichte zu erzählen. Das muß ich ehrlich zugeben.«[167]

Dennoch in der Dokumentarfilm-Montage die Frage nach der eigenen Willkür und nach dem Nicht-Tun stellen. Man kann nicht nichts tun, es sei denn, das Ende einer Einstellung und ihre Position im Ganzen wird schon durch Kameraschnitt und einen vorgegebenen Kontext vorab definiert. Befreiung von der persönlichen Willkür könnte vielleicht heißen: nicht immer entscheiden müssen. Stattdessen: es entscheidet sich.

12.10. 2001: Es gibt einen Zeitpunkt im Montageprozeß, da könnte ich auf die Frage: »Wie weit bist du?« antworten: »Ich habe das Stadium erreicht, wo der Film sich selbst schneidet und montiert. Ich folge den Vorgaben der Geschichten, die Geschichten folgen immer weniger mir.« Man muß die Fundamente legen, aus denen die Geschichten ihr Eigenleben entwickeln und die Maßstäbe für die Entscheidungen hervorgehen.

Der Komponist John Cage versucht der Willkür des Autors und den Konventionen im Aufbau eines Stückes zu entkommen, indem er Sternkarten als Mittel der Komposition verwendet. Cage geht davon aus, daß der Künstler sich in seinen Intentionen nicht frei machen kann von

---

[166] Jean Rouch: »Die Kamera und der Mensch«, in: *Kinemathek* Nr. 56, 6/78, S. 18.
[167] Thomas Giefer im Gespräch mit der Autorin im November 2003.

Klischees, er ist zu sehr von seiner Kultur geprägt. Deshalb arbeitet Cage bei der Komposition mit Zufallsoperationen. Bei den *Etudes Australes* für ein Klavier hat er zum Beispiel einen 3/4 Zoll breiten Klarsichtstreifen über die Sternkarten des *Atlas Australia* gelegt. Die spezielle Breite reduzierte die Anzahl der Sterne. Die von den Sternkarten in das Notenbild übertragenen Noten entsprechen den horizontalen Positionen der Sterne. Mit den auf diese Weise gefundenen Tönen werden die *Etudes Australes* komponiert. John Cage will nicht, daß seine Musik irgendwohin führt. Er versucht, die Töne das sein zu lassen, was sie sind, manchmal einfach Klang und Geräusch, wie sie in einem bestimmten Zeit-Raum kommen und gehen. John Cage komponiert aus seiner Interpretation der Haltung des Zen, indem er ein Feld von Möglichkeiten schafft und akzeptiert, was kommt. Er ist überzeugt: »Alles kann geschehen und alles paßt zusammen. Es gibt kein übriges Leben. Das Leben ist eins. Ohne Anfang, ohne Mitte, ohne Ende.«[168]

Kann man mit den Mitteln des Zufalls auch montieren? Sind am Computer-Schnittplatz Zufallsoperationen leichter möglich als am Filmschneidetisch? Zum Beispiel *timecodes* eingeben ohne Rücksicht auf mögliche Anfänge, Enden, Sinnzusammenhänge. Mathilde Bonnefoy sagt über die Entstehung der Szene des Überfalls in dem Film LOLA RENNT: »Ich habe etwas vorgeschlagen, das mir empfohlen worden war beim ersten Musikvideo, das ich geschnitten habe: Wenn du nicht weiter weißt, nimm das Material, schmeiß' es – es war ja im Computer – in einen virtuellen Topf, schüttele es und wirf es wieder raus. [...] Wir haben aus jeder Einstellung ein paar Bilder genommen [...] und in die *timeline* gezogen, ohne besonders darüber nachzudenken. Dorthin, wo man die graphische Darstellung der Schnittfolge sieht, [...] haben wir diese ganzen kleinen *bits* und *pieces* getan und durcheinandergebracht. [...] Da haben wir dann etwas sehr Spannendes gesehen.«[169] Das Verfahren bezieht sich hier auf kurze Sequenzen, geht das aber auch für große Stücke? Schütteln und ein Material nach dem Zufallsprinzip in eine Reihenfolge bringen? Wenn man dieses Prinzip radikal durchführte, wäre das Endprodukt dann noch anschaubar? Es ergäbe sich möglicherweise eine Bild- und Tonfläche von Punkten und Flecken, eher Sternenhaufen und Milchstraßen vergleichbar. Der Mensch hat die Sterne in Sternbildern zusammengefaßt, um sich bei seinen Navigationen rund um die Welt zu orientieren. Ohne Orientierung, mit einem Himmel ohne Bilder, fand er sich nicht zurecht.

»*To act without force*«, auch eine Haltung, die aus dem Zen kommt. Es scheint mir überall leichter als in der Montage. Jeder Eingriff durch

[168] John Cage: »Vortrag über etwas«, in ders.: *Silence*, Frankfurt/M. 1987, S. 46.
[169] Mathilde Bonnefoy im Gespräch mit der Autorin im November 2003.

Schnitt hat etwas Gewaltsames. Eher nicht schneiden als schneiden. Der Skulpteur. Nur freilegen, was ohnehin vorhanden ist. Das Material hundertfach ausforschen, bevor der erste Schnitt gesetzt wird. Der österreichische Dokumentarfilmer Michael Pilz berichtet über den Bildhauer Karl Prantl, über dessen Arbeit er einen Film gemacht hat: »Karl Prantl hat einmal erzählt, wie er vor vielen Jahren in einem Steinbruch einen wunderschönen Stein gefunden hat. Er hat dann den Hammer genommen, den Meißel angesetzt, hingeschlagen, und dann war ein Eck weg. Und genau das hat dann gefehlt. Er wußte, der Stein hat 60 Millionen Jahre gebraucht, um zu werden, und er hat in seiner Ungeduld nicht lange genug gehorcht, was ihm der Stein erzählt. Er hat hingehauen, und das Eck war weg. Das vergißt er bis heute nicht. Das nur zur persönlichen Willkür.«[170] Helen van Dongen, Schnittmeisterin von Robert Flaherty, sagt: »Es führt in die Irre, wenn man einer Szene seinen Willen oder seine Theorie aufzwingt. Man muß wirklich von Bild zu Bild gehen und sehen, was jedes Bild erzählt.«[171] Oder Karel Reisz: »Das benutzen, was man bekommen hat, anstatt herzustellen, was man will.«[172] Helen van Dongen räumt zwar später ein: »Wenn du Bild für Bild untersuchst, dann hat das, was die Bilder dir sagen, viel mit deinen eigenen Vorstellungen zu tun, weil es die Vorstellungen sind, die bestimmen, was ein Bild dir sagt.« Am Ende ist doch alles subjektiv und vom Autor bestimmt. Weil das so ist, ist es wichtig, genau zu betrachten und zu befragen, was das Material von sich aus erzählt. Helen van Dongen: »Es ist nicht unsere Aufgabe, dem Publikum zu sagen, was wir denken, sondern ihm zu zeigen, was wir in den Szenen entdeckt haben als die Realität. Alles, was wir können, ist, aus den Zuschauern Beobachter zu machen, daß sie sehen, daß sie denken und sich dann ihre eigene Meinung bilden.«[173]

Klaus Wildenhahn sagt über seine späteren Arbeiten: »Die Funktion des dokumentarischen Filmemachens besteht darin, Phänomene in einer persönlichen Art zu registrieren. Es ist ein Stück ehrliche, originäre Suche. Das Stück bleibt sperrig.«

Man kann auch zuviel tun. Glätten. Beate Mainka-Jellinghaus: »Perfektion ist etwas unglaublich Langweiliges.«

Montage – eine in Phasen einsame Arbeit, die jedoch nicht ohne Auseinandersetzung und Reibung mit anderen auskommt. Zuallererst ihrem Gegenstand verpflichtet, verlangt sie Organisation, Disziplin, Ausdauer, Kreisdenken, Rückbezüglichkeit, Respekt vor dem Material

[170] Michael Pilz: »Im Spiegel des Fremden«, in: *Ins Offene – Dokumentarisch Arbeiten 2*, hg. von Gabriele Voss, a.a.O., S. 266.
[171] Helen van Dongen in der Sendereihe ZWISCHEN DEN BILDERN, Teil II, ZDF 1981.
[172] Karel Reisz, zitiert nach dem Film: CINÉMA VÉRITÉ – DEFINING THE MOMENT, Regie: Peter Wintonick, Kanada 1999.
[173] Helen van Dongen, vgl. Fußnote 171.

und dem Detail. Peter Przygodda: »Man muß loyal zum Projekt bleiben. Weniger zum Beabsichtiger als zum Projekt.«[174]

[174] Peter Przygodda im Gespräch mit der Autorin im Mai 2004.

Dazwischen – eine Bemerkung

Was bleibt nun – nach diesem ersten Auf und Ab durch die Windungen der Spirale? Was ist das Ergebnis der vielfältigen Notizen und Betrachtungen? Vielleicht eine Irritation, eine Ratlosigkeit, ein unsicheres Gefühl. Eigentlich hat man nichts in der Hand, das man unmittelbar anwenden kann. Kein Regelwerk zur Montage im Dokumentarfilm, keine Thesen, wie es gehen könnte. Stattdessen eine Fülle von komplementären Betrachtungen, immer wieder das Beinahe und erneute Verschiebungen in einen anderen Blickwinkel. Alles Gesagte bleibt merkwürdig in der Schwebe. Jedesmal, wenn man etwas fassen will, entzieht es sich, ein Gegenargument stellt sich sofort ein, Anderes gerät in die Unschärfe, das eigentlich mit der gleichen Schärfe zu betrachten wäre. Es ging darum, den Montageprozeß nicht nur als handwerkliche Arbeit, sondern in seinen Voraussetzungen zu beschreiben. Dabei weiß ich, daß sich kein direkter Weg von den allgemeinen Voraussetzungen und Hintergründen der Montage zum einzelnen Ergebnis zeigen läßt, es sei denn, man betrachtet das Entstehen eines einzelnen Films. Aus allem, was ich mir zu entscheidenden Fragen der Gestaltung notiert habe, geht hervor, daß es kein Regelwerk geben kann, das auf alles paßt und in jedem Fall anzuwenden ist. So wie die Spirale in ihren Windungen um ein Zentrum kreist, das sie nicht berührt, so kreisen auch die Überlegungen zur Montage um einen Kern, der sich letztlich nicht enthüllt – den schöperischen Akt.

Mit weiter offenen, ungelösten Fragen kehrt man also in das Dunkel des Schneideraums zurück. Lösungen können nur in der konkreten Arbeit gefunden werden, von jedem einzelnen anders, je nach persönlicher Haltung, handwerklicher Fähigkeit und Eigenart des einzelnen Projekts. Bei jedem Projekt fängt man wieder von vorne an, mit aller Erfahrung und Kenntnis, die man nach und nach gesammelt hat. Kenntnis und Erfahrung sind der Humus, der die Intuition bereichert und bei einzelnen Entscheidungen immer wieder fruchtbar wird. Nur wenn man die in den vorausgegangenen Kapiteln beschriebenen Paradoxien bestehen läßt, bleiben die Dinge für mich in Bewegung.

Deshalb ist es für mich auch folgerichtig, mit den offenen Fragen in das Gespräch mit anderen zu gehen. Noch einmal auf- und absteigen in den Windungen der Spirale, dabei einzelne Aspekte noch genauer beleuchten – das Wahrnehmen, das Erzählen und den praktischen Montageprozeß im Detail –, um dann am Ende, mit nochmals erweitertem Horizont, wieder allein vor den Fragen der filmischen Gestaltung zu stehen.

DAS SEHEN VERARBEITEN
Wolf Singer im Gespräch

Max-Planck-Institut für Hirnforschung, Frankfurt/M. Ein Labor, Computer, Petrischalen, heute wird hier nicht gearbeitet. Der Ort bietet sich an für ein ungestörtes Gespräch mit dem Hirnforscher und Direktor des Instituts, Professor Wolf Singer.

Gabriele Voss: Ich möchte mit Ihnen über die Frage sprechen, was Montage mit Hirntätigkeit zu tun hat?
Wolf Singer: Da müssen Sie mir aber sagen, wieso Sie meinen, daß das etwas miteinander zu tun hat. Ich sehe es nicht.
Beim Filmemachen haben wir das Gefühl, das, was auf der Leinwand zu sehen ist, sei ein Stück Wirklichkeit. Es ist das, was wir gesehen haben. Ist es das? Was passiert beim Prozeß des Sehens?
Das Interessante ist, daß uns der Kameramann, dann die Cutterin und auch der Regisseur die Arbeit abnimmt, die selektive Aufmerksamkeit auf das zu richten, was uns im Moment interessiert. Die legen fest, worauf man zu schauen hat, im Fernsehen noch um vieles mehr als bei der großen Kinoleinwand. Und das macht, glaube ich, einen großen Unterschied.
Gegenüber dem Sehen mit dem bloßen Auge?
Gegenüber dem spontanen Explorieren der Welt. Normalerweise bin ich es, der sich aussucht, wo er hinschauen will, und was er zur Kenntnis nehmen will aus dem vielen, was geschieht. Beim Fernsehen ist der Bildschirm gerade so groß wie das Zentrum meiner Aufmerksamkeit, und was darauf zu sehen ist, habe ich nicht festgelegt. Das hat jemand anders für mich entschieden. Ich kann dem nur folgen. Und das macht natürlich hinsichtlich der Aufmerksamkeitsbelastung, die man hat, einen Unterschied. Bei Breitwandfilmen mag es anders sein, weil man da, wenn man ziemlich weit vorn sitzt im Kino, noch auf der Leinwand spazierengehen und mal dieses, mal jenes explorieren kann. Aber auch da ist man natürlich versklavt durch die Art, wie geschnitten wird. Die normale Welt ist kontinuierlich, die Welt des geschnittenen Films ist diskontinuierlich. Sie werden plötzlich in eine völlig andere Landschaft versetzt und müssen dem dann folgen. Das ist in hohem Maße artifiziell.
Ist das etwas, was in unserem täglichen Sehen ohne Kamera nicht passiert? Ist das Sehen kontinuierlich?
Im täglichen Leben haben Sie als Betrachter die Initiative. Sie wählen aus, was Sie sehen wollen, richten Ihre Augen darauf. Man macht in der Regel viermal in der Sekunde eine Augensuchbewegung und setzt sich

auf diese Weise eine Szene zusammen. Dazu sollte man auch wissen, daß der Bereich, in dem man wirklich scharf sieht, nur etwa so groß ist wie ein Fünfmarkstück in einem Meter Entfernung. Alles andere weiter in der Peripherie ist schon sehr unscharf. Wenn Sie mal in einem Meter Abstand rechts oder links von der Mittellinie Ihre Hand hochheben und zwei Finger ausstrecken, können Sie die Finger schon nicht mehr zählen. Trotzdem haben wir aber den Eindruck, daß die Welt um uns herum überall so scharf und konturiert ist, wie wir sie an der Stelle des schärfsten Sehens wahrnehmen. Es ist aber nicht so. Sondern alles, was jetzt um mich herum ist, habe ich in meinem Gedächtnis, das synthetisiere ich, weil ich weiß, wie es ausschauen muß, und weil ich es vielleicht vorher mit Suchbewegungen abgetastet habe und dadurch die Gedächtnisinhalte auffrische. Im normalen Sehakt tastet man alle zweihundert Millisekunden, also etwa viermal in der Sekunde, die Sehwelt mit den Augen ab, und die Entscheidung darüber, was ich jetzt als nächstes abtasten werde, liegt ausschließlich bei mir. Und wenn ich größere Bereiche abtasten will, dann muß ich auch noch den Kopf dazu bewegen, und meistens mache ich beides. Ich drehe erst die Augen und folge dann mit dem Kopf nach, damit ich wieder in Nullstellung bin. Das sind Aufgaben und Funktionen, die einem im filmischen Medium und in ganz besonders hohem Maße beim Fernsehen, wo die Bildschirme räumlich sehr begrenzt sind, abgenommen werden vom Kameramann, vom Regisseur und von der Cutterin. Es wird festgelegt, was ich anzuschauen habe, das kann ich mir nicht mehr selbst aussuchen. Ich kann wegschauen vom Fernseher, aber dann verliere ich den narrativen Zusammenhang. Außerdem wird durch die Schnitte die kontinuierliche Welt zerhackt, weil es keine Einheit von Ort und Zeit mehr gibt. Normalerweise weiß ich, daß ich kontinuierlich auf den Gang kommen werde, wenn ich mich jetzt aus dem Raum entferne. Und ich weiß auch, wie weit ich gehen muß, bis ich aus dem Institut heraus bin. Wenn das im Film gezeigt wird, dann sieht man die Bezugsperson zur Tür hinausgehen, und im nächsten Moment kommt sie unten zum Haupteingang heraus. Harter Schnitt. Ich kann das dann kognitiv bewältigen, kann mir das zurechtreimen, aber das ist etwas, was im normalen Wahrnehmungsvorgang niemals vorkommen würde. Und das gleiche gilt für Rückblenden, wo man plötzlich in eine ganz andere Zeit versetzt wird. Die Einheit von Ort und Zeit, die in der normalen, natürlichen Wahrnehmung gewahrt wird, wird dort bewußt aufgelöst und als Stilmittel eingesetzt. Das hat natürlich Konsequenzen für den Betrachter. Und diese schnellen Schnittfolgen, die man im Fernsehen seit geraumer Zeit kennt, heben zwar das Erregungsniveau an, sie sind wahrscheinlich aber nicht besonders angepaßt an die kognitiven Leistungen von Gehirnen. Vor allem in Sendungen für Jugendliche wendet man solche Schnittechniken an, man will sie an den Fernsehschirm fesseln, und das regt auf, regt an. Deshalb sehe ich es ein bißchen mit Sorge, wenn in so rascher Folge von außen vorgegeben wird, was ich jeweils zu verarbeiten habe. Früher war das anders, da gab es eine Kameraeinstellung, die blieb fünf Minuten fest, und die Welt im Bild hat sich entwickelt. Jetzt hat man fast das Gefühl, es würden *snapshots*, also Blitzlichtaufnahmen, aus einer stationären Welt gemacht, und die Bewegung wird dadurch ersetzt, daß der Kameramann hin- und herspringt. Ursache und Wirkung verkehren sich in dem Fall.

Dazu wird oft gesagt, das Wahrnehmungsvermögen habe sich verändert, man könne heute schneller sehen und schneller auffassen.

Das mag zutreffen. Ich weiß aber von Untersuchungen in den Vereinigten Staaten – wobei ich jetzt nicht sagen kann, wie valide die sind, aber mir erscheint das durchaus plausibel –, daß Kinder, die viel Fernseherfahrung haben und vor allen Dingen Erfahrungen mit diesen schnellen Schnitten, daß die mit der Zeit Schwierigkeiten bekommen, ihre Aufmerksamkeitsspanne lang genug aufrechtzuerhalten. Wenn die konfrontiert werden mit Problemen, wo man über eine halbe Minute oder eine Minute seine Aufmerksamkeitsspanne konzentriert auf das gleiche Objekt fixieren muß, wie zum Beispiel beim Lesen eines langen Satzes von Thomas Mann, der sich über eine halbe Seite erstrecken kann, dann verlieren sie den Anfang, bevor sie das Ende erreicht haben, und dann zerfällt der semantische Kontext. Es kann schon sein, daß die schneller sind. Man behauptet ja auch, daß durch das Videospielen die Reaktionszeiten verbessert werden und peripheres Sehen verbessert wird. Ich weiß bloß nicht, was der Preis dafür ist.

Sie sagten eben, das macht Ihnen etwas Sorge – was ist Ihre Sorge dabei?

Wenn einem durch mediale Manipulationen abgenommen wird, daß man seine Aufmerksamkeit und das, was man zu einem bestimmten Zeitpunkt wahrnehmen möchte, selbst kontrolliert, und wenn einem dann auch noch die Zeit genommen wird, das, was man sieht, wirklich zu verarbeiten, indem diese schnellen Schnitte kommen, dann ist meine Sorge, daß man sich an Wahrnehmungsstrategien gewöhnt, die vielleicht dafür geeignet sind, Videoclips zu sehen, die aber für die Wahrnehmung und Verarbeitung von Anspruchsvollerem nicht mehr taugen.

Was würde das heißen: sehen verarbeiten?

Sie müssen, wenn Sie einen selbstkontrollierten Sehprozeß strukturieren, aus dieser riesigen Fülle von wahrnehmbaren Inhalten eine Auswahl treffen. Das tun Sie auf Grund Ihrer Neigungen, Ihrer Aufmerksamkeit. Die Teilbilder müssen Sie dann zu einem Gesamteindruck synthetisieren, und das braucht Zeit. Dafür muß das Gehirn Arbeit aufbringen, Sie müssen in Ihren Speichern nachsuchen, Sie müssen das Gesehene mit dem Gewußten in Deckung bringen. Das alles können Sie nicht mehr so tun, wenn Ihnen eine Welt vorgemacht wird, die sich ständig verändert und entwickelt und die Einheit von Zeit und Ort nicht mehr respektiert. Das ist ein Stilmittel, das man einsetzen kann, um ganz bestimmte Wahrnehmungseffekte und auch emotionale Effekte zu erzeugen. Wenn es aber eingesetzt wird als Methode, um das Erregungsniveau ganz hoch zu halten, weil es zunächst Spaß macht und dann auch ein bißchen süchtig, dann erfüllt das nicht mehr die ursprünglich künstlerische Funktion als Stilmittel, sondern es wird ein Stück Droge.

Ich habe gelesen – ich weiß gar nicht, ob man das so festlegen kann –, die durchschnittliche Verweildauer vor einem Bild im Museum dauere zwölf bis 15 Sekunden. Gibt es eine bestimmte Zeit, die man braucht, um etwas Gesehenes zu verarbeiten?

Das richtet sich natürlich sehr nach der Komplexität dessen, was man sieht und was man damit machen will. Wenn Sie vor einem suprematistischen Bild stehen, das aus einem schwarzen Quadrat besteht, und Sie sich da nicht weiter Gedanken machen wollen, warum das überhaupt an der Wand hängt und ob das Kunst ist und warum die das gemacht haben, dann haben Sie das Bild natürlich in einer Sekunde analysiert und hinfort wissen Sie, da hängt ein schwarzes Quadrat. Aber wenn Sie vor einem 2x2-Meter-Bild von Rubens stehen – man kann auch moderne nehmen, Richter zum Beispiel –, dann müssen Sie darin gründlich herumsuchen, bevor Sie das wirklich bearbeitet haben. Wenn Sie dann noch anfangen müssen, semantische Bezüge zu entdecken, die ja in der Renaissance-Malerei in hohem Maße in die Bilder hineingelegt wurden – zum Beispiel symbolische Verweise, daß ein Finger auf irgend etwas zeigt, und man dann wissen muß, worauf er zeigt und was das bedeutet –, dann schafft man das nicht in 15 Sekunden. Ich glaube auch nicht, daß die mittlere Verweildauer vor einem Bild in Museen 15 Sekunden beträgt, das erscheint mir abenteuerlich kurz.

Wir haben ähnliches auch mal erlebt bei einem Schnitt im Fernsehen, da fragte die Cutterin: »Womit fängt der Film an?« Ich habe geantwortet: »Mit einer Totale.« Dann fing sie an zu tippen und ich fragte: »Was tippen Sie da?« »Ja, sechs Sekunden«, antwortete sie. »Wieso sechs Sekunden?« »Ja, wir haben eine Totale, länger braucht der Zuschauer nicht, um eine Landschaftstotale zu sehen.«

Das ist doch eine absurde Feststellung. Das ist vielleicht die Minimalzeit, die ich brauche, um hinterher anzugeben, daß es sich um eine Gebirgslandschaft gehandelt hat, die verschneit war und so ein paar Sachen. Aber Sie können eine halbe Stunde damit zubringen, eine Totale wirklich zu Ende zu betrachten. Und die wirklich guten Filme zeichnen sich auch dadurch aus, daß sie langsam sind. Zumindest langsam sein können, dort, wo es gewünscht ist. Ich glaube nicht, daß man in 15 Sekunden die ganze emotionale Tiefe ausschöpfen kann, die möglich ist, wenn man ein stark emotionalisiertes Bild hat, das man sich langsam zueignen muß. Ich glaube, es hängt sehr von der Komplexität des Bildes ab und dann davon, was man will. Wenn es nur darauf ankommt zu signalisieren: »Jetzt ist James Bond im Gebirge und es schneit«, dann reichen wahrscheinlich sechs Sekunden. Wenn ich aber mehr damit anfangen will, dann reichen die sechs Sekunden sicher nicht aus.

Sie sagten eben, in der Alltagswahrnehmung habe man die Freiheit zu entscheiden, was man sich anschauen möchte, man könne seine Aufmerksamkeit lenken. Ist man wirklich so frei, oder gibt es bestimmte Dinge, die die Aufmerksamkeit auf jeden Fall auf sich ziehen?

Natürlich werden zunächst Objekte im Blickfeld die Aufmerksamkeit auf sich ziehen, die auffällig sind, die zum Beispiel einen besonders hohen Kontrast haben oder eine abweichende Farbe, die sich in unerwarteter Weise plötzlich schnell bewegen oder von denen zusätzlich noch ein Geräusch ausgeht. Man ist also von außen gelenkt und hat die Tendenz, die auffälligsten Reize, die zur stärksten neuronalen Erregung in der Peripherie führen, zunächst mal anzuschauen. Das ist sicher evolutionär gut begründbar, weil von da aus meistens auch Gefahr ausgeht. Ich tue gut dran, wenn sich plötzlich irgendwo draußen etwas bewegt, schnell dahinzuschauen. Die Gesichtsfeldperipherie ist sehr bewegungsempfindlich, und wenn ich jemanden ablenken will, muß ich nur mit dem Finger schnipsen. So holt man auch den Kellner her, möglichst mit Geräusch und einer schnellen Bewegung, dann ist die Wahrscheinlichkeit sehr groß, daß seine Aufmerksamkeit angezogen wird. Insofern wird man von außen schon mitbestimmt, auch bei der selbstbestimmten Auswahl.

Und dann gibt es natürlich interne Bedürfnisse. Das können ganz elementare Bedürfnisse sein. Wenn ich sehr hungrig bin und durch die Straßen gehe, dann werde ich erst mal meinen Geruchssinn auf Bratenduft ausrichten, und ich werde natürlich auch mit meinen Augen suchen nach Bäckerläden, Metzgerläden und Essen verheißenden Orten. Etwas ganz anderes ist es, wenn ich unterwegs bin und für meine Partnerin ein Parfüm suche, dann habe ich ein ganz anderes Suchprofil und sehe auch anderes, weil ich die Aufmerksamkeit anders lenke. Es wird also von beiden Seiten beeinflußt. Und bei einer gegebenen Szene muß ich natürlich dafür sorgen, daß ich in möglichst kurzer Zeit alles Relevante erfasse.

Man kann das sehr schön sehen, wenn man Augenbewegungen mißt, während jemand eine Szene erforscht. In unserem Fall würde das so sein, daß ich mich auf jeden Fall zunächst einmal mehr mit den Gesichtern beschäftige, und darin gibt es wieder Fixpunkte. Man schaut erst in die Augen, scannt den Mund ab, dann kommt man an die Nase, und dann irgendwann interessiert einen der Rest, dann erlaubt man sich mal einen Ausflug auf den Körper und die Kleidung. Es gibt auch pathologische Abweichungen, autistische Persönlichkeiten zum Beispiel, die vernachlässigen das Betrachten von Gesichtern. Die schauen sich alle möglichen Objekte im Raum an und kommen dann nur ganz zufällig mal auf ein Gesicht. Verweilen da auch nur kurz und gehen dann wieder woandershin.

Dieser Reihenfolge liegt eine Art Bewertung zugrunde – warum zuerst das Gesicht?

Das Gesicht ist für uns Primaten ein ganz besonders starker Auslöser. Es gibt spezielle Zentren im Gehirn, die sich vorwiegend mit der Analyse von Gesichtern befassen. Wenn die zerstört sind, was bei bestimmten Krankheitsbildern vorkommt, dann wird man gesichtsausdrucksblind. Dann kann man zwar noch sagen: »Das ist ein Gesicht«, aber man kann es nicht weiter assoziieren mit der Person, die damit zusammenhängt. Gesichter sind auch für unsere nächsten Nachbarn, für die Affen, also für die nichtmenschlichen Primaten sehr starke Auslöser. Für sozial sehr aktive Spezies ist das Gesicht einfach wichtig, weil man daraus sehen kann, wie der andere gestimmt ist. Und aus der Blickrichtung kann man auch entnehmen, ob man gerade selbst gemeint ist oder irgendetwas anderes. Deshalb ist es sehr wichtig, zunächst die Gesichter anzuschauen, dann kann man sich mit dem Rest beschäftigen.

Gibt es eine weitere Hierarchie in der Abfolge der Aufmerksamkeit?

Ja, was sich bewegt, ist immer besonders attraktiv. Vermutlich, weil das ein Beutetier sein kann, aber auch ein sich bewegender Feind. Bewegung zieht die Aufmerksamkeit am meisten auf sich. Dann natürlich auch alles, was sich in der Zeit schnell verändert, zum Beispiel Flickerlicht, da wird auch die Aufmerksamkeit sofort hingezogen. Während Stationäres weniger die Aufmerksamkeit auf sich lenkt, es sei denn, es sind dort sehr hohe Farb- oder Helligkeitskontraste, dann guckt man da auch zunächst einmal hin. Alles, was einem auffällig vorkommt, zieht die Aufmerksamkeit an. Da stimmt die subjektive Beurteilung ziemlich gut überein mit dem, was das Nervensystem macht.

Hat das einen bestimmten Grund, daß wir das machen?

Man will natürlich nicht übersehen, was wichtig ist. Unser Sehsystem hat sich nicht entwickelt, um Bilder im Museum anzugucken, sondern um uns in einer sich ständig verändernden Welt, die voller Feinde ist, zu schützen. Und uns andererseits bei der Suche von Nahrung und Partnern zu helfen, die unsere Fortpflanzung sichern. Dazu muß das Sehsystem ganz bestimmte Eigenschaften haben.

Hat es die von Anfang an?

Die hat es evolutionär aufgeprägt bekommen. Wahrnehmen ist in hohem Maße ein konstruktivistischer Prozeß mit einem unglaublichen Fundus an Vorwissen, der zum Teil angeboren ist. Das ist im Lauf der Evolution als optimierte Hirnstruktur entwickelt worden und jeweils in die Gene gekommen und wird dann, wenn jemand geboren wird, neu exprimiert. Wir kommen also alle mit den gleichen Sehleistungen und Vorerwartungen auf die Welt und nutzen dieses Wissen dann, um die Welt in Objekte einzuteilen. Das ist eine unglaubliche Leistung. Man muß sich vorstellen, daß es auf der Netzhaut nur eine zweidimensionale Helligkeitsverteilung gibt. Mehr ist da nicht. Die wird vom Gehirn analysiert, und daraus werden dann Objekte konstituiert. Es wird entschieden, was Objekt und was Hintergrund ist. Und das erfolgt nach sehr ausgefeilten Regeln, die zum großen Teil angeboren sind. Weshalb wir alle die Tendenz haben, die Welt auf die gleiche Weise zu segmentieren. Wir wissen schon, wenn wir auf die Welt kommen, wie ein Objekt zu sein hat: geschlossen, symmetrisch, gut in der Form, und wenn es sich bewegt, bewegt es sich kohärent. Das sind alles Vorgaben. Wir wissen auch, daß etwas, das weiter weg ist, auf der Netzhaut kleinere Bilder erzeugt, und unterliegen deshalb nicht dem Fehlurteil, daß wir sagen, wenn ein Mensch ganz weit weg ist: »Das ist aber ein Kleiner!« Wir wissen, der hat die normale Größe, der sieht nur deshalb kleiner aus, weil er weiter weg ist. Das sind alles Berechnungen, die wir anstellen, ohne daß wir uns dessen jeweils bewußt werden. Sie könnten keinen Film zeigen, wenn diese kognitiven Vorerwartungen, dieses Vorwissen, nicht schon im Betrachter vorhanden wären, der aus dem, was Sie ihm zeigen – das ist ja auch nur ein zweidimensionales Geflimmer von Helligkeitswerten –, Strukturen extrahieren kann.

Sie haben geschrieben: Sehen muß man lernen. Was muß man dann lernen?

Na ja, vieles ist angeboren, aber das Sehsystem entwickelt sich dann genauso wie der Rest des Gehirns. Noch von der Geburt an bis zum zwanzigsten Lebensjahr etwa werden neue Verbindungen geknüpft und ausgewählt. Und um das System wirklich optimal funktionieren zu lassen, ist es notwendig, daß es sich selbst an der Wirklichkeit übend optimiert. Es werden noch nach der Geburt viele Verschaltungen verändert und den realen Gegebenheiten angepaßt. Und wenn man diesen Optimierungsprozeß behindert, indem man zum Beispiel – im Tierversuch kann man das machen – Tiere 14 Tage im Dunklen läßt, dann sieht man, daß dieser Entwicklungsprozeß nicht richtig ablaufen kann. Der kann dann nachgeholt werden, wenn man rechtzeitig wieder Kontursehen ermöglicht. Man kennt es auch beim Menschen, wenn kleine Kinder mit getrübten Hornhäuten auf die Welt kommen, so daß sie angelegte Funktionen des Sehsystems nicht ausprobieren und optimieren können. Dann zerstört der Entwicklungsprozeß, weil er keine Bestätigung für den Erhalt von Verbindungen durch funktionelle Validierung bekommt, schon vorhandene Verbindungen wieder, schmilzt sie ein, vernichtet sie. Die Verbindungen wachsen nicht wieder nach. Wenn man erst im Alter von sechs, sieben Jahren operiert und die Hornhäute wieder durchsichtig macht oder die Linsen austauscht, dann bleibt das Kind funktionell blind, obwohl die Augen funktionieren, weil in der Hirnrinde die Verschaltung so gestört und so stark abgebaut worden ist, daß normale Sehfunktionen nicht mehr erbracht werden können.

Sie sagten eben, wahrnehmen sei ein konstruktivistischer Prozeß. Können Sie das noch ein bißchen genauer beschreiben?

Ich habe schon vorhin gesagt, wie wenig wir in Wirklichkeit scharf sehen. Und trotzdem haben wir den Eindruck, in einer geschlossenen, scharf abgebildeten Welt zu sitzen oder uns zu bewegen. Das ist alles Synthese aus Vorwissen, wir merken das bloß nicht. Und genauso gibt es eine Fülle von Regeln, die vorgeben, was wir zusammenfassen müssen, was möglicherweise ein Objekt ist, wie wir diese Helligkeitsverteilungen interpretieren müssen. Das sind sogenannte Gestaltregeln, eine ganz lange Liste, die sind durch feste Verdrahtungen im Gehirn etabliert. Auf der Basis dieser Regeln interpretieren wir die Signale, die wir bekommen. Und wir wissen alle, daß es auch die Möglichkeit gibt, das System an der Nase herumzuführen und Illusionen zu induzieren, indem man ausnutzt, daß diese Regeln existieren, und unter Ausnutzung dieser Regeln dann Welten konstruiert, die vollkommen unmöglich sind, wie Mauritz C. Escher das virtuos gemacht hat. Der spielt mit diesen Gestaltregeln und führt das System dadurch in die Irre. Das tun Künstler natürlich besonders gern, weil das eine seltsame Erfahrung der Unwirklichkeit erzeugt.

Es gibt auch im Film Konstruktionen, Zeitreisen zum Beispiel, mit der Vorstellung, man könne in eine fremde Welt kommen, die man wie zum ersten Mal sieht. Nach dem, was Sie ausführen, kann es das in der Form eigentlich gar nicht geben.

Wenn Sie irgendetwas mit Computergraphik konstruieren, was noch nie gesehen wurde, dann fängt das Gehirn an, seinem Gestaltdruck folgend, auch daraus Formen, Objekte oder so etwas zu extrahieren. Das sind dann halt Objekte, die noch nie gesehen worden sind. Man kann natürlich auch Bewegungseffekte vortäuschen, wie das in den Imax-Kinos passiert, wo das gesamte Gesichtsfeld ausgefüllt wird. Wenn sich dort etwas kohärent bewegt, hat man das Gefühl, daß man sich selbst bewegt. In der Regel, d.h. wenn die Welt sich insgesamt kohärent bewegt, tritt das nur dann auf, wenn man sich selbst bewegt. Der andere Fall ist extrem unwahrscheinlich. Dann gibt es diese subjektiven Bewegungstäuschungen, die man auch hat, wenn der Zug auf dem Gegengleis losfährt und man meint, man fahre selbst. Auch das sind angeborene, zum Teil in der frühen Entwicklung gelernte kognitive Leistungen, mit denen man spielen kann. Und mit Zeitreisen, na ja, ich weiß nicht, ob das so gut geht.

Bei Science-fiction-Filmen, die Zukunftswelten entwerfen, hat man oft das Gefühl, daß sie unsere Welt entwerfen, nur in einem anderen

Kostüm. Kann man sich das wirklich Neue oder ganz andere oder das noch nie Gesehene überhaupt ausdenken?

Das Unvorstellbare kann man sich wahrscheinlich nicht ausdenken. Versuchen Sie mal, einen vieldimensionalen Raum zu erzeugen – mathematisch kann man ihn berechnen, man kann hochdimensionale Vektorräume erzeugen, aber vorstellbar sind die nicht, und darstellbar sind sie auch nicht. Wir können sie nicht in mehr als drei Dimensionen darstellen. Sie können sie noch bewegen, dann haben Sie vier Dimensionen. Mehr geht nicht. Aber zumindest auf dem Papier können mehr Dimensionen existieren. Wir sind bloß nicht dafür gebaut, uns das vorzustellen.

Man glaubt, daß das, was man sieht, die Welt ist, wie sie ist. Es ist aber, nach dem, was Sie sagen, die Welt, wie wir in der Lage sind, sie zu sehen.

Ja, die von uns konstruierte Welt.

Was wäre für Sie in dem Zusammenhang ein Dokument?

Nachdem wir alle ungefähr genetisch gleich ausgestattet sind und alle ungefähr den gleichen Objektbegriff haben, die gleichen Kategorien, vergleichbare Farbwahrnehmung, nehmen wir die Welt offenbar so vergleichbar wahr, daß wir uns darüber verbal verständigen können. Wir brauchen uns nicht lange streiten, um zu wissen, daß eine Rose rot ist. Wenn nicht gerade ein Farbenblinder dabei ist, der würde widersprechen oder gar nicht genau wissen, was eigentlich rot ist. Aber wir sind einander doch so ähnlich, daß wir uns über die meisten kognitiven Kategorien verständigen können. Sonst würde ein Film von jedem völlig anders gesehen werden.

Also könnten wir auch sagen: Das, was wir in einem photographischen Abbild sehen, also nicht in einem inszenierten Raum, zeigt uns ein Stück Wirklichkeit. Der Apparat registriert alles.

Eine Kamera macht nichts anderes als ein Auge auch: Sie reduziert eine dreidimenionale Szene auf eine zweidimensionale Helligkeitsverteilung. Und weil wir nun zwei Augen haben, können wir aus den relativen Bildverschiebungen wieder die Tiefe zurückrechnen, und wir nutzen Schatten und alle möglichen *cues* aus, um aus diesen zweidimensionalen Abbildern wieder dreidimensionale Objekte zu rekonstruieren. Die Kamera ist eigentlich nur eine Replikation dessen, was ein Auge macht – wobei ich sagen muß: nur der optische Teil des Auges, denn auf der Netzhaut erfolgen schon ganz viele Verrechnungsschritte, die in der Kamera natürlich nicht passieren. Wenn ich auf ein von der Kamera gemachtes Bild blicke, ist das nicht anders, als wenn ich mit einem Auge blicke. Ich sehe dann ein sehr viel flächigeres Bild, als wenn ich es mit zwei Augen betrachte. Deshalb funktioniert auch die trompe l'œil-Malerei, in der durch geschicktes Anordnen von Schatten, Überschneidungen, Überlappungen, Verkleinerungen und Paralaxen-Effekten Dreidimensionalität so stark suggeriert wird, daß man in einer Galerie auch gelegentlich mal versucht, hinzulangen und das Ding zu nehmen. Und dann merkt man: Es ist nur zweidimensional.

Gilt das, was wir bis hierhin gesagt haben, auch für das Hören?

Im Prinzip gelten überall die gleichen Regeln, weil die Verarbeitungsprozesse im Wesentlichen von der Großhirnrinde geleistet werden, und diese ist in allen Modalitäten nach den gleichen Prinzipien organisiert. Sie müssen auch beim Decodieren von Sprache Objekte identifizieren, Sie müssen Phoneme herausschneiden, das sind nur die Teilobjekte, dann müssen Sie die zu Worten zusammenfassen und in grammatische Bezüge setzen. Also vom Prinzip her ist es das gleiche. Wenn viele durcheinander reden, müssen Sie sich mit fokussierter Aufmerksamkeit auf einen Sprecher konzentrieren. Sie müssen also die Figur vom Hintergrund lösen, und das erfolgt nach ganz ähnlichen Prinzipien wie im Sehsystem auch.

Wenn ich vor dem Filmmaterial sitze und nicht beim Drehen dabei war, dann habe ich gerade bei dokumentarischem Material oft das Gefühl, daß ich ein relativ chaotisches, breit gefächertes Material habe. Darin muß ich eine gewisse Ordnung und Struktur suchen, um zu erzählen. Nun gibt es aber unheimlich viele, schöne Einzelmomente in dem Material, die vielleicht von der Erzählung ablenken, und so entsteht oft die Frage: Wieviel Ordnung braucht der Zuschauer, um dem Film noch zu folgen? Wieviel von dem Chaos, von der Vielfalt kann ich ihm zumuten, ohne daß er aus dem Kino herausgeht? Kann man auf so eine Frage überhaupt etwas Grundsätzliches sagen?

Ich glaube nicht, ich jedenfalls kann es nicht. Ich nehme an, daß es Medientheoretiker gibt, die darauf Antworten geben. Ich kann mir auch vorstellen, daß es untersucht worden ist. Ich wüßte nicht – wenn man überhaupt keinen roten Faden finden kann? Das wird selten der Fall sein, weil der Gestaltdruck der Seele so groß ist. Wenn Sie an John Cage denken, der konfrontiert Sie mit Zufallsreihen, und Sie machen trotzdem Gestalten daraus, weil das Gehirn so gebaut ist, daß es um jeden Preis versucht, Objekte, Kontinuität, Kohärenz und etwas Narratives hinzubekommen. Es ist ständig damit befaßt, aus der Unordnung Ordnung zu machen. Natürlich, wenn es zuviel wird, dann überfordern Sie wahrscheinlich Ihre Betrachter. Und wenn es zu simpel ist und einfach nur der zeitlichen Abfolge folgt, dann wird es langweilig. Wenn einem dann auch noch der Spaß abgenommen wird, mit der eigenen Aufmerksamkeit und Initiative die Szene zu erforschen, weil das schon der Kameramann gemacht hat, dann läuft man einfach nur die ganze Zeit hinter jemandem her. Ich denke, zwischen dem 1:1-Abbilden dessen, was ich erfahren würde, wenn ich selbst etwas erforsche, nur daß man mich nicht läßt, was ein Extrem wäre, und dann diesem schnellen Schneiden von zeitlich und räumlich überhaupt nicht kohärenten Einstellungen – irgendwo dazwischen muß das Optimum liegen, das angenehm ist und mich im Kino hält.

Es gibt auch Leute in unserer Branche, die sagen: »Es gibt bestimmte Erzählmuster, die anthropologisch angelegt sind. Weil jeder etwas darin wiedererkennt, funktionieren diese Erzählmuster weltweit auch so gut.« Gibt es in der Wahrnehmung so etwas wie rote Fäden, Erzählmuster oder sonstige Muster, nach denen etwas verarbeitet wird?

Das sind so hohe kognitive Leistungen, daß die im Augenblick vermutlich nicht untersucht werden. Wir sind noch viel zu sehr mit den einfacheren Funktionen beschäftigt, die sich nicht in so großen Zeitspannen ausdehnen. Da muß man ja Klammern machen über Stunden vielleicht. Da bin ich überfragt. Sicher wird es so etwas geben. Wenn man Modelle von der Welt erstellen will, gibt es bestimmt optimierte Zeitkonstanten, wie lange ich etwas exploriere und wie ich die nacheinander explorierten Realitäten miteinander verknüpfe, um ein Narrativ daraus zu machen. Das Gehirn muß das tun, damit es Voraussagen machen kann.

Schönberg hat bei der Auflösung der tonalen Struktur festgestellt, daß die Strukturlosigkeit dem Zuschauer nur in kürzeren Stücken zumutbar ist. Je länger so ein Stück wird, desto größere Schwierigkeiten hat man beim Zuhören. Er kam zu dem Schluß, daß man für längere Stücke eine gewisse Struktur haben muß, die man beim Hören auch erkennen kann. Sonst geht die Aufmerksamkeit verloren.

Ja, wenn man überhaupt nichts daraus machen kann, dann wird das wie weißes Rauschen. Es wird langweilig, wenn man keine Gestalt entdecken kann.

Gestalt ist also ganz wesentlich?

Na ja, deshalb heißen diese Regeln ja auch Gestaltregeln, und die Leute, die sie aufgestellt haben, heißen Gestaltpsychologen. Sie haben nach den Gesetzmäßigkeiten gesucht, die wir anwenden, um aus dem Durcheinander im Schallbereich oder im Sehbereich das Isolieren von Objekten, das Entdecken von Gestalten, das Konstruieren von Mustern vornehmen zu können. Das läuft in allen Sinnessystemen nach ganz bestimmten Regeln ab, die ähnlich sind: Geschlossenheit, Symmetrie, Regelmäßigkeit, gute Fortsetzung, auch ästhetische Kriterien, eine gute Form.

Goldener Schnitt?

Das ist schon wieder etwas Abstrakteres, wo der herkommt, weiß ich nicht, aber auch das scheint eine Konstante zu sein.

Man sagt, wenn ein Gesicht als schön und wohlproportioniert empfunden wird, liegt dem meistens der Goldene Schnitt zugrunde.

Aha. Es gibt eine Studie über die Beurteilung schöner Gesichter durch zwei verschiedene Ethnien, das waren Menschen aus dem Kaukasus und Westeuropäer. Es kommt heraus, daß man Gesichter dann als schön ansieht, wenn sie einen Mittelwert darstellen. Wenn man also zwanzig Frauengesichter nimmt und die im Computer so scaliert, daß man sie genau aufeinander projizieren und einen Mittelwert errechnen kann, dann erscheint einem das als schön. Man hat dann ein gewisses Maß an Symmetrie und Ebenheit, und die ideosynkratischen Störungen sind weg. Das ist dann schön. Ob es auch interessant ist, ist eine andere Frage.

Es gibt ein Selbstbildnis von Albrecht Dürer, das nach den Kriterien des Goldenen Schnitts untersucht worden ist. Dabei verhält sich die Länge des ganzen Gesichts zu der Augen-Nase-Partie wie diese Partie zur Mundpartie. Auf der Symmetrielinie sitzt die Nase, aber in dem Selbstbildnis von Dürer ist sie etwas verschoben, sie geht aus der Symmetrieachse heraus. Dann hat man mit dem Computer dasselbe Gesicht so verändert, daß die Nase genau auf der Symmetrielinie liegt, und dann kann man vergleichen, welches Gesicht interessanter ist.

Und welches ist interessanter? Das ein bißchen gestörte.

Ich habe bei Ihnen auch gelesen, daß künstlerische oder kulturelle Aktivitäten ursprünglich ein Randphänomen waren. Heute könnte es aber sein, führen Sie aus, daß sie für uns wichtiger werden.

Man muß sich fragen, warum die Evolution Gehirne hervorgebracht hat, die letztlich auch in der Lage waren, Kunst zu machen. Es war wahrscheinlich nicht Selektionsziel in der biologischen Evolution, solche Gehirne hervorzubringen. Es war wichtig, Gehirne hervorzubringen, die spielerisch neue Wirklichkeiten erforschen, um Modelle machen zu können für Voraussagen. Nachdem wir diese Fähigkeit einmal hatten und dann angefangen haben, zu sozialisieren und sehr viel mehr zu kommunizieren, kann man das natürlich auch einsetzen, um zusätzliche Kommunikationskanäle zu erschließen. Es ist letztlich ein Kommunikationsvehikel. Wenn ich etwas aufmale und das zeige, hat das die gleiche kommunikative Funktion, wie wenn ich mit Ihnen rede. Wenn ich Ihnen etwas vorsinge oder vortanze, gebe ich von meinem Inneren etwas nach außen und lasse Sie teilhaben an etwas, was in mir abgelaufen ist. Auf diese Weise haben alle künstlerischen Äußerungen kommunikativen Charakter, Signalcharakter, unter dem auch Gruppen sich solidarisieren können.

Wenn sich eine Gruppe darauf einigt, etwas schön zu finden und einen bestimmten Sprachkodex in der Kunst sich zuzueignen, dann gehören die Leute auch zusammen. Wenn hundert Leute aus dem gleichen Konzert herauskommen, dann haben die hundertmal die gleiche Erfahrung gemacht und haben damit etwas Gemeinsames, was sie untereinander, aber nicht mit irgendwelchen anderen teilen können. Und dann kann man es auch zur Abgrenzung benutzen. Die einen malen ihre Bilder so, die anderen malen ihre Körper so, dritte machen eine bestimmte Musik, und damit wird auch klar definiert nach außen: Wir gehören zusammen, sind aber von euch verschieden. Dann kann Kunst auch Erfahrungsquellen erschließen, die man sonst nicht hätte, weil sie Welten erzeugen kann, die über die vorgefundene hinausgehen. Das macht auch wieder Spaß, weil es die Neugier befriedigt und eine Herausforderung für den Gestaltdruck der Seele ist, etwas daraus zu machen. Kunst hat ganz ganz viele Funktionen.

Worauf bezieht sich der Bedeutungsgewinn der künstlerischen Aktivität für heute?

Ich weiß nicht, habe ich gesagt: heute? Ich denke, sie hat schon in der Renaissance eine ungeheure Rolle gespielt, in der Gegenreformation. Dort haben die Leute noch nicht soviel lesen können. Die einzige Möglichkeit für die Kirche, die Abtrünnigen wieder an die Kandare zu nehmen, war, ihnen mit Bildern zu zeigen, wo die Macht liegt und wie die Verhältnisse wirklich sind. Und die weltlichen Potentaten haben das genauso ausgenutzt und haben sich Bilder malen lassen, die sie in Glanz und Gloria haben erscheinen lassen. Da ist Kunst programmatisch eingesetzt worden, um machtpolitische Interessen durchzusetzen. Dann ist sie eingesetzt worden, um Weltbilder zu definieren, auch um sie zu verändern. Ich weiß nicht, ob sie heute wichtiger ist denn je. »Kunst« ist ein schillernder Begriff. Eine Zeitlang war das Handwerk. Es waren einfach phantastische Handwerker, die man dafür bezahlt hat, daß sie Bilder oder Skulpturen machen zur Verschönerung von Lebensraum, zur eigenen oder zur Lobpreisung von Gott. Und dann ist es immer mehr das Geschäft des individuellen, sich ausdrückenden Künstlers geworden. Und die haben dann natürlich die Welt wieder verändert.

Die Kubisten haben angefangen, die klassischen raum-zeitlichen Koordinaten aufzulösen, die Wirklichkeit völlig anders darzustellen, als man das gewohnt war, so daß man ein Objekt plötzlich von zwei Seiten gleichzeitig angucken kann, daß sich Raumkoordinaten auflösen, daß schließlich Raum überhaupt keine relevante Dimension mehr ist – was in der Literatur im inneren Monolog übrigens ganz ähnlich passiert ist mit der Zeit. Es wäre eine interessante Doktorarbeit, zu sehen, ob Einstein das, was er gedacht hat, denken konnte, weil er schon Kontakt mit dieser Kunstströmung hatte, was ich für wahrscheinlicher halte als umgekehrt, daß die Künstler aufgrund von Einstein angefangen haben, Raum und Zeit zu zerlegen. Irgendwie gibt es doch einen Zeitgeist, der bewirkt, daß etwas plötzlich zusammenläuft. Ich weiß nicht, ob Kunst heute wichtiger ist denn je.

Wofür wäre sie heute wichtig für Sie?

Ich glaube, Kunst hat die gleiche Bedeutung wie immer, daß sie über das unmittelbar Wahrnehmbare hinausführen und neue Weltsichten erzeugen kann. Ob sie heute wichtiger ist? Ich glaube, die Mittel haben sich verlagert. Man redet heute viel mehr über das Kino als über das Theater. Da hat sich wahrscheinlich etwas verschoben, weil die manipulativen Möglichkeiten im Kino viel besser sind als auf der Bühne. Bei

der Malerei kann ich es schlecht beurteilen. Ich glaube, daß die mer-
kantilen Aspekte heutzutage ganz furchtbar wichtig geworden sind.

*Wie steht es denn mit der künstlerischen Freiheit, wenn man berück-
sichtigt, wie Wahrnehmungsprozesse ablaufen?*

Das ist so wie bei jedem kreativen Prozeß auch. Auch wenn die
Prozesse im Gehirn deterministisch ablaufen, ist das je nächste doch
hinsichtlich der Möglichkeiten offen. Und wie das in komplexen, nicht-
linearen Systemen so üblich ist, kann plötzlich durch eine zufällige
Wendung, die möglicherweise durch mehrere kleine Faktoren vorbereitet worden ist, ein völlig neuer Zustand entstehen. Und dann ist eine
neue Sicht auf die Welt entstanden, die jemand, der das kann, bildlich
festhalten oder in Töne gießen kann. An dieser Kreativität oder der
Möglichkeit zur Kreativität hat sich sicher nichts geändert. Die Op-
tionsräume sind größer geworden, weil man sich jetzt nicht mehr an
einen Sonatensatz halten muß. Man kann inzwischen fast alles
machen, wobei ich feststelle, daß man zur Tonalität zurückfindet und
wieder Gestalten haben will, nicht mehr diese mathematisch berechne-
ten Abfolgen, die sich möglichst nicht wiederholen sollen.

Sie sprechen von nicht-linearen Systemen – worauf bezieht sich das?

Auf das Gehirn. Das ist ein sehr komplexes, interaktives Gebilde, das
eine nicht-lineare Dynamik hat, Phasenübergänge kennt, plötzliche,
drastische Veränderungen von Systemzuständen, was lineare Systeme
nicht haben, die entwickeln sich immer sehr kontinuierlich. Die kennen
keine Sprungfunktion.

Heißt das, daß solche Sprünge unvorhersehbar sind?

Absolut.

Was ist Phantasie aus der Sicht eines Hirnforschers?

Das ist die Fähigkeit, mit dem gespeicherten Material kombinatorisch
zu spielen, es in neue Verbindungen zu bringen, Verbindungen zu entdecken, wo früher keine waren. Das ist die Essenz von Kreativität: mit
dem, was man schon kategorisiert und formuliert hat, noch mal zu spielen. Das in neuen Konstellationen anzuordnen. Was man im Traum ja
auch macht. Das Ganze ein bißchen durcheinanderzuwirbeln.

*Nun werden zunehmend Automaten konstruiert, von denen gesagt
wird, daß sie die Arbeit für einen tun. Bei automatisierten Schnittcom-
putern wird zum Beispiel so geworben: »Sie tun Ihr ganzes Material
hinein, wir haben fünfzig Varianten, nach denen Ihr Material bearbeitet
werden kann, und dann kommt der entsprechende Film heraus.« Kann
man Verarbeitungsprozesse von Wahrnehmung überhaupt automatisieren?*

Ich kann mir nicht vorstellen, daß man ein hochwertiges Produkt nach
so festen Regeln zusammenschneiden kann. Man kann vielleicht Bremsen einbauen und sagen: »Ich baue einen Automaten, der der Cutterin
verbietet, Schnitte im Vier-Sekunden-Takt zu machen.« Das wäre schon

mal etwas Gutes. Aber es ist auch wieder dumm, denn es gibt wahrscheinlich Bedingungen, unter denen man mal zwei Sekunden lang etwas einblendet und es dann wieder herausnimmt. Das zu automatisieren halte ich für – ja, es würde passen zum Quotenfernsehen.

Es gibt auch Leute, die behaupten, je weiter die Computer sich entwickeln, um so mehr bilden sie das ab, was in unserem Gehirn abläuft.

Ach, die Computer sind so dumm. Die sind gerade so gut wie die Programme sein können, die Menschen geschrieben haben. Das sind Knechte, bessere Rechenschieber, die sehr schnell sind und einen großen Speicher haben. Mehr aber auch nicht.

Werden sie auch nie mehr sein?

Man soll keine Prognosen machen. Wenn die mal lernen, sich selbst zu organisieren, wenn sie Fell haben, so daß man sie auch liebhaben, streicheln und belohnen kann, dann kann es etwas werden. Aber es ist immer noch viel einfacher, Ei- und Samenzelle zusammenzubringen und einen Menschen großzuziehen. Das ist viel lohnender als diese Dinger da. Oder man kann gleich eine ganze Talkshow computerisiert machen, standardisierte Dialoge, ein paar Witze drin und das dann um einen runden Tisch setzen, keß anziehen, und dann läßt man das halt laufen eine Dreiviertelstunde.

Siebzig Prozent Musik dazu …

… ja, und die Klatscherei im Off noch hineinschneiden – würde Produktionskosten sparen und Gage.

Und dann noch das synthetisierte Gesicht …

… ja, das geht wunderbar, die kann man drehen und wenden, und die Mimik läßt sich sehr schön nachvollziehen, die modernen Trickfilme sind doch phantastisch – ja, das sollten Sie mal vorschlagen beim Sender, und das, was sie dabei einsparen, sollen sie dann in gute Kultursendungen tun.

DIE KATEGORIE ZUSAMMENHANG
Alexander Kluge im Gespräch

Im Sitzungszimmer eines Hotels. Der Autor und Filmemacher Alexander Kluge ist nach Dortmund gekommen, um am Abend aus seinem neu erschienenen Buch *Die Lücke, die der Teufel läßt* zu lesen. Vor der öffentlichen Lesung hat er sich Zeit genommen für ein Gespräch.

Gabriele Voss: Mich interessieren für die Montage Fragen der Dramaturgie: Wie erzählen? Was macht Montage eigentlich?
Alexander Kluge: Können Sie einen Tausendfüßler fragen, welche Beine er bewegt? Man montiert nicht immer. Man kann manches gar nicht montieren. Montage ist ein Teil der Kategorie Zusammenhang. Wie stelle ich Zusammenhang her? Ich kann Zusammenhang herstellen durch Variation. Ich bleibe immer beim Thema und variiere. Jetzt kann ich die Differenzen sehr gut verfolgen. Ich kann viele Differenzen über längere Zeit verfolgen. Ich kann etwas ganz anderes machen, nämlich Kontinutität erzeugen. Ich habe einen Subtext und erzähle und erzähle. Und das wäre zusammenhängend. Das wird gar nicht wirklich linear.
Wenn eine Mutter ihrem Kind Geschichten erzählt, dann wird sie linear erzählen, scheinbar. Aber eigentlich folgt sie den Interessen des Kindes, den Augen des Kindes, die sie anblicken. Und so kann man einschlafen. Es entsteht etwas ganz anderes als ein Dokumentarfilm oder ein Kunstwerk. Es entsteht ein Moment Ruhe, Bereitschaft, sich sicher zu fühlen, vom Kind her. Das ist das Wesentliche an Einschlafgeschichten. Die machen nicht müde. Sie machen friedfertig.
Es gibt etwas anderes, mit dem Sie die Aufmerksamkeit strukturieren. Das kann Montage sein. Sie können es aber auch noch anders machen. Indem sie auf einem Moment beharren oder nicht montieren, also das Gegenteil tun, können Sie auch Aufmerksamkeit erzeugen. Das würde man verdichten nennen. Die Zeit kann anhalten. Innehalten. Das wäre dramaturgisch die Übersetzung der Zeitlupe. Verschwenderisch viel Zeit vereinigen. Das könnten sie mit Montage kaum erreichen. Und sie können beschleunigen. Sie können den Zeitraffer übersetzen ins Filmemachen. Sie können eine Zeittotale bilden. Eine Zeitgroßaufnahme, eine Zeittotale. Das hätte alles mit Zusammenhang zu tun, aber noch nicht unbedingt mit Montage.
Jetzt gibt es im Film eine Besonderheit. Nämlich, wenn Sie zwei einander widersprechende Eindrücke, also Momentaufnahmen, bei denen Sie sich in jedem Fall konzentriert haben, nebeneinanderstellen. Einmal haben Sie einen Wirklichkeitsausschnitt mit der Kamera aufgenommen und sich mit allen Mitteln auf die Autonomie dieses Stücks Wirklichkeit konzentriert. Und das haben Sie noch ein zweites Mal getan. Und Sie

werden wahrscheinlich nicht zwei Einstellungen, die Sie so konzentriert hergestellt haben, gleich montieren können. Sie werden mehrere davon brauchen, weil man nicht alle montieren kann. Aber wenn Sie das montieren, dann haben Sie Intensität gegen Intensität gesetzt. Und in solchen Fällen ist gerade der Widerstand in der Autonomie des einen Bildes gegen den Widerstand im anderen Bild dasjenige, was ein drittes Bild erzeugt. Und das ist eigentlich das, was wir im Film machen können und Montage nennen. Das ist Godards Montage. Und die befolge ich genauso. Es sind dritte, nicht physische Bilder. Die entstehen aus dem Kontrast zweier Einstellungen. Dies können Sie jetzt so in Sequenzen verwandeln, daß ein drittes Bild, ein zweiter Film entsteht. Dreyer kann das besonders gut. Diese Filme, bei denen hinterher der Zuschauer berichtet, was er gesehen hat, aber es kam gar nicht vor in dem Film. Das ist im eigentlichen Sinne das, was der Film vermag.

Eisenstein macht etwas ganz anderes – das ist eine Form der rhetorischen Montage. Ich muß dazu sagen, daß ich Eisenstein äußerst respektiere und mit zu den Lehrmeistern zählen kann. Aber nicht wegen der Methode seiner Montage, der Zusammenfügung, denn die bleibt rhetorisch. Die ist sozusagen darauf gerichtet, eine Überzeugungsarbeit vom Inhalt des Films zum Zuschauer hin zu leisten. Das ist eigentlich so ähnlich, wie man Worte aneinanderbringt. Sie ist eine quasi grammatische Art der Verknüpfung, die dem Film eigentlich fremd ist. Daß Eisenstein so gut ist, liegt daran, daß er trotz dieser absichtsvollen Methode dennoch Zusammenhänge herstellen kann. Aber die liegen nicht darin, daß er montagemäßig einen Uhu als das Auge des Agenten in einen Filmzusammenhang hineinstellt und damit eine Perspektive aufzwingt. Das ist nicht das Große an Eisenstein. Sondern daß fast aus Versehen die besten Einstellungen des russischen Films gelingen. Also trotz Montage in rhetorischer Fassung ist er ein großer Meister.

Wenn Sie jetzt von Montage sprechen, also einer wesentlichen Verknüpfungsform des Zusammenhangs, dann müßten Sie mir ein konkretes Problem vorlegen, dann kann ich Ihnen sagen, was ich machen würde. Ich glaube – ich würde es Ihnen auch nicht gleich sagen können, denn das gehört mit zum Montieren, daß man testet. Man probiert es. Und man macht es wieder rückgängig. Und man schneidet anders. Wenn Sie die Methode von Beate Mainka-Jellinghaus sehen, das ist eine Meisterin der Montage, dann ist das wie ein Echolot. Wie die Fledermaus Tonsignale gegen die Wand wirft. Sie kommen als Echos zurück, und indem die Fledermaus das hört, »sieht« sie, orientiert sie sich. Diese Orientierung, darüber kann man nicht im Allgemeinen verhandeln. Ich habe noch keine Methode gefunden, wie man das kann. Man kann nur sagen, wann es keine gute Montage ist und wann die Montage zusammenbricht.

Montage heißt: Zusammenhang herstellen. Nun gibt es ganz kleine und ganz große Zusammenhänge. Was wäre dabei Erzählen?

Auch Zusammenhänge herstellen. Und jetzt gibt es einen kurzen Weg der Herstellung von Zusammenhang. Das wäre das, was wir als Schnitt, als Montage bezeichnen: Wir lassen aus. Das muß nicht immer richtig sein. Wenn Sie diese kurzen Wege gehen, dann haben Sie im Zuschauer einen Freund. Denn der tut das auch. Im Alltag können Sie eigentlich nicht montieren. In einer realen Liebesszene können sie nicht montageartig schneiden. Wenn Sie da keine Übergänge haben, wird es sehr irritierend. Sie können nicht einen Menschen an die Hand nehmen und dann sexuell überfallen und wieder loslassen, in die Totale gehen, ihn eine Viertelstunde alleine lassen, und dann kommen Sie wieder und machen eine Großaufnahme, das heißt intensive Betastung. Was wäre das für ein Unfug. Sie können auch nicht eine Schwangerschaft von neun Monaten montieren. Wenn Sie sie einmal unterbrechen, ist sie kaputt. Und so gibt es ein organisches Ganzes, das kann man gar nicht montieren. Und es ist auch nicht wahr, daß man ein organisches Ganzes mit einem anderen montiert. Sondern man verbindet es durch Verträge, durch Zuwendung, durch Erfahrung. Philemon und Baucis sind zum Beispiel dadurch verbunden, daß sie einem Gott einmal Gastrecht gewährten, und er gewährte ihnen dafür, daß sie ewig zusammenbleiben. Noch nach ihrem Tode wachsen sie als zwei Bäume ineinander. Das ist eine Metamorphose – eine Erzählung von Ovid. Dies ist ja nicht montiert. Und auch nicht montierbar. Obwohl Hinzufügungen da sind. Ohne daß sie dem Gott überraschend Gastfreundschaft gewähren, gibt er ihnen dieses Geschenk nicht. Und sie wären in dem Irrsinn der Beziehungssysteme wahrscheinlich längst fünfmal geschieden, ehe sie bei diesem Baum ankommen. Sie merken, das sind Zusammenhänge, und die beruhen nicht auf Montage.

Der Gegenpol davon – deswegen sagt man ja auch Montage und bezeichnet das mit einem technischen Ausdruck: Montage in einer Fabrikhalle, Montage von Einzelteilen zu einem Kraftfahrzeug, zu einer Waffe – das Gegenteil ist ja im Grunde eine ganz bestimmte, aus der Industrie, aus der Technik entlehnte Betrachtungsweise. Vergleichen Sie einmal einen französischen, einen chinesischen und einen deutschen Arbeiter, die sich darüber verständigen, wann, mit Fingerspitzengefühl getestet, eine Schraube einen richtigen Sitz hat. Sitzt, paßt, wackelt und hat Luft. Das ist ja verbal nicht zu beschreiben. Da können Sie fünfhundert Seiten schreiben und Sie hätten nicht den genauen Sitz der Schraube beschrieben. Diese drei Arbeiter brauchen aber eigentlich nicht ihre Sprachen zu verstehen, um sich zu verständigen, wie die Schraube richtig sitzen muß. Das heißt, es ist eine recht internationale Kommunikation. Hier können Sie jetzt die Montage nicht entdecken. Obwohl sie etwas montiert haben, nämlich die Schraube befestigt haben. Das ist eine andere Art von Verständigung als die Verständigung, die darauf beruht, daß Sie sagen: Ich konfrontiere eine Erfahrung aus meinem Land mit der Erfahrung von New York und mit einer Erfahrung aus der Mitte Afrikas. Damit schaffe ich bewußt Kontraste, die einander spiegeln. Und diese Spiegelung, das ist ein zweites Wesen der Montage. Es ist nicht Beschleunigung, sondern eine Kontrastierung, die ohne Worte wie ein Kommentar funktioniert.

Nehmen Sie einen Film von Dovshenko. Da sehen Sie einen Bauern, der seine Furche zieht. Und Sie sehen irgendwann Maschinen, die aus der Fabrik kommen. Sie sehen die Elemente, die für die russische Revolution, die Entwicklung nach 1917, einen frühen Optimismus ausmachen. Diese Einleitung gestaltet den ganzen Film ARSENAL. Wenn Sie es aus der Musik her kennen, dann würde das allenfalls vorkommen bei Wagner oder Rossini. Und bei modernen Komponisten, daß man musikalische Flächen einfach gegeneinandersetzt. In der Erwartung, daß dieses Puzzle oder dieser Rohstoff von demjenigen, der hört oder sehen kann, zusammengesetzt wird. Ein Angebot zum freien Zusammensetzen.

Jetzt waren Sie gar nicht derjenige, der hier montiert hat. Sondern es hat sich montiert. Sie legen etwas nebeneinander. Lateral. Dadurch geben sie dem Material Freiheit. Und die Dialektik geht zwischen Montage, nämlich Eingriff von jemand, der etwas schneidet oder ein Werk macht, und der Autonomie des Materials. Um diesen Kontrast geht es bei der Frage, ob Montage korrekt ist oder nicht korrekt ist. Wenn Sie die Autonomie der einzelnen Einstellung erhalten und nicht unterwerfen und dann die kürzesten Wege gehen, dann haben Sie montiert.

Bei der Erzählung wird im Normalfall auf etwas hingeschnitten ...

Sie meinen in der Literatur?

Ja, oder auch in der klassischen Spielfilm-Erzählung. Dabei wird oft etwas weggelassen, was aus meiner Sicht dazugehört.

Die ersten Einstellungen bestehen schon darin, daß etwas weggelassen wird. Das wäre ja das Langweiligste von der Welt, wenn Sie eins zu eins filmen. Dann könnten Sie kaum eine nennenswerte Geschichte erzählen. Das wäre eine Beobachtung. Wenn Sie erzählen, dann müssen Sie etwas weglassen. Aber das ist nicht Montage. Das ist ja nur eine Aushilfe, daß ich Einstellungen voneinander isoliere und in eine Bewegung bringe. Beim Erzählen geht es zunächst einmal darum, etwas zu sammeln. Das heißt, Sie bauen Ausschnitte aus lebendigen Geschichten zusammen. Bei einem Roman oder einem Film wäre das erste, daß Sie eine Geschichte entwerfen. Sie können aber nicht bloß eine Geschichte ansammeln, Sie müssen kommentieren. Vieles, was man Montage nennt und was einen Film wichtig macht in der Filmgeschichte, beruht darauf, daß Sie ein Ereignis sehen und es gleichzeitig mehrfach spiegeln. Sie machen es vielfältiger, Sie kommentieren. Nehmen Sie eine Szene mit Kindern, die auf ein Fenster, auf dem Eis zu sehen ist, ihre Nase drücken. Sie gucken nach draußen, draußen ist Schnee, drinnen ist es offenkundig warm. Jetzt sagen Sie im Text: »Drinnen ist es warm, draußen ist es kalt.« Das ist zwar überflüssig, denn das könnten Sie auch verstehen, wenn Sie nur das Bild sehen. Dadurch, daß ich es aber bestätige, bekommt es eine andere Intensität. Das heißt, mit anderen Sinnen, mit einem anderen Dialekt Ihrer Emotion, der Gemütskräfte, überprüfen Sie, was Sie gesehen haben. Die Worte überprüfen, was Sie gesehen haben. Damit hätten Sie jetzt eine vertikale Montagesorte. Die gar nicht danach geht, daß Sie Bilder und Szenen aneinanderknüpfen, sondern daß Sie plötzlich eine Spielhandlung vertiefen auf eine andere Emotion.

Sie können noch etwas anderes machen. Sie können eine Szene abbilden. Und in der Art, in der Sie jetzt einen ganz woanders sitzenden Menschen dagegenschneiden, bekommen Sie eine Beziehung zwischen diesen beiden Menschen. Sie könnten Fernliebe beispielsweise nur so ausdrücken. Versuchen Sie mal zu verfilmen: Beide Verlobten haben sich entschlossen zu heiraten. Sie wollen es vor Weihnachten tun, weil der Krieg 1942 so schwierig wird, daß sie nicht wissen, ob sie sich noch einmal sehen. Sie willigen in die Ferntrauung ein. Das ist gar nicht so leicht zu verfilmen. Das können sie nur durch Montage verfilmen, weil das nicht an einem Ort stattfindet. Und weil es nicht egal ist, welche Menschen das machen. Es wird sehr prosaisch sein, wie so eine Ferntrauung vollzogen wird. Der eine wird Formulare beantragen oder aus einem Amt abholen und unterschreiben. Und der andere wird weit draußen, nicht gleichzeitig, dasselbe vorbereiten. Meinetwegen mit seinem Vorgesetzten reden. Und dann wieder muß er an die Front und schießen. Dies alles müssen Sie damit verbinden, daß Sie den Krieg darstellen, der Druck auf das Gemüt der beiden ausübt. Jetzt haben Sie schon drei Dinge, die Sie zur Interaktion bringen müssen. Das ist Zusammenhang. Und das können Sie ohne Montage vermutlich überhaupt nicht darstellen. Denn konsekutiv gibt es das nicht. Ich will Ihnen das nur variieren. Unterschätzen Sie nicht, daß Variationsketten-Bilden viel häufiger vorkommt als Montage.

Nehmen Sie zwei Verlobte, die 1939 eine Reise nach Rom machen. Danach kommen sie wieder nach Deutschland, er muß an die Front, und sie sehen sich 1946 wieder. Oder 1953, wenn er aus russischer Kriegsgefangenschaft zurückkommt. Jetzt muß eine Liebe, das ist das Thema, die im Jahr 1939 zur Verliebtheit führte, durchhalten bis 1953. Die Zeiten haben sich gewendet. Die Gesellschaften sind verändert. Und die beiden Menschen haben noch gar kein Gefäß, um so etwas leicht Verderbliches wie Zuwendung aufzubewahren. Dafür gibt es ja keine Einmachgläser. Wie können Sie das ausdrücken? Wenn Sie drastisch sind – das ist ein ganz wesentliches Instrument der Montage –, zeigen Sie wirklich ein Einmachglas, wo eine gute Mutter fürsorglich Birnen einmacht. Die Schwiegermutter kann das ja machen, Birnen einkochen, Mus machen, sie weiß noch Rezepte. Dann hätten Sie die Sorgfalt gezeigt, mit der man etwas liebevoll Bereitetes aufbewahrt. Dies bräuchten wir für Liebe. Das gibt es aber nicht für Liebe. Aus diesen Metaphern können Sie aber Formen entwickeln. Und einige davon kann man sogar verfilmen. Andere sind bloß verbal wiederzugeben in literarischer Erzählung. Die Liebe ist wie ein Einmachglas. Das können Sie filmisch wohl kaum ausdrücken. Obwohl, wenn Sie es drastisch machen, ganz direkt, dann geht es wieder. Brauchen Sie aber schon wieder Musik. Und Sie müssen den Zuschauer zunächst einmal daran gewöhnen, daß Sie so etwas anwenden werden.

Denn wenn Sie montieren, schaffen Sie zu Anfang des Films ein Verständigungssystem, einen Dialog mit Zuschauern. Sie müssen in den ersten Momenten der Montage zeigen, was Sie tun. Sie müssen das Vertrauen des Zuschauers zu den Sprüngen, die die Montage ja enthält, gewinnen. Und wenn Sie seine Zustimmung haben, dann können Sie montieren. Das heißt, daß eine Montage nie direkt beginnt. Das gibt es zwar in Filmen, aber das sind schlechte Filme. Das sind Tyrannen der Wahrnehmung. Eine verständige Form nimmt mit kleineren Montageschritten den Kontakt zum Zuschauer auf. Oder mit einem ganz großen, der aber überzeugend ist. Bei dem der Subtext wiederum linear bleibt. Kriegen Sie ein Einverständnis, dann können Sie gegen Ende des Films mit einem Zuschauer, der aufgepaßt hat, der sich nicht zurückgelehnt hat, der mitgearbeitet hat, muß ich jetzt leider sagen, der gutwillig ist und Ihnen vertraut, überhaupt erst über Montage verhandeln.

Sie nennen Beispiele, Liebesgeschichten, wo eigentlich klar ist, wo der Anfang und wo das Ende der Geschichte ist. Ist das immer so klar?

Nein. Nehmen Sie mal an, Sie würden einen Film über Wasser machen. Wasser hat keinen Anfang und kein Ende. Es hat aber Vielfalt. Wie würden Sie das montieren? Das können Sie gar nicht montieren, weil Sie dem Wasser nicht ansehen, wie vielfältig es ist. Wie wollen Sie eine Wasserstoffbrücke erklären? Das wäre zum Beispiel etwas, wo Sie mehrdimensional erzählen müssen. Sie müßten erst einmal eine Situation finden, in der sich zeigt, was Wasser ist. Zwischen Grönland und Island gibt es zum Beispiel eine Meeresformation, bei der ein Wasserfall die Wasser tausend Meter tief in den Meeresgrund stürzen läßt. Innerhalb des Meeres. Von außen sehen Sie nichts. Das ist ein Phänomen. Es ist ein Teil der Wasserströmungskette, die die Wasser um den Erdball treibt. Das war für U-Boote eine Falle, aber auch eine ganz wichtige Chance. Wenn ich bis zu diesem Wasserfall komme und absacke über tausend Meter, dann kann mein Boot kaputtgehen. Wenn ich es aber gut fahren kann, das ist eine Situation wie bei Edgar Allen Poe beschrieben, dann kann ich auch den Verfolgern entgehen. Da wäre

Wasser dramatisch wichtig. Das wäre in einem U-Boot-Film zu erzählen. Ich würde also erst diese Geschichte erzählen und damit eine Neugier erzeugen für Wasser.

Und dann darf ich sogar belehrend darlegen, was eine Wasserstoffbrücke ist und daß Wasser aus kristallinen Strukturen besteht. Und daß das eine Element, Sauerstoff, immer zum anderen Nachbarmolekül tendiert. Es ist untreu. Es geht fremd und ist deswegen nie genau korreliert mit den zwei Wasserstoffatomen. Dies führt zu Wasserstoffbrücken im Pazifik, die Kilometer lang sind, auf denen tatsächlich Lebewesen – nicht gerade Jesus oder wir Menschen, aber kleinere Lebenwesen – laufen könnten. 64 Moleküle, eng wie ein Teppich aneinander kristallisiert. Das ist nicht bloß Wasser. Und wenn Sie jetzt weiter erzählen, was Wasser ist unter der lybischen Wüste – es ist sechzig Millionen Jahre alt – und was überhaupt Altwasser ist und was das Wasser ist, das wir in uns tragen, dann würden sie irgendwann einmal einen Film ohne Anfang und Ende konstruieren. Und Sie könnten nun, ob Sie das Wasser im Kleinen, in einer Pfütze haben oder ob Sie von den Wimperntierchen oder vom Kosmos sprechen, immer wieder zurückkommen auf das, was das Wasser ist, eben nichts Allgemeines, nicht bloß H_2O.

Nehmen Sie die Wimperntierchen. Das sind etwa 380 Millionen Jahre alte Tiere. Die gibt es in jeder Pfütze, in jeder Träne, in jedem Wasser, im Salzwasser, im Brackwasser, im Süßwasser. Das ist ein winziges Lebewesen, das zwei Zellkerne besitzt. Wovon der eine die Vorgeschichte memoriert. Er ist wie ein Buchhalter, ein Historiker, ein Philosoph tätig. Der andere ist mit dem Alltag versippt und achtet darauf. Darüber können Sie erzählen. Wenn diese Lebewesen hungrig werden, dann werden sie sexuell. Und beide Zellkerne verwandeln sich ineinander. Wie bei einer Liebesgeschichte unter Menschen nicht möglich. Das wäre Verschmelzung, die wir uns wünschen. Im Grund wissen wir aber, daß es sie so nicht gibt. Es bleiben zwei Zellkerne. Nur der Gegenwartsagent wird Historiker, und der Historiker wird Praktiker.

Das sind übrigens die Elemente, aus denen einmal DNA-Computer gemacht werden. Es gibt an der Universität Leiden einen Mann, Professor Gregozs Rozenberg aus Ungarn, sieht aus wie Einstein, der kann Ihnen das vorwärts und rückwärts erzählen. Der ist mit siebzehn anderen auf der Welt Spezialist für DNA-Computer, die von Wimperntierchen gespeist werden. Die fühlen sich sogar wohl, wenn sie in den Computern als Schnellrechner, als Parallelrechner etwas in einer Woche können, was Silizium-Computer in dreihundert Jahren nicht können. Wenn Sie so erzählen, können Sie unendliche Geschichten erzählen.

Man könnte beim Wasser anfangen und bei der ganzen Welt aufhören. Ist das nicht schwierig für den Zuschauer?

Sie würden beim Wasser wieder aufhören. Wenn Sie einmal da rausspringen, haben Sie den Zuschauer enttäuscht. Da müssen Sie konsequent sein. Wenn Sie hier montieren und gleich danach mit dem Feuer weitermachen, dann müssen Sie entweder wirklich enzyklopädisch werden, oder Sie brechen die Regeln, die anfängliche Verständigung mit dem Zuschauer. Die Idee, daß Künstler autonom sind oder daß das Material autonom ist, ist solange unwahr, als nicht auch der Zuschauer als autonom behandelt wird. Die drei Autonomien verkehren bei der Montage und beim Erzählen miteinander. Und wenn Sie die Autonomien halten können, daß die sich untereinander wohlfühlen und autonom bleiben, dann haben Sie gut erzählt.

Heißt das, ich muß ein Zentrum oder einen Kern haben, bei dem ich bleibe?

Ich habe das nur für die unendliche Geschichte gesagt. Da dürfen Sie nicht springen. Weil Sie die Verständigung dann verlieren. Denn Sie können nicht über alles unendlich erzählen. Wenn Sie eines herausgreifen und dort gründeln, ist das eine schöne Erzählform: alles über Seeschlangen. Aber dann dürfen Sie nicht plötzlich noch Tigergeschichten hinzumischen. Das nehmen schon Kinder übel. Die wollen die eine Geschichte wirklich fertig hören. Wenn Sie aber jetzt hätten: »Die Reisen des Matrosen X«, dann geht das gar nicht, was ich hier sage, denn das hat ja einen Anfang. Der kommt von irgendwoher und geht irgendwohin.

Und dem kann alles unterkommen.

Da kann alles unterkommen. Da können Sie alles aufreihen. Und da ist es sogar schön, wenn Sie rasch wechseln. Rabelais hat ganz rasche Szenenwechsel, der hat solche Abenteuer-Geschichten erzählt. Überhaupt sind in der Anfangsphase der bürgerlichen Entwicklung diese schnell montierten Erzählungen plötzlich sehr häufig. *Simplicissimus* ist auch so gebaut.

Die Reise ist ein linearer Ablauf in sich. Sie fängt zu einem bestimmten Zeitpunkt an und hört zu einem bestimmten Zeitpunkt auf. Man kann sagen, wann jemand angekommen ist.

Es gibt eine Grundsituation, Gulliver zum Beispiel, ob der zu den Zwergen kommt oder zu den Riesen, ist eigentlich egal. Der kann auch ganz woanders hinkommen. Gulliver und die Wolken, das können Sie beliebig weitermachen. Je mehr Sie das machen, desto schöner wird es. Aber Sie fragten ja nach Anfang und Ende.

Genau. Wie findet man Anfang und Ende bei einem Stoff, wo das nicht so deutlich ist wie bei der Reise. Da ist vielleicht die größere Schwierigkeit.

Schwer ist das nicht. Es ist eine plateauförmige Erzählung, und die ist etwas ganz Wunderbares und uralt. Die älteste Stelle aus der *Ilias* ist eine Flottenversammlung. Eine Beschreibung von Schiffen, die sich bei Salamis versammelt haben. Sorgfältig wird jedes Schiff beschrieben. Das hat überhaupt kein Ende, die fahren gar nicht erst los.

Godard hat einen Text geschrieben, ich weiß nicht, wie er im Französischen heißt, aber im Deutschen heißt er: »Schnitt – meine schöne Sorge«. Was wäre die Sorge am Schnitt, und was wäre wiederum schön an der Sorge? Eigentlich denkt man, die Sorge quält, sie macht Mühe und bedeutet Anstrengung. Worum muß man sich sorgen?*

Wenn eine Mutter sagt, ich sorge mich um meine Kinder, ich besorge ihnen etwas zu essen, ich trage Sorge, daß es ihnen gut geht, dann hat das ganz verschiedene Empfindungen. Sorge tragen ist nichts Lästiges. Man hat Verantwortung für den Schnitt. Er ist nicht willkürlich. Und es gibt im Film nicht die große Geste des Künstlers wie in der Malerei. Der Film ist wirklich ein Zeitkunstwerk, eine Zeitmaschine. Er hat Gesetze. Und die sind vom Ölgemälde-Malen völlig verschieden. Die Willkür der Kunst ist im Film eine Ausrede. Man muß schon einen Grund haben für den Schnitt. Aber Godard könnte statt ›Sorge‹ auch ›Grund‹ sagen.

Was ist anders als beim Ölgemälde?

Seit der Renaissance nimmt sich die Tradition des Malens große Freiheiten für das Subjekt. Die ganze Kunstgeschichte der Malerei hat einen Geniekult, einen Originalitätskult betrieben, bei dem der Meister vieles darf. Seine Schüler, die bei ihm lernen, dürfen das nicht ohne weiteres. Die müssen sich in der Schule aufhalten. Sie müssen im Rahmen bleiben. Aber der große Meister, und das ist im 19. Jahrhundert ja noch übertrieben worden, ist ein ständiger Neuerfinder, ein Selbstfinder, der die Welt und die Regeln der Kunst dauernd ändert.

Ich glaube, daß das beim Film aufgrund der Bindung des Films an den Zuschauer, aufgrund der ursprünglichen Verankerung in einer konkreten Rezeptionsbasis im Kino anders ist. Ich glaube, daß der Film einen Nachteil hat durch die Demokratisierung der Kinos. Die starke Mitbestimmung der Zuschauer, interpretiert über Produzenten und Verleiher allerdings, hat den Film sehr an einen Naturalismus gefesselt. An narrative Filme. Diese Mitbestimmung hat eigentlich die Freiheit des Films, mit der er einmal anfing, von der der Dokumentarfilm bis heute lebt, vernichtet und den Standardfilm, den Genrefilm, den Konfektionsfilm erzeugt.

Umgekehrt führte die starke Bindung aber auch zu Erfindungen. Wenn Sie sich ein New Yorker Kino der Frühzeit vorstellen – *primitive diversity*, einfache Vielfalt, da saß keiner auf Stühlen, das Publikum sah dem Film stehend zu. Das waren Arbeitsemigranten aus Irland, aus Polen, Juden, Deutsche, Schotten, die sich sprachlich gar nicht verstanden. Und sie kommentierten laut, was auf der Leinwand zu sehen war. Der Stummfilm verhindert das nicht. Die Zuschauer sind es, die montieren können. Sie sind eigentlich »Experten des Geschehens, das sie auf der

Alexander Kluge

---

* Jean-Luc Godard: *Godard/Kritiker*, München 1971, S. 38f.

Leinwand sehen.« Dadurch entsteht diese Wechselwirkung, die dem Film anhaftet. Man kann sich doch nicht vorstellen, daß ein Ölgemälde-Maler, der in stiller Stunde etwas besonders Raffiniertes malt, überhaupt diese Menge von Laien, von Plebejern zuläßt, die ihm auch reinreden dürfen. Die weggehen, die es kritisieren. Hier ist ein Stück Kritik durch wirkliche Menschen in den Film eingebaut.

Es gibt in meinem Buch *Die Lücke, die der Teufel läßt* eine Erzählung, in der beschrieben wird, wie eine Firma im Jahr 1923 im Scheunenviertel in Berlin russische Stummfilme am Ende umschneidet und mit einem Happy-End versieht. Und amerikanische Filme, die ein Happy-End haben mit einem melodramatischen, russischen Ende versieht. So daß die Filme wechselseitig importiert und exportiert werden können. Den Stoff habe ich von Miriam Hansen in Chicago.

Wie die Wimperntierchen ...

In Rußland geht beim Publikum nichts, was nicht sehr traurig ist. Da kommen die Komödien aus den USA und kriegen ein schlimmes Ende. Alle sterben. Es ist zum Weinen. Das kriegt man hin ohne jede Möglichkeit, Darsteller mit beizuziehen. Die sind zum Teil verstorben, die sind ja aus früheren Jahren. Es wird einfach aus Zwischenschnitten ein solches Ende fabriziert. Da merken Sie die Gewalt der Zuschauer-Bedürfnisse. Die enthalten eine Bindung zum Plebejischen, zum Elementaren. Wie bei den Moritaten. Oder bei den Laterna-Magica-Künsten. Die halten es fest. Deswegen ist der Film eine Anti-Hochkunst. Etwas, das ich sehr schätze. Ich lese es Ihnen vor:

»Russian endings / American endings.

Im Scheunenviertel im Osten Berlins mietete 1921, während der NEP-Politik, der Unternehmer Wladislaw Leschtschenko, Bruder des bekannten Tangokönigs, mehrere der klein dimensionierten Wohnungen samt Kellern. Er ließ die Brandmauern durchbrechen, so daß sich Wohnungen zu einem Filmatelier formierten. In einer solchen SCHNEIDEREI spezialisierte er sich auf die Umarbeitung russischer Filme für den Export in die USA und von amerikanischen Streifen zur Auswertung im Großen Rußland. Steuern zahlte er nicht. Zwischengewinne wurden bar übergeben, die Produktionskosten blieben gering.

Zahlreiche künftige Stars der Ufa lernten ihr Metier in dieser dramaturgischen Schleuse. Ein Leschtschenko-Schnitt gilt in der Filmgeschichte als besondere Rarität. Die Filme galten nicht als edel, und sie vermitteln nicht in der manirierten Art Eisensteins zwischen Längen und Kürzen. Sie sind robust und brauchbar.

Russische Filme, das begrenzte sich nicht auf die wenigen Werke der REVOLUTIONÄREN EPOCHE, sondern umfaßte das Erbe an Melodramen, Tragödien und Liebesfilmen aus der Zeit vor 1917. Alle zeigten sie, der Mode folgend, ein schwermütiges, unglückliches Ende. Für den Export in die USA benötigten sie ein Happy-End, das sich logisch aus der Haupthandlung zu entwickeln hatte.

In Rußland dagegen waren amerikanische Filme beliebt, nicht aber ihr oft leichtsinniges Happy-End. Kein Zensor versperrte den Markt, aber es wäre unmöglich gewesen, gegen den Trend des Publikums Filme in den Weiten des Landes durchzusetzen. Wo in einem russischen Melodrama die Brüder und Schwestern erschlagen daliegen, muß in dem amerikanischen *ending* ein Retter auftauchen, der in letzter Minute die Verbrecher verjagt. Retter, Brüder und Schwestern begrüßen einander. Wo in einem amerikanischen *ending* im Finale Heiterkeit aufkommt, muß für den russischen Vertrieb ein Filmteil angehängt werden, der nach dem Happy-End den grausamen Schlußstrich setzt, der die Tränen fließen läßt.«*

Ich lasse den Rest mal weg, das geht noch weiter, muß aber nicht ganz gelesen werden.

Wenn es so ist, dann werden Erzählformen doch von den Zuschauern in Rußland und Amerika, also von den unterschiedlichen Kulturen bestimmt.

Absolut. Ich glaube gar nicht, daß es die Autoren sind, die erzählen. Denn sie haben es ja auch von irgendwelchen Eltern oder Ammen oder wem auch immer. Derjenige, der ihnen in ihrer Kinderzeit etwas erzählt hat, hat den Erzählstrom übergeben. Insofern erzählt sich das Publikum, das Kinos besucht, Geschichten. Und das Kino liest sie aus den Zuschauern ab. So stelle ich mir das vor. Wo nicht erzählt wird, was die Zuschauer interessiert, da gehen sie nicht hin. Da zahlen sie nicht. Und so werden eigentlich die elementaren, trivialen Bereiche der Massenkultur zunächst einmal von den Zuschauern bestimmt. Bis Produzenten kommen und sich wie Parasiten da draufsetzen und noch verbessern wollen. Dort, wo es spontan entsteht, da ist ein Lernprozeß im Gange. Und das Medium saugt wie ein Schwamm die Interessen seiner Zuschauer auf. Deswegen sind frühe Medien klug.

Muß man dann nicht sagen, der Dokumentarfilm erzählt etwas, was den Zuschauer nicht interessiert?

Beim Dokumentarfilm gibt es ein Sonderproblem. Der Dokumentarfilm begegnet durchaus einem Interesse der Zuschauer. Die frühen Filme sind ja dokumentarisch. Ein Zug fährt in die Bahnhofshalle – staunend sieht man, daß man so etwas abbilden kann. Oder Arbeiter verlassen eine Fabrik. Das sind ja eigentlich dokumentarische Streifen. Und die Grundform des Films ist dokumentarisch. Das Problem ist nur, daß ein Mensch nicht einheitlich auf Dokumente, auf eine Außenwelt reagieren kann. In ihm ist eine Kraft, die sagt: Diese Welt muß ich kraft meiner

* Alexander Kluge: *Die Lücke, die der Teufel läßt*, Frankfurt/M. 2003, S. 190f.

Illusionsfähigkeit so verändern, daß sie mir gefällt. Ich lehne eine unmütterliche Realität ab. Wenn der Antirealismus des Gefühls die Grundausstattung der Menschen ist – und so hat die Evolution und die gesellschaftliche Evolution uns geschaffen –, dann können Sie nicht einfach Realität nackt vorsetzen. Sie müssen wieder den Dialog suchen. Und Sie brauchen pro Mitteilung im Dokumentarfilm eine Antwort des Zuschauers oder eine Erlaubnis des Zuschauers. Und insofern müssen Sie Wirklichkeit vermitteln. Es gibt keine unmittelbare Wirklichkeit im Kino. Obwohl unmittelbare Wirklichkeit das einzige ist, was zählt. Und was die Kamera übrigens von sich aus aufnehmen kann.

Aber Dialektik ist ja nur eine Verbeulung zwischen zwei Wahrnehmungsweisen. Der Mensch möchte sehen, was ist. Und er möchte gleichzeitig, daß dies seine subjektive Seite befriedigt. Er sucht Wirklichkeit, aber sie muß ein Glücksversprechen enthalten. Und weil die Wirklichkeit um uns herum dieses Glücksversprechen nicht enthält oder nicht abbildbar enthält, ist der Spielfilm entstanden. Der eigentlich eine schreckliche Verballhornung dessen ist, was Kino kann. Man könnte eigentlich aus lauter Dokumentarfilmen viel schönere Spielfilme entwickeln. Ein Liebesfilm aus lauter Dokumentationen über Liebe wäre etwas ganz Hinreißendes. Aber Sie könnten es nicht einfach 1:1 abbilden und dem Zuschauer vorwerfen: »Friß oder stirb!« Dann würden Sie gegen dieses dialogische Prinzip des Kinos verstoßen und würden nicht nur einen Flop produzieren. Sondern Sie machen eigentlich einen schlechten Film. Sie können ihn nicht andocken an Godard, um ein Beispiel zu geben. Oder Truffaut. Oder Rosselini.

Sie haben eben gesagt: Der Zuschauer möchte keine unmütterliche Realität – hat der Dokumentarfilm dann nicht das Problem, daß das, was er zeigt, nicht immer mütterlich ist?

Ja. Sie müssen eigentlich zwischendurch *Es war einmal ein treuer Husar* singen. Sie müssen irgend etwas Tröstendes zwischen den Mitteilungen über das Wirkliche hinzufügen. Wir haben am *Institut für Filmgestaltung* in Ulm beispielsweise Streikfilme von Günther Hörmann produziert, die auf eine bewegende Weise Arbeitskämpfe schildern. Nun haben die in der Regel in den siebziger Jahren beispielsweise, auch in den sechzigern, ein enttäuschendes Ende. Sie fangen dramatisch an, und am Ende kommt ein Kompromiß und eine im Stich gelassene Belegschaft heraus. Das ist nicht befriedigend. Wir haben bei Vorführungen im Kino, wo wir das drei bis sieben Stunden gedehnt haben, immer wieder kurze Filme mit Musik hineinbauen müssen, damit sich die Seele wieder erholt.

Der Mensch ist neugierig, aber er ist nicht neugierig, etwas dauerhaft Unangenehmes zu sehen. Ich kann den Menschen nicht ändern, und die Frustrationstoleranz mag bei dem einen größer sein, beim anderen kleiner. Aber es ist sansculottisch-ideologisch, wenn Sie einfach sagen:

Der Zuschauer hat sich für Wirklichkeit zu interessieren. Er ist kein Wahrheitssucher. Er ist kein Wirklichkeitssucher, wenn Sie ihm nicht Schatzfund versprechen. Er möchte um seiner selbst willen belohnt werden. Und das heißt, er möchte sich die Hilfe anderer verschaffen. Das heißt, er möchte gute Nachrichten sehen. Und das ist für den Dokumentarfilm nicht ganz einfach zu vermitteln. Beides können Sie aber doch authentisch halten. Sie strengen sich an, das eine, das Bittere in der Welt so wahrhaftig aufzunehmen, wie Sie können. Nichts zu beschönigen. Und dann können Sie sich vornehmen, unter dem ganzen Unwahrscheinlichen, das diese Welt auch enthält, etwas zu suchen, was glücklich macht. Mitten in einem Luftangriff können Sie sich vorstellen, daß die Suppe, die nachträglich in die brennende Stadt angeliefert wird, jetzt schon gekocht wird. Und das von Menschen, die sich Sorge machen, die sich Mühe geben. Die Erfahrung haben, wie man so etwas kocht. In einfachen Kesseln eine gute Kartoffelsuppe mit viel Fleisch zu kochen. Und damit hätten Sie jetzt an unerwarteter Stelle etwas, worauf Sie stolz sein können. Denn sie können auf den Brand der Stadt doch nicht stolz sein und das angenehm finden. Da gibt es keine Lüge.

Aber dann gibt es das Weitersuchen. Mit der gleichen Beobachtungsgabe etwas zu finden, was nicht negativ ist. Das müssen Sie vernetzen. Das ist übrigens wiederum Herstellung von Zusammenhang. Es wäre nicht einmal Montage, denn im Zuschauer sind beide Gefühle immer gleichzeitig. Neugier, das wache Auge: ich möchte durch das Schlüsselloch das Wirkliche sehen und nicht belogen werden. Und gleichzeitig: ich möchte meinen Rest an Illusion und Urvertrauen, den ich in die Welt mitbringe, doch respektiert wissen.

Und wie ist das im russischen Film, wo, wie Sie eben sagten, ein trauriges Ende gewünscht wird?

Der russische Film kommt mit Stoffen von Puschkin, aus dem russischen Melodram und ist dadurch sehr viel ernsthafter. Es mag sein, daß ich auf einem derart großen Kontinent, auf dem Rücken des Behemoth gewissermaßen, von einem Ort nicht weg kann. Ich kann den Problemen nicht wie Odysseus über die See entfliehen. Ich komme im höchsten Fall in die Bezirksstadt, und da ist es genauso provinziell wie bei mir zu Hause, und ich werde partout nicht adelig. Ich bin Bauer oder ich bin Städter und werde, ob Tellerwäscher oder nicht, niemals Millionär im großen Rußland. Das fordert, daß meine Trauer Anerkennung findet. Und deswegen fühle ich mich belogen durch ein Happy-End. Und ich möchte dann wenigstens im Kino mit allen anderen zusammen mein Elend gespiegelt haben, und das tröstet mich. Die Schauspielerin, die mir das vorführt, ist schön. Ich kriege, obwohl ich nicht adelig werde, obwohl ich nicht aufsteigen kann, im Kino doch ein Vorbild, das meine Leiden mitträgt.

In Amerika ganz anders. Da kommen Arbeitsemigranten, die diesem Elend in Europa entkommen sind. Da ist es jetzt schwer, sich zu verständigen. Ich beherrsche die Sprache nicht. Ich komme in ganz neue Verhältnisse. Ich habe Heimweh. Und jetzt möchte ich dazu nicht noch ein trauriges Ende aufgehäuft bekommen. Und deswegen will ich dort ein Happy-End haben. Insofern sind kollektive Interessen durchaus wie gespiegelt in diesen Massenprodukten zu finden.

Haben Sie eine Vorstellung, wie das für Deutschland ist?

Mit ziemlicher Sicherheit gemischt. Sie müßten wahrscheinlich einen städtischen Geschmack von einem Geschmack auf dem Lande deutlich unterscheiden. Da wir aber keine Kinos haben, die überall hinreichen, und die Kinos mit amerikanischen Filmen vollgemacht sind, können Sie das nicht messen. Ich glaube nicht, daß Menschen von heute hier in Deutschland im Kino die Troststätte suchen. Deswegen ist es wahrscheinlich sehr gemischt, welche Filme bevorzugt werden. Auf jeden Fall prägt das deutsche Publikum derzeit keine Filmproduktion. Weil es das Kino gar nicht gibt. Wir müßten eine Massenproduktion von Kinos in Hinterzimmern von Lokalen haben. Überall dort, wo etwas geschlossen wird oder leersteht, gehört eine Produktionsstätte hin. Die muß gar nicht auf Filmmaterial beruhen, die könnte inzwischen digital sein oder Betacam analog. Aber wir müßten 70.000 Abspielstätten haben, leicht erreichbar in der Nachbarschaft. Dann hätten Sie die Wiedergeburt des Kinos.

Von Ghana weiß ich, daß es etwas Vergleichbares gibt. Da werden Nachbarschaftsgeschichten gedreht, Hochzeiten ...

... es wäre die autonome Gegenbewegung zum Fernsehen und wäre, mit Internet verknüpft, eine ganz starke Wechselbeziehung zwischen unmittelbarer Öffentlichkeit und mittelbarer. Den Mut, der im Internet bewiesen wird, in dem jeder ein Sender ist, kann man auf das Kino übertragen, indem man sagt: Arbeitsemigranten können nicht nur italienische, russische, kroatische Lokale eröffnen, sondern sie könnten genauso jeder ein Kino eröffnen.

Würde dann dort anders erzählt?

Von einer bestimmten Masse dieser Abspielstätten ganz gewiß.

Was würde erzählt? Oder wie würde anders erzählt?

Das ist eine hypothetische Frage, das müßte man beobachten. Das wäre auf jeden Fall ein Gefäß, damit Erzählung zusammenkommt.

Die Mitbestimmung der Zuschauer, vermittelt über Produzenten und Verleiher, hat das Kino an das Narrative gefesselt, so in etwa sagten Sie eben. Was verstehen Sie unter narrativ?

Die Produzenten lesen nichts von den Zuschauern ab, sondern vom Erfolg von Filmen. Die lesen etwas von der Kinokasse ab. Und verallgemeinern dann diese Rezepte und verstärken, was diese Rezepte hervorgebracht hat. Und damit entfremden sie es wieder den sehr diffizilen und zusammenhängenden Empfindungen der Zuschauer. Die lernen nicht am Zuschauer.

Und ›narrativ‹ – das Wort muß man auseinanderlegen. Es gibt bestimmte handwerkelnde Traditionen, die sagen, einen Dokumentarfilm, einen Spielfilm hat man so und so zu erzählen. Und man schreibt ein Drehbuch. Das ist aber nur ein Beschreiben von Gewohnheiten. Wenn Sie es nicht polemisch nehmen als eine Einengung der filmischen Mitteilung, dann wäre ›narrativ‹ einfach die Erzählkunst. Und die gibt es seit Ovid. Was erzählt Ovid in den *Metamorphosen*? Er erzählt, daß Lebewesen, die leiden, ihre Gestalt verändern. Aber nicht im Leiden verharren. Niobe werden alle ihre Kinder durch eine bösen Gott, Apoll, mit Pfeil und Bogen erschossen. Dann weint sie, sie kann nicht mehr leben und erstarrt zu einem Felsen. Aus ihren Tränen wird ein Quell. Es bleibt also etwas übrig, etwas Lebendiges, Sprudelndes. Was die Götter beschämt. Das ist eine Erzählung. Das ist narrativ. Diese Erzählung hat wie Blumen in einem Garten die Tendenz, mit anderen Erzählungen gleicher Art zu korrespondieren. Und da entsteht so ein Werk wie die *Metamorphosen*. Das ist Erzählung.

Die Frage nach dem Nicht-Linearen steckt auch in der Frage nach dem Narrativen. Heute spricht man bei den neuen Schnittsystemen auch von nicht-linearem Schnitt. Obwohl Schnitt vielleicht immer nicht-linear sein konnte auf eine bestimmte Art und Weise.

Das sind alles interdependente Begriffe. Wenn Sie zum Beispiel einen linearen Text haben und Sie kommentieren ihn, dann erhalten Sie eine Tiefendimension. Das heißt, Sie montieren nach unten zur Gründlichkeit hin. Das können Sie dann nicht außerdem noch willkürlich schneiden. Wenn Sie die Konsekution zwischen oben und unten machen, dann können Sie nicht-linear montieren, indem Sie einfach einem Subtext vertrauen, der das Ganze zusammenhält. Oberhalb des Subtextes machen Sie quasi Kommentare nach oben. Das heißt, Sie schildern nicht alles, sondern lassen den Rückschluß auf ein Ganzes zu, indem Sie nur Teile davon darstellen. Nicht-linear ist das auch nicht. Das ist ein falscher Wortgebrauch. Nur ist die Linearität woanders verborgen. Die ist im Vorverständnis verborgen. Und ohne dieses Vorverständnis können Sie es nicht machen. Wenn Sie einen Text von James Joyce nehmen, das Sirenenkapitel zum Beispiel im *Ulysses*, und Sie wissen gar nicht, was Sirenen sind, dann wird das Unfug. Stellen Sie sich vor, Sie würden das einem Außerirdischen erzählen, der nie von Homer gehört hat. Das wäre ein Schrotthaufen von Worten. Wenn Sie aber jemanden haben, der den Homer kennt und Dublin kennt, oder einen, der Ihnen nur vertraut, dann wird er es entziffern. Auch ohne daß er Homer gelesen haben muß. Insofern geht es auch um Vertrauen.

Es gibt ein anderes Beispiel. Pestalozzi hat Ostschweizer Kindern, die kein Französisch konnten, Texte von Diderot aus der *Enzyklopädie* vorgelesen. Und anschließend haben die Zwölfjährigen den Achtjährigen gesagt, worum es sich handelt. Hier können Sie nicht nachweisen, wo etwas verstanden wurde. Das ist eine nicht-lineare Verknüpfung. Sie beruht auf Vertrauen.

Ich habe Godard ein Lieblingsbild von mir vorgezeigt. Da sieht man einen Lastwagenfahrer, der schon ein halbes Jahr in der Stadt fährt, und der ist blind. Er will nicht arbeitslos sein, also fährt er den Lastwagen. Neben ihm sitzt sein neunjähriger Junge und sagt ihm, wo es lang geht. Der eine sieht nichts, der andere hat keinen Führerschein. Und sie kommen heil durch die Stadt. Es ist Vertrauen, was sie verbindet. Das ist nicht-lineare Handlungsweise. Sie genügt. Aber ohne Zusammenhang gibt es keine Nicht-Linearität. Dann wird sie willkürlich. Das rein Aleatorische ist eine Fiktion. Gab es als Mode in der Musik, als Vorschlag. Das setzt voraus, daß es integrierte Wirklichkeitsausschnitte für sich gibt. Das, was Robinson auf seiner Insel ist, das wäre das als Wirklichkeit. Und eine Robinsonsche Wirklichkeit, muß ich Ihnen ganz ehrlich sagen, ist eigentlich öde, selbst wenn es sie gibt.

Montage ist nicht nur eine Frage der Intellektualität, sondern auch des Umgehens mit dem Atem, dem Rhythmus, den eine Szene oder eine Sprache vorgibt. Sie sagten gestern am Telefon, der Rhythmus der Texte von Hegel, in den man hineinkommt, erleichtere das Verständnis. Und mit Hilfe dieses Atems regieren sich eigentlich die verschiedenen autonomen Teile der Montage noch einmal. Ob etwas lang ausgehalten ist, hängt nicht von der Einstellung selbst oder meiner Vorliebe für sie ab, sondern von dem, was folgt, und dem, was voranging. Das, was wir Rhythmus nennen beim Film, das kann musikalisch sein. Meist ist es eine Beziehung der verschiedenen Einstellungen. Wenn Sie es auf einer Kugeloberfläche auftragen würden, dann würden Sie sehen, warum die Montage so ist. Warum das eine lang und das andere kurz ist.

Das führt auch dazu, daß man sehr oft sogenannte leere Einstellungen macht. Das heißt, ich habe ein wichtiges Bild, das einwirkt. Ich kann nicht sofort ein gleichstarkes Bild dahinter schneiden, dann lösche ich das erste. Dann nimmt man manchmal eine sogenannte leere Einstellung. Beate Mainka würde es typischerweise tun und darauf beharren. Sie stirbt lieber, als daß sie das nicht dahinschneidet – und das wäre ein Bild, das vielleicht unbeachtlich aussieht, bei dem aber der Kopf und das Gemüt wieder Zeit gewinnen, sich auf etwas Neues einzustellen und das andere zu verinnerlichen. Das kann man nicht mechanisch, das kann man wiederum nur empathisch, also mit Gefühl entwickeln. Dieses Gefühl ist aber nichts Subjektives. Es ist ein subjektiv/objektives Verhältnis. In meinem neuen Buch *Die Lücke, die der Teufel läßt* sind auf Seite sechs Maultiere zu sehen auf einer winzigen Sandbank im Missouri. Die gucken sehr störrisch und eigensinnig – ob sie nun gerettet werden oder nicht. Das ist ein subjektiv/objektives Verhältnis. Das sind wir. Es gibt nichts bloß Objektives oder bloß Subjektives. Nicht einmal als Narretei.

Gibt es einen großen Unterschied in der Montage zwischen dem Schreiben und dem Filmemachen?

Sicher. Die Montage ist im Film sehr viel ernster. Im Schreiben können Sie montieren oder es unterlassen. Sie können auch grammatisch kürzen. Ich bin nicht sicher, daß man im Schreiben montieren muß. Im Film müssen Sie montieren. Denn etwas, was im Film zeitlich zurückliegt, wird tendenziell gelöscht. Das ist im Buch nicht der Fall. Die Buchstaben bleiben bestehen. Sie können zurückblättern. Im Film kann ich nicht zurückblättern. Im Internet kann ich auch zurückblättern. Das sind alles Bücher. Während der Film ein Zeitkunstwerk ist. Sowenig wie ich in der Musik eine Stelle wiederherstellen kann, ohne das Ganze zu wiederholen, sowenig kann ich das beim Film. Beim Film noch weniger. Nicht nur der Ton spielt eine Rolle, sondern ganze Parameterketten wirken aufeinander ein. Film ist eigentlich von Haus aus ein polyphones Medium. Deswegen ganz anders intim vernetzt.

Im Film kann man nicht zurückblättern, auch nicht das Ende zuerst sehen. Ist man insofern im Film immer in der Gegenwart?

Scheinbar Gegenwart, auf die aber die vorangegangenen Stellen des Films, und übrigens auch andere Filme, einwirken. Ich bin als Zuschauer jetzt schon in der Zukunft. Ich warte, wie es weitergeht. Ich habe ja eine Vorstellung davon, was jetzt kommt. Gleichzeitig entsteht ein drittes Bild, das ist die Möglichkeitsform. Das was ich jetzt nicht sehe, was aber sein könnte. Mit der Möglichkeitsform arbeitet zum Beispiel *suspense* extrem. Aber auch jede verständigere, den Zuschauer ernstnehmende Form wird diese Möglichkeit immer einbeziehen. Von daher ist es eigentlich ein Mehrzeiten-Kunstwerk, eine Erfahrungsmaschine.

Bleibt die Literatur eher übrig für Sie als der Film?

Die Vertrauensbeziehungen in Büchern sind dichter. Im Film habe ich keinen Ovid. Ich habe keinen Heiner Müller. Ich habe dort gute Leute zu Freunden, denen ich auch vertraue. Film ist extrem jung. Wo haben Sie da einen Montaigne? Es haben sich mehr Menschen mit Büchern und in Büchern Mühe gegeben, als sie sich bisher in der Filmgeschichte Mühe gegeben haben. Ich liebe den Film sehr. Aber in Büchern ist mehr Intensität. Mehr Ruhe. Das ist so eine Frage wie: Hast du deine Mutter lieber als deinen Vater oder deine Tante. Das ist einfach eine alberne Frage. Was man lieber hat. Ich werde charakterlich nicht anders arbeiten in einem Film als an einem Buch.

Na ja, es gibt zum Beispiel auch die Sehnsucht der Filmemacher nach der Freiheit in der Malerei.

Nach der habe ich gar keine Sehnsucht. Ich will mal so sagen, ich kann den Standpunkt nicht leiden. Ich finde ihn in der Musik wenig. Ein Komponist, ein Dirigent, ein Spieler würde sich nicht als Künstler gerieren. Sie verhalten sich objektiviert, sachlich. Und beim Film ist Sachlichkeit auch sehr angesagt. Da haben Sie noch genügend kreative Einfälle inmitten der Sachlichkeit. Dieses »Künstlerische« ist gegenüber dem Zuschauer und dem Material aufdringlich. Es bleibt noch genügend übrig vom Künstler, wenn er sich sachlich, das heißt gleichgewichtsförmig verhält. Man kann *homo compensator* sein, Gleichgewichtler. Das ist eigentlich eine gute Eigenschaft.

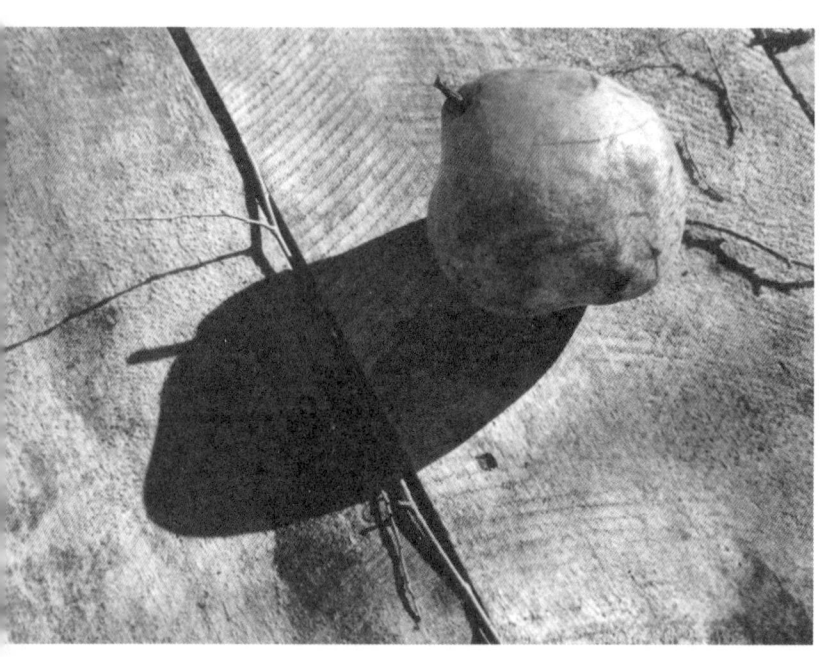

MONTAGE PRAKTISCH – EIN VIRTUELLES GESPRÄCH

Was ist Montage?

Wenn man Filme sieht, macht man sich meistens nicht bewußt, aus wievielen Einstellungen sie bestehen. Man überläßt sich der Erzählung, ohne allzu genau darauf zu achten, wie das Erzählte gebaut worden ist. Gegen Ende der achtziger Jahre hatte der durchschnittliche Hollywoodfilm ungefähr eintausendfünfhundert Einstellungen. Diesen Einstellungen gingen mindestens ebenso viele Entscheidungen voraus, die verworfenen Zwischenlösungen nicht mitgezählt. Wie werden die Entscheidungen im Schneideraum getroffen? Man weiß, da sitzen Leute, die man Cutter, Schnittmeister und heute auch Editoren nennt. Weiß man aber, was sie im Einzelnen tun?

Raimund Barthelmes: Es ist schwer, über diesen Beruf zu sprechen. Der Prozeß des Schneidens ist an sich kein performativer Vorgang. Leute, die beim Drehen dabei sind, der Kameramann, der Regisseur oder die Schauspieler, können abends schöne Geschichten erzählen. Der Kameramann erzählt: Ich habe einfach die Blende aufgerissen, letztes Büchsenlicht, ich weiß nicht, was rausgekommen ist, aber es war so wunderschön, ich hoffe, daß das Kopierwerk das nicht verkocht. Alle sind begeistert, daß er noch versucht hat, das letzte Büchsenlicht zu kriegen, und hoffen mit ihm. Was kann ich in der Kneipe abends erzählen? Ich erzähle: Heute habe ich um vier Felder gekämpft, und zwar eine Stunde. Dann fragen die anderen: Kannst du deinen Job nicht? Es ist schwer, diese Vorgänge darzustellen. Ich bin bei bestimmten Projekten eigentlich kein Editor mehr, der von Anfang an dabei ist, ich bin auch kein reiner *operator*. Die Funktion, die ich habe, habe ich *consultant for dramatic editing solutions* genannt. Ich habe das gemacht, weil es mich ärgert, daß die Hersteller der non-linearen Schnittgeräte immer *editing solutions* anbieten. *Editing solutions* heißt für mich: inhaltliche Arbeit. Ich bin derjenige, der *editing solutions* findet, oder es ist der Regisseur. Im Dialog kommen wir auf die *editing solution*. Die Geräte leisten technische Hilfestellung. Diejenigen, die die Technik entwerfen oder vertreiben, wildern in diesen Begriffen, usurpieren sie, pervertieren sie teilweise auch. Ich bin damit nicht einverstanden und versuche, das zurükkzuholen. 137

Peter Przygodda: Die Montage ist ein Findungsprozeß, der mehr auf der emotionalen als auf der argumentativen Ebene liegt. Das Schneiden selbst ist ein mechanischer oder am Computer ein elektronischer Vorgang. Wenn jemand sagt, ich bin ein Profi, dann hat er schon verloren.

Ich kann nur sagen, ich bin ein professioneller Amateur. Es gibt viele Tricks, die man sich im Laufe der Jahre aneignet, aber die sind auch nicht immer anwendbar. Man fängt bei jedem Film wieder von Null an. Das heißt, die gleiche Spannung, gleiche Zweifel, nicht nur während des Arbeitens.

Beate Mainka-Jellinghaus: Eigentlich kann man die Schnitt- und Montagearbeit nicht detailliert beschreiben. Die Montage fängt doch schon beim Drehen an. Daß man Bilder einfängt, die man braucht. Und sei es nur ein blühender Baum oder ein Vogel, der fliegt, oder ein Schmetterling, der sich auf die Schulter setzt. Das muß ein Kameramann sehen, da muß er einfach draufhalten, egal ob es im Drehbuch steht oder nicht. Das braucht man alles für die Montage. Was nicht da ist, muß nachgedreht werden. Brecht doch die Szene nicht ab, laßt doch die Versprecher drin, spielt doch überhaupt keine Rolle! – das habe ich oft gesagt. Irgendwann wird es eingebaut oder auch nicht, aber man hat Material. Die meisten haben kein Material.

Barbara Hennings: Schnitt ist Komposition verschiedener Teile zu einer Gesamtheit mit dem Ziel, eine fließende Geschichte zu erzählen und gleichzeitig die nötige Reduzierung zu erreichen. Es ist schwer, mit so einem Begriff wie Schnitt umzugehen. Das kann vieles sein. Es kann eine Verbindung zwischen Raum und Zeit sein, es kann eine Verdichtung sein, eine Kontinuität. Für mich hat es auch ganz viel mit Gefühl zu tun. Schnitt kann auch verletzen. Schnitt ist in jedem Fall etwas, das man sehr sensibel handhaben muß.

Thomas Giefer: Schnitt im eigentlichen Sinne des Wortes ist das, was ich mir mühsam abgewöhnt habe. Schnitt – im Sinne von »Abschneiden« – ist ja eigentlich eine Beschränkung, eine Begrenzung des Materials. Das ist etwas für Hardcore-Dokumentaristen, die am liebsten alles senden würden, was sie aufgenommen haben. Die müssen irgendwann schneiden, damit die Leute nicht rausgehen oder abschalten. Für mich gibt es eigentlich keinen Schnitt mehr in diesem Sinne. Wenn wir dagegen von »Montage« sprechen, dann kommt es darauf an, daß man blitzartig Zugriff hat auf alle Elemente eines Films, die zur Verfügung stehen, um sie miteinander zu verbinden, zu montieren und dadurch neue Bedeutungen herzustellen. Es geht nicht darum, daß ich jemanden reden lasse, bis er nichts Interessantes mehr sagt. Ich kombiniere das, was jemand sagt, mit dem, was ein anderer sagt. Oder ich kombiniere ein Bild oder eine Einstellung mit einer anderen, und dadurch entsteht etwas ganz Neues. Das ist im Grunde mein Beitrag zum Ganzen. Ich verstehe mich ebenfalls als eine Art Protagonist, der in das Material eingreift, der dadurch auch etwas sagt zu dem Thema des Films. Für mich ist es in zeitgeschichtlichen Zusammenhängen zum Beispiel spannend, mit den Mördern zu sprechen, auch mit denen, die Morde organisiert und vorbereitet haben. Wie könnte ich mit so jemandem reden, wenn ich den Anspruch hätte, ihn tatsächlich auch eins zu eins vorzustellen? Ich glaube, ich kann das nur mit gutem Gewissen machen, wenn ich weiß, daß es hinterher meine Aufgabe sein wird, die Geschichte zu erzählen, und dazu brauche ich auch seine Sicht, und die werde ich konfrontieren mit der Sicht der Opfer, mit der Sicht der Unbeteiligten, mit der Sicht der Historiker usw. Dann kommt eine ganz neue, spannende Geschichte zustande. Das ist das, was ich zu erzählen habe: das Montierte, die montierte Realität.

Brigitte Kirsche: Ich bin im Laufe meines Lebens sehr oft gefragt worden: Was ist denn das eigentlich: Schnitt? Ich habe geantwortet, da war ich noch relativ jung: Schnitt ist eine Kunst, die handwerkliches Können voraussetzt. Das deckt es für mich ab. Wenn ich jetzt gefragt werde, was ich eigentlich mache, ob ich nur das Überflüssige oder das, was nicht gelungen ist, rausschneide und wegschmeiße, dann sage ich: Ja, das gehört auch dazu. Aber man schneidet nicht nur das Schlechte raus. Man muß versuchen, die Geschichte zu erzählen, die erzählt werden soll. Und das ist Gestalten, Formgeben.

Heide Breitel: Was macht man, wenn man montiert? Anschauen, ausmustern, wegwerfen, schneiden, zusammensetzen oder -kleben, und dann bauen. Es geht noch ein bißchen tiefer: denken, fühlen, weinen, lachen, sich quälen, sich ärgern und sich freuen. Spazierengehen gehört bei mir auch dazu. Wenn es lange genug durchquält und durchdacht worden ist, dann wird es immer einfacher. Montage hat auch etwas mit Einfacher-Werden zu tun. Gerade bei der Fülle von Material, die wir beim Dokumentarfilm oft haben.

Peter Przygodda: Schnitt kann man nicht ästhetisieren, schön schneiden gibt's nicht. Es kommt darauf an, was man wegschneidet. Proportionen und Balance zwischen Szenen und Bildern zu finden – das ist für mich Montage.

Bettina Böhler: Für mich sind die Feinheiten mindestens genauso wichtig wie das große Ganze. Es heißt ja oft, die eigentliche Montage finde im Dokumentarfilm statt. Da bin ich etwas anderer Meinung. Letztendlich geht es um die feine Kombination von Bildern, es geht darum, dem Ganzen den Rhythmus zu geben. Das macht der Editor, und das macht er im Dokumentarfilm genauso wie im Spielfilm. Klar, bei der Dokumentarfilmmontage wird auch die Geschichte entwickelt, aber das Thema und die Auswahl der Protagonisten sind vorgegeben. Damit muß man arbeiten. Der Unterschied zum Spielfilm ist nicht so groß. Man hat beim Dokumentarfilm immer sehr viel mehr Material, das ist schon richtig. Letztlich geht es aber darum, wie man das vorhandene Material so zusammenbaut, daß eben das herauskommt, was herauskommen soll, und das ist meine Aufgabe.

Wolfgang Widerhofer: Für mich ist es zuallererst ein neues Zusammensetzen. Ein Produktiv-Machen von Bildern, Bildergeschichten, Erzählungen und Bedeutungen. Man erarbeitet sich ein Terrain, das man vorher nicht gekannt hat. Das ist für mich Schneiden. Es ist etwas Prozeßhaftes und Fragiles, das mit Worten schwer zu beschreiben ist.

Barbara Hennings: Ein Film entsteht immer dreimal, das erste Mal im Drehbuch, dann beim Drehen und dann ein drittes Mal im Schneideraum. Dort entsteht die endgültige Form des Films. Deshalb ist die englische Bezeichnung für diese Tätigkeit richtig: *editor*. Das heißt Herausgeber. Wenn ich den ersten Schnitt zeige, gebe ich das heraus, was ich dem Material entnommen habe. Ich übersetze es in eine Schnittfolge. Der Editor, Cutter oder wie immer man diesen Beruf bezeichnen will, hat einen sehr hohen Anteil am Gelingen des Films. Aber es geht nicht ohne das Team. Ich bin verloren ohne die anderen, und sie sind verloren ohne mich. Das muß man berücksichtigen. Nur unter diesem Aspekt kann man auch den Film als Ganzes sehen.

Raimund Barthelmes: Es gibt in Amerika den Beruf des Cutters, das ist der, der im Schlachthaus aus einem Tier zwei Hälften macht. Gut, bei einigen Filmen machen wir das vielleicht auch, aber es ist doch relativ weit entfernt davon. Inzwischen hat man sich geeinigt auf den Editor. Man unterscheidet auch gar nicht mehr groß zwischen Film und Video, manche sagen noch Film-Editor und die anderen sagen Video-Editor. Für mich umschreibt Editor immer noch nicht das, was ich eigentlich mache, denn der Editor war ursprünglich einer, der ein Buch herausgegeben hat. Ich versuche, dramaturgische Lösungen für die Erzählung und die Struktur des Films anzubieten.

Elfi Kreiter: Beim Dokumentarfilm ist Montagearbeit zweite Regie, weil es kein Drehbuch gibt. Wenn die anderen vom Drehen kommen, gibt es auch noch keinen Schnittplan. Der Kameramann Carl Franz Hutterer sagte einmal: »Die Cutterin kann aus den Bildern nur herausholen, was da ist.« Ich sagte: »Ja, aber sie muß sehen und fühlen, was drin ist.« Die Dramaturgie entsteht beim intensiven Sichten des Materials und auch in der Diskussion. Wie oft werden die schönsten Szenen nicht genommen, weil sie nicht passen, und daß sie nicht passen, merkt man, wenn man mit dem Material arbeitet. Woody Allen wurde auch von seinen

Cuttern weggeschickt, damit er nochmal etwas dreht. Ich habe das auch schon gemacht, und deswegen meine ich schon, daß Montagearbeit auch Regiearbeit ist. Daß es außerdem Teamarbeit ist, ist das Schöne.

Mathilde Bonnefoy: Film ist ein kollektives Werk, und zugleich ist es das Werk des Regisseurs, sei es nur weil der Regisseur oder die Regisseurin die endgültige Entscheidung trifft, das Werk als seines zu bezeichnen. Dennoch ist es ein gemeinsamer kreativer Prozeß, der nicht sein könnte ohne die Gemeinsamkeit. Ich habe erst während des Schnitts von LOLA RENNT wirklich verstanden, wie wichtig Schnitt ist. Ich war überwältigt davon. Es war der erste Film, den ich geschnitten hatte. Ich hatte mal überflogen, was Sergej Eisenstein darüber geschrieben hat, als ich noch Studentin war in Paris. Ich ahnte damals nicht, daß ich jemals selber Filme schneiden würde. In Frankreich wird Schnitt mehr geachtet als in Deutschland. Die Franzosen lieben die Intellektualität an der Kunst, und Montage ist in ihrem Verständnis ein intellektueller Prozeß. Es ist das Bauen des ganzen Films, von Grund auf. Und das passiert durch ein endloses Beurteilen von kleinen Details bis zu größeren Zusammenhängen – es ist urteilen, nichts anderes, aber von außen könnte man denken, daß das Ganze einem großen, schon existierenden Plan folgt. Man denkt, im Drehbuch oder in der Intention des Regisseurs steht genau beschrieben, wie der Film später sein wird. Das ist ein komplettes Mißverständnis. Im Schnitt entsteht der Film. Meine Eltern sind beide Künstler. Mein Vater ist Dichter, und meine Mutter ist Bildhauerin und malt. Sie verkörpern die Künstler, die die einzigen Autoren dessen sind, was sie tun. Das ist das klassische Bild. Möglicherweise hat das Kino eine neue Form auf die Welt gebracht – die aber auch Kunst ist.[1]

---

[1] Vgl. in diesem Band »Der Beitrag der Filmmontage« S. 239.

Aufforderung zur Beschleunigung

Elfi Kreiter hat einen Artikel aus dem »Stern« zur Bearbeitung von pri-
vaten Videoaufnahmen mitgebracht und liest daraus vor:
»Kaum jemand macht sich die Mühe, seine Videos mit Hilfe digitaler
Schnittprogramme am PC zu bearbeiten. Das ist nämlich sehr zeitauf-
wendig. Die Software Muvee Autoproducer (Firmenmotto: ›Das Leben
ist zu kurz‹) löst das Problem – und zwar erstaunlich gut und in kürzester Zeit. Das Programm schneidet Filme automatisch. Es analysiert die
aufgenommenen Sequenzen auf Helligkeit, Schärfe und Kontrast, erkennt aber auch Bewegungsabläufe, Nahaufnahmen von Gesichtern
und anderen Details. Soll der Film statt mit dem Originalton mit Musik
unterlegt werden (beides läßt sich auf Wunsch mischen), erkennt
Muvee von selbst Rhythmus und Tempowechsel. Per Mausklick entscheidet der Nutzer noch, wie lang das fertig bearbeitete Video werden
soll. Dann folgt die wichtigste Entscheidung: die Auswahl des ›Stils‹,
den der Film haben soll. 24 solcher Stile stehen zur Wahl, von ›Professio-
nell‹ (wie im Fernsehen) über ›Chaplin‹ (s/w, mit Ruckeln und Rauschen)
bis zu ›Radikales Musikvideo‹ (wilde Schnitte wie von MTV und VIVA
bekannt). Manche Stile halten die zeitliche Abfolge des Rohmaterials
ein, andere mischen alles durcheinander. Während die anfängliche Analyse des Videos ein wenig dauern kann, entsteht das Ergebnis des automatischen Schnitts in Minuten. Darin sind tatsächlich die meisten wichtigen Szenen enthalten, die Abstimmung mit der Musik ist taktgenau.
Wer nicht zufrieden ist, kann ebenso schnell einen anderen Stil ausprobieren. Nur für Perfektionisten ist Muvee Autoproducer nichts. Manuel-
les Nachbessern ist unmöglich.«[2]
Probleme lösen in kürzester Zeit; die Analyse dauert zwar etwas, aber
das Ergebnis entsteht in Minuten. Mit Einführung der digitalen
Schnittechniken kam das Versprechen, daß fortan alles schneller geht.
Handelt es sich bei der Filmmontage jedoch um Prozesse, die man be-
liebig beschleunigen und automatisieren kann? Die Erfahrung spricht
eine andere Sprache.

Heide Breitel: Am Filmschneidetisch hatte es mehr mit Handwerk zu
tun, mit Trennen und Wieder-Zusammenfügen.[3] Beim digitalen Schnitt
fällt das weg. Man drückt nur noch auf Tasten. Aber das erspart nicht
das Nachdenken. Die Geschichte muß noch immer im Material gefunden werden. Der Computer kann mir die künstlerische Arbeit nicht
abnehmen.

Montage praktisch

---

[2] Thomas Borchert: »Die Schnittmaschine«, in: *Stern*, 23.1. 2004.
[3] Vgl. in diesem Band »Die kleinen Klebedamen« S. 242.

Thomas Giefer: Ich glaube, alles, was etwas erleichtert und beschleunigt, verführt auch dazu, die Dinge leichter und nicht mehr so wichtig zu nehmen. Das fängt schon beim Unterschied von Film- und Videomaterial an. Wenn man mit Film dreht und weiß, was jede Rolle kostet, dann bekommt jede Aufnahme eine bestimmte Wertigkeit, die man in Mark und Pfennig ausrechnen kann, weil man nur einen bestimmten Etat hat. Man wertet das Material auf, die einzelne Einstellung ist wichtiger, und das schlägt sich auch in der Form und Art nieder, wie man mit Filmmaterial umgeht. Daß man mit Video drehen kann, solange und soviel man will, ist genau das Problem. Solange jeder Schnitt einen bestimmten Aufwand mit sich brachte, investierte man vorher mehr Gedanken und Überlegungen. Wenn man einen Computer hat, muß man nicht mehr alles vorab im Kopf strukturieren, man kann erstmal montieren, und dann schiebt man die Blöcke hin und her. Das fördert eine gewisse Beliebigkeit. Man arbeitet vor sich hin, ohne genau nachzudenken. Es gibt sogar Programme, bei denen man ganze *clips* in einen *bin* reinziehen kann, und dann drückt man einen Knopf, und die *clips* werden automatisch montiert. Das ist wahnsinnig bequem. Die Technik erleichtert die Arbeit für Leute, die nicht so gut nachdenken können. Zu diesen Leuten gehöre ich auch. Und trotzdem ist ein vernünftiges Resultat zu bekommen, beim Drehen und beim Schneiden.

Elfi Kreiter: Heute wird Zeit eingespart noch und noch. Da kommen Redakteure mit vorgefertigten Videobändern in den Schneideraum und sagen nur noch: Hier und da ein bißchen was machen. Die könnten sich mit so einem automatischen Schnitt-PC helfen, da brauchen sie keinen mehr, der sich in den Film hineindenkt. Ich glaube nicht, daß je ein wirklich guter Film entstanden ist, wenn der Cutter nur gesagt hat: Wie hätten Sie es gerne? Das ist quälend für jeden, dessen Herz an dieser Arbeit hängt. Man schaut sich Tausende von Metern an, man schaut und hört genau und konzentriert hin. Auch als Schnittmeister, sonst ist der Regisseur alleingelassen. Ich habe keine Rücksicht auf Arbeitszeitvorschriften genommen. Ich habe mir die Zeit genommen, die ich brauchte, um ein Ergebnis hinzukriegen, mit dem ich zufrieden war.

Thomas Giefer: Die digitale Technik ist im Grunde ein Hilfsmittel für Analphabeten, für diejenigen, die den Film nicht vorher im Kopf haben und in ihren Überlegungen entsprechend umsetzen können. Die Technik erleichtert aber auch Dinge, die man am Filmschneidetisch auch schon machen konnte. Die Filme von Eberhard Fechner funktionieren im Grunde so, als ob sie non-linear geschnitten wären. Eberhard Fechner und Brigitte Kirsche haben unglaubliche Mühen darauf verwenden müssen, um ihre Montagen am Filmschneidetisch zu machen. Sie haben Monate geschnitten, ein ganzer Stab von Leuten hat die Interviews protokolliert. Das geht heute sehr viel einfacher und schneller, und das heißt nicht unbedingt, daß es schlechter ist. Es gibt beides: Dinge, die einfacher gehen, und Dinge, die so leicht gehen, daß die Leichtigkeit zum Verhängnis werden kann. Das ist bei allen modernen Werkstoffen das gleiche. Früher hat man Stein auf Stein gesetzt. Heute kann man aus Beton jede x-beliebige Form gießen. Das bringt neue Formen von Architektur mit sich, und ich denke, daß so auch neue Formen von Film entstehen. Wenn wir uns an die alten Formen klammern, dann braucht man die neuen Techniken vielleicht nicht. Manchmal hat man aber einen Gedanken, der ganz schlüssig zu sein scheint. Wenn man anfängt, ihn zu formulieren oder sogar niederzuschreiben, bekommt man wahnsinnige Schwierigkeiten, den Gedanken in der Geschwindigkeit, wie man ihn denkt, umzusetzen. Durch die Schnelligkeit des Computers kommen manchmal Lösungen zustande, die man in mühsamer Arbeit nicht hinkriegen würde, weil es zu lange dauert und man sich zu sehr abarbeiten würde an kleinen Details. Mit den non-linearen Schnittsystemen hat man den Geistesblitz ruckzuck umgesetzt, und das ist ein Vorteil.

Heide Breitel: Weil vieles so einfach und schnell machbar scheint, reden aber auch viel mehr Leute in den Schnitt hinein. Das habe ich bei einem Kollegen erlebt, bei dem ich Supervision gemacht habe. Die Redakteurin und der Gesamtredakteur haben reingeredet, jeder hatte etwas zu sagen, und permanent mußte der Film umgeschnitten werden. Ich kam dazu und dachte: Soll ich mir jetzt alle bisherigen Versionen angucken? Da gucke ich mir lieber gleich das rohe Material an. Daß man am Computer so schnell verschiedene Versionen herstellen kann, ist nicht nur ein Vorteil. Gerade die Leute, die nur den Computerschnitt kennen, hantieren schnell mit den digitalen Möglichkeiten. Dadurch wird der Film aber nicht besser.

Bettina Böhler: Man hat mit dem Avid die Möglichkeit, Feinheiten so genau zu bearbeiten, wie man es früher am Schneidetisch wohl nicht gemacht hätte. Manche von den älteren Cuttern mögen da vielleicht aufschreien, aber ich habe selbst mehr als 15 Jahre am Filmschneidetisch gearbeitet. Durch den leichteren Zugriff auf das Material kann man viel genauer arbeiten, auch im Dokumentarfilm. Natürlich hat man früher die einzelnen Filmrollen auch wieder und wieder angeguckt, aber nicht in der Intensität wie heute. Früher hatte man die Klebestellen mit Tesa, und bei jedem Schnitt hat es geruckelt, auch wenn man die Klebestellen noch so gut gemacht hatte. Oder man hatte vom vielen Hin und Her Schrammen drauf. Man hat jeden Schnitt einfach gespürt. Es ist ein großer Vorteil, daß man das nicht mehr hat. Man hat zwar das kalte digitale Bild, aber man hat eben auch das unverletzte Material. Je nachdem, wie lange man mit der Arbeitskopie geschnitten hatte, ging ja auch die Perforation kaputt, und dann hat es noch mehr gewackelt, so daß man schon sehr abstrahieren mußte von der Qualität des Bildes, um den Schnitt zu beurteilen. Die Arbeitskopie sah irgendwann total schlecht aus. Das vergißt man heute manchmal.

Peter Przygodda: Sowie man mit Film zu tun hat, ich rede jetzt nicht von ausgesprochenen Videoproduktionen, und man das Stadium eines feineren Rohschnitts an einem digitalen Schnittsystem erreicht hat, sollten von den eingeschnittenen Einstellungen Muster gezogen werden, am Schneidetisch nachgeschnitten und jeder Schnitt überprüft werden. Des öfteren habe ich dann so um die achtzig Prozent aller Schnitte neu gemacht – ein Feld, zwei Felder. Monitore haben eine nivellierende Oberfläche durch Zeilenraster und meist schlechte Auflösung. Alles, was man macht, sieht irgendwie okay aus. Auf einer Moviola oder einem Steenbeck habe ich zwar ein kleines Bildfenster, aber ein analoges Abbild von dem, was gedreht worden ist. Manchmal passieren Sachen, die nicht passieren sollten: zum Beispiel, daß ein Augenlid eines Protagonisten gerade im letzten Feld des Abschnittes einer Schnittstelle zugeht. Das sollte man vermeiden, weil es den Schnitt zusätzlich betont. Auch wenn man es gar nicht mitbekommt, gibt's einen zusätzlichen Ruck. Am Steenbeck sehe ich das sofort, auf dem Monitor nur mit öfterer Kontrolle. Das meine ich mit nivellierender Oberfläche. Sie glättet. Ansonsten ich habe nichts gegen Rechner. Es geht halt schneller, der Zugriff ist schneller. Das ist schon alles okay. Nur die Oberfläche ärgert mich jedes Mal. Das ist eigentlich nicht 21. Jahrhundert.

Raimund Barthelmes: Die Vorteile des digitalen Schnitts? Ganz klar: alle Versuche stehenlassen zu können, die man je gemacht hat, auf frühere Versionen unglaublich schnell zurückgreifen zu können, auch in Fragmenten. Der Spieltrieb wird befriedigt oder sogar ausgeweitet, es gibt nicht mehr die häßlichen Klebestellen, wenn man etwas wieder zusammenfügt, was schon einmal durchgeschnitten war. Daß ich in der *timeline* nicht kontinuierlich nach vorne gehen muß, war am Anfang überraschend, verwirrend, beunruhigend, aber auch ein großer Vorteil. Ich kann an eine beliebige Stelle den *cursor* setzen und dann hupft das Ding dahin. Zeitgewinn? Für wen? Für mich, für meine Ökonomie oder für die des Produzenten? Ich weiß es nicht. Natürlich wurden die Schnittzeiten, seit es die non-linearen Schnittsysteme gibt, von den Produzenten aus gekürzt. Man muß immer einsparen, und Einsparen geht nur über die Zeit. Produzenten und *creative producer* – das ist ein Widerspruch für mich. Ist es kreativ, wenn jemand Geld verwaltet? Produzenten sind natürliche Feinde des Schneideraumes, sie verstehen nicht, was dort passiert. Sie haben immer das Gefühl, daß man nur Sekt trinkt und Halli Galli macht. Sie geben einem das Gefühl, man klaue ihnen Geld. Okay gut, das ist vielleicht ein bißchen zu böse gesagt und Gott sei Dank gibt es Ausnahmen.

Thomas Giefer: Für mich beschleunigt der digitale Schnitt nichts – im Gegenteil. Als ich noch im WDR am Schneidetisch Filme geschnitten habe, mußte ich in drei Wochen meinen Schnitt fertig machen. Das war ein unglaublicher Druck, mit dem ich fertigwerden mußte. Ich mußte abstrakt vorbereiten, was handwerklich innerhalb von drei Wochen umzusetzen war. Der digitale Schnitt hat mich von diesem Zeitdruck befreit. Ich arbeite oft Monate daran. Man kauft sich ein paar Festplatten, und dann behält man einen ganzen Schnitt ein Jahr lang darauf. Ich habe einen Film, weil sich der Sendetermin verschoben hat, zwei Monate geschnitten und dann drei oder vier Monate liegenlassen, habe einen anderen Film gemacht und bin dann wieder an diesen Schnitt gegangen. Das war eine Befreiung. Ich habe diesen Film wie einen fremden Film wiedergesehen, und es ist genau das passiert, was mir mit allen Filmen passiert, die ich mir nachträglich ansehe. Ich sehe die Fehler, die ich während des Schnitts nicht sehen kann, weil ich zu sehr drinstecke. Ich sehe rhythmische Fehler, ich sehe fehlende Informationen. Wunderbar. Das wäre unter den Bedingungen eines normalen Schnitts völlig ausgeschlossen. Welche Cutterin läßt einen Film drei Wochen oder sogar drei Monate liegen und geht dann wieder dran? Das ist praktisch unmöglich. Die Geschwindigkeit der Technik kann zwar zum Verhängnis werden, vor allem ökonomisch, wenn sie vom Sender verlangt wird. In diesem Fall hetzt man den technischen Möglichkeiten und der Geschwindigkeit des Systems nur hinterher. Das versuche ich aber zu vermeiden. Für mich ist die Geschwindigkeit des Systems Zeit, die mir geschenkt wird, um mehr auszuprobieren, und dagegen kann ich wirklich nichts einwenden.

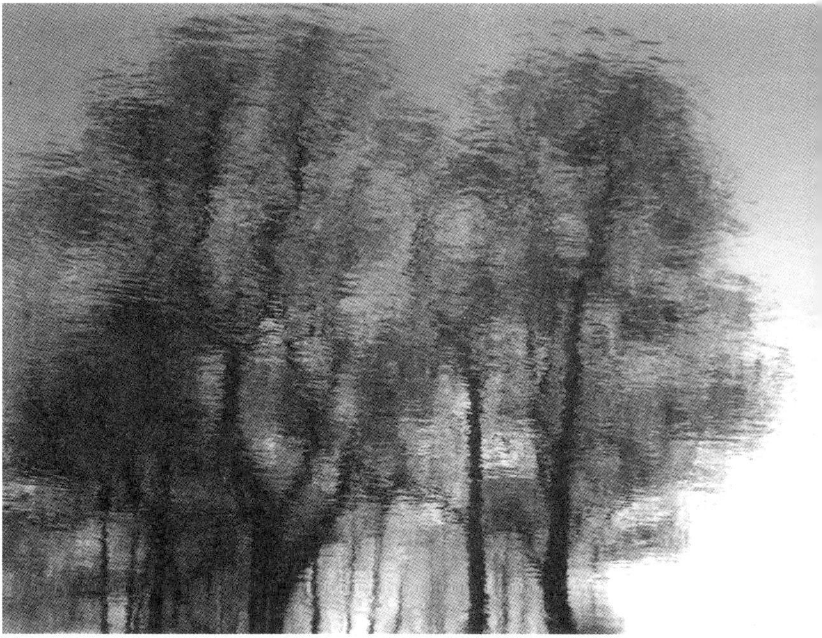

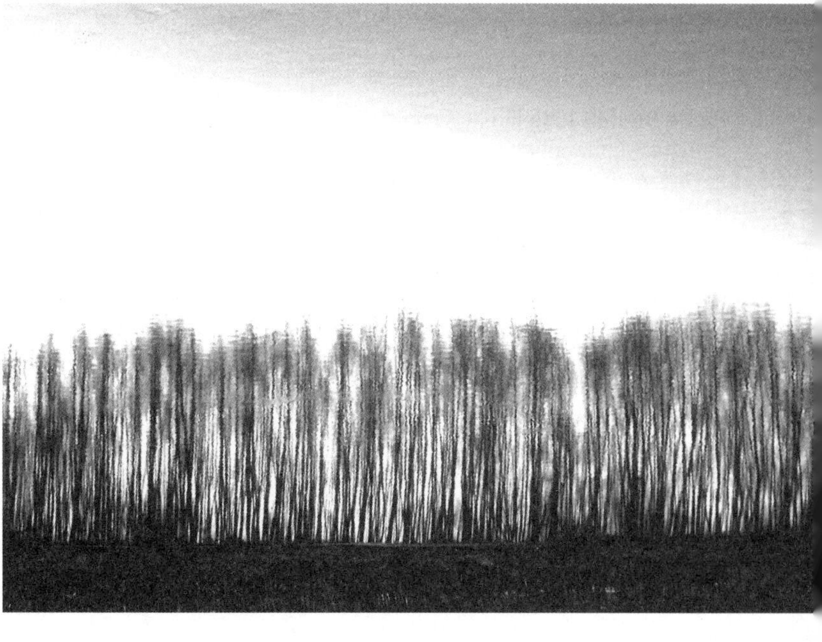

Sich das Material aneignen

Die erste Arbeitsphase beginnt mit zurückgelehntem Schauen. Schauen wie ein Zuschauer, nicht wie ein Analytiker oder Kritiker. Dann nochmal und nochmal Schauen, beim Dokumentarfilm verbunden mit Material-protokollen, Einstellungslisten, Notizen. Bei vierhundert Stunden Ausgangsmaterial wie bei dem Film DIE CHAMPIONS dauerten diese vor-bereitenden Arbeiten sehr lange. Wenn wir das Rohmaterial mehrfach in ›realtime‹ angesehen hätten, so wie es der amerikanische Dokumen-tarfilmer Robert Flaherty früher sogar mehrfach machte, bevor er den ersten Schnitt ansetzte, hätten wir Monate dafür gebraucht. Gibt es einen Weg der Abkürzung in diesem zeitaufwendigen Prozeß?

Wolfgang Widerhofer: Ich liebe das Sichten. Ich sperre mich zu Hause ein, koche mir etwas und sichte sechs Stunden Material pro Tag, und wenn ich viel arbeite, kann ich acht Stunden sichten. Produktiv sind zwischen vier und sechs Stunden. Ich kann aber nicht nur sitzen und hinschauen, ich muß mich bewegen, das Material stoppen und auf-schreiben. Ich produziere wahnsinnig viel Schriftliches, in dem dann steht: Einstellungsgröße, Inhalt, wer spricht wann, was ist interessant daran, welche Bewegungen gibt es? Interviews notiere ich nur in Stich-worten. Das, was ich sehe, muß ich loswerden. Oft kann ich nicht schla-fen, wenn ich es nicht aufschreibe. Ich bin wahrscheinlich so wie alle Menschen, die in einem längeren Prozeß arbeiten und ohne Schreib-zeug nicht ins Bett gehen können. Ich gehe gern in den Schneideraum, wenn ich weiß, was ich da zu tun habe. Ich finde es furchtbar, in den Schneideraum zu kommen und im Chaos zu versinken.

Heide Breitel: Jede Einstellung wird beim Sichten in einem Buch fest-gehalten, daher finde ich, daß das Buchhaltung ist. Später stundenlang nach Szenen im Material zu suchen, hält nur auf. Meine Assistentin und ich müssen auf einen Blick sehen, wo etwas ist. Diese bürokratische Arbeit gehört einfach dazu. Das ist oft lästig, doch damit prägt man sich das Material auch im Hirn ein. Beim Spielfilmdrehbuch ist schon alles beziffert und gekennzeichnet. Die Szenen sind in verschiedene Einstel-lungsgrößen aufgelöst, und man hat Rollen- und Einstellungsnummern. Beim Dokumentarfilm müssen wir uns das erst nach dem Drehen her-stellen.

Brigitte Kirsche: Beim Filmschnitt mußte man zuerst die Töne synchron anlegen. Ich habe die Töne angelegt, mir dabei alles angeschaut und versucht, es zu behalten. Ich habe mir nur Notizen gemacht, in welcher Rolle was ist, und in die entsprechenden Kartons habe ich Zettel gelegt, damit ich wußte, was drin ist. Anfangs habe ich mir nur Stichworte aufgeschrieben, habe aber sehr bald gemerkt, daß man, um zu montieren, eine Fülle von Texten nicht im Kopf behalten kann. Wenn man jedes Mal, wenn man etwas sucht, diese großen Filmrollen wieder auf den Schneidetisch nehmen und hin- und herfahren muß, um die gesuchte Stelle zu finden – das ist ja manchmal nur ein Satz –, dann dauert das zu lange. Zuerst habe ich Interviews mit der Hand abgeschrieben. Wenn Eberhard Fechner dazukam, hatte ich das fertig. Wir haben dann anhand der Protokolle gesucht: Wie soll erzählt werden? Das ging recht gut, nachdem alles schriftlich vorlag. Dieses Prinzip haben wir auch bei späteren Filmen beibehalten. Nur wurden die Interviews dann von einer Sekretärin abgeschrieben. Denn das war eine ungeheure Arbeit. Mit der Hand war das eigentlich gar nicht zu machen. Wenn ich den Film angelegt hatte, war auch das Protokoll da. Wir haben das Protokoll genannt, weil alles wörtlich abgeschrieben wurde, auch alle Fehler. Das ist wichtig, damit man nicht erst beim Schnitt feststellt, daß jemand einen Satz nicht zu Ende sagt. Das muß man schon erkennen können, wenn man die Protokolle liest.

Mathilde Bonnefoy: Wir schauen uns alle Muster an, die digitalisiert worden sind. Das heißt, daß wir sehr viele Stunden Material hintereinander angucken, bevor wir überhaupt den ersten Schnitt machen. Wir schauen in der chronologischen Reihenfolge des Films, mit allen Wiederholungen. Wir gucken manchmal, je nach Film und Aufwand, zwei, drei Monate nur Muster, reden darüber und sagen: Das war gut, das war schlecht. Oder: Da war der Anfang gut, der Rest war nicht gut. Es ist fast wie das erste Mal den Film angucken, einen Film, den es niemals geben wird, weil er drei Monate lang ist und deshalb komplett unmöglich. Dabei zeigt sich aber das ganze Potential des Films. Das ist im Grunde das, was den ersten Eindruck auf mich macht. Ich betone ›auf mich‹, weil ich versuche, das Drehbuch nicht im voraus zu lesen. Ich bin auch beim Drehen nicht dabei. Wenn ich zum Beispiel mit Tom Tykwer im Schneideraum sitze, dann bin ich die einzige, die das Material wirklich entdeckt. Das mache ich sehr gerne so.

Barbara Hennings: Das Sichten ist der Kern der Übung. Das habe ich immer sehr intensiv gemacht. Das liegt daran, daß ich vom ›analogen Schnitt‹ komme. Das Material, das man da in der Hand hatte, wurde durch einen Schnitt wirklich zerstört. Man schnitt es durch. Man konnte es zwar wieder zusammenkleben, aber der Schnitt blieb sichtbar und war störend. Insofern waren die Phasen des mehrfachen Guckens wichtig, bevor man den Schnitt setzte. Das kostete natürlich Zeit. Aber es half dem Film, und die Zeit, die man da investierte, holte man nachher wieder auf. Je besser die Vorarbeit, desto besser ist das Ergebnis hinterher. Durch die digitale Aufnahmetechnik ist das Material im Dokumentarfilm sehr viel umfangreicher geworden. Wo man früher drei, vier Stunden Material hatte, hat man heute dreißigmal mehr. Soviel Material im Kopf zu behalten, ist schwer. Ich habe immer wenig mitgeschrieben. Abgesehen von Interviews, die man abschreibt, um besser arbeiten zu können. Auch beim Spielfilm habe ich keine Aufzeichnungen gemacht, außer Kopierer und Nicht-Kopierer.

Beate Mainka-Jellinghaus: Ich habe das Mustermaterial meistens im Schnellgang angeschaut, weil es sonst zu lange gedauert hätte. Das, was mich besonders interessiert hat, habe ich langsam angeschaut. Dann habe ich wieder Schnellgang gemacht, dann habe ich sortiert, gleich in kleine Blöcke getan. Wenn man das vierzehn Tage macht, schwirrt einem der Kopf. Alexander Kluge und Werner Herzog haben gesagt: Laß sie nur machen. Wenn Alexander Kluge hinter mir stand, hat er gesagt: Sie brauchen nichts zu sagen, an Ihrer Körperhaltung oder daran, wie Sie den Schneidetisch bedienen, sehe ich schon, wo Ihr Interesse hingeht. Meistens war er überrascht über die Dinge, die mich gefesselt oder gelangweilt haben. Für die Regisseure ist das dann oft sehr enttäuschend. Sie denken, alles sei gut und schön.

Brigitte Kirsche: Was glauben Sie, wie oft ich mir das gesamte Material angesehen habe. Wenn das Protokoll geschrieben war, habe ich mir sofort eingetragen, wo die Kamera nicht auf dem Hauptdarsteller ist, daß jemand die Nase putzt, was weiß ich – etwas, das mir signalisiert, daß es vom Bild her nicht so optimal ist. Dann kann man eine Stelle manchmal schon vergessen. Bei der Fülle an Material ist es klar, daß das eine oder andere aus dem Gedächtnis rutscht. Obwohl ich noch heute Betonungen im Ohr habe, wie ein Mensch gesprochen hat, welche Geste er gemacht hat, was in seinen Augen passierte. Das bleibt im Gedächtnis. Nur das Wörtliche kann man nicht behalten, das ist ausgeschlossen. Deswegen waren die Protokolle so wichtig. Ich hatte Interviews von über dreihundert Seiten Länge, und bei dem Majdanek-Film DER PROZESS[4] hatte ich 72 Interviews von dieser Länge.

Thomas Giefer: Durch den direkten Zugriff besteht beim digitalen Schnitt schon das Risiko, daß Sachen verlorengehen. Manchmal habe ich 120 *bins* und darin 2.000 *clips*. Das hat man natürlich nicht alles im Kopf, und es besteht die Gefahr, daß einiges durch den Rost fällt. Man vergißt es oder stößt erst wieder darauf, wenn der Film schon fertig ist. Für mich ist immer das gesamte Material entscheidend und der Zugriff auf jeden Punkt in diesem Material.

[4] DER PROZESS, Regie: Eberhard Fechner, NDR 1976-1984.

Peter Przygodda: Ich übertrage meine Arbeitsweise am Filmschneidetisch auf das digitale Schnittsystem, arbeite streng linear. Mehrere Einstellungen zurückfahren, wenn man etwas gemacht hat – man braucht Vorlauf, um einen Schnitt richtig beurteilen zu können. Soviel wie möglich vom Material im Kopf haben, so daß man sich, auch wenn man spazierengeht, einen Szenenablauf vorstellen kann, der noch gar nicht existiert. Es ist wichtig, daß ich den Film rückwärts sehe, mit oder ohne Ton. Automatisch memoriere ich das Material. Also, ich benutze den Computer genauso wie den konventionellen Schneidetisch. Es geht alles schneller, was nicht schlecht ist. Konventionell arbeitet man aber seriöser, egal auf welcher Maschine, nicht vom Bewußtsein her, sondern unbewußt. Ehe man einen Schnitt macht, kreist man den möglichen Ab- und Anschnitt ein. Man hat mehr Respekt vor dem Material und zerhackt sich nicht kopflos die Arbeitskopie.

Thomas Giefer: Um das Material handhabbar zu machen, mache ich mir meine Schubladen. Das ist beim Computer sehr einfach. Ich lasse das Material durchlaufen und hole mir einzelne *clips* oder Elemente heraus. Es sind nicht von vornherein die passenden *clips*, wie man sie nachher verwendet. Ich suche Ordnungskategorien, in die ich die Bilder, die ich gedreht habe, einsortiere, damit ich nachher einen schnellen Zugriff darauf habe. Entscheidend ist aber für mich, daß die Originalaufnahme nicht wirklich zerstückelt wird. Ich organisiere die *clips* nicht, bevor ich digitalisiere, oder währenddessen, sondern danach, wenn schon alles digitalisiert ist, so daß ich immer noch die Möglichkeit habe, die gesamte Kassette durchlaufen zu lassen, so wie man früher auf dem Schneidetisch den ganzen Film durchlaufen ließ. Ich weiß noch, daß ich früher die Cutterin manchmal wahnsinnig gemacht habe, wenn sie fragte: Was schneiden wir jetzt als nächstes? Und ich dann sagte: Weiß ich nicht, laß die Rolle einfach mal durchlaufen. Die Rolle hatte 120 oder 240 Meter, das sind bei 16mm-Film zehn oder zwanzig Minuten. Ich wollte die Bilder sehen, und während sie vorbeiliefen, sah ich auch Dinge, nach denen ich gar nicht gesucht hatte. Dann entwickelten sich plötzlich Assoziationen, und ich fing an zu probieren. Ich digitalisiere ganze Kassetten, damit ich eine Kassette anklicken und durchrollen kann. Das bringt auch die Vor-Ort-Stimmung wieder zurück an den Schnittplatz. Wenn ich das alles schon in passende *clips* verpacken würde, wie es viele Kollegen tun, könnte ich gar nicht mehr rekonstruieren, was ich empfunden, erlebt und gesehen habe. Das ist für mich aber sehr wichtig. Danach mache ich mir erst kleine *bins*, in die ich einzelne Teile einordne. Wichtig ist, auf alles einen schnellen Zugriff zu haben, ohne unendlich spulen und suchen zu müssen, wie das früher am Filmschneidetisch war. Deshalb ist die Vorarbeit vor dem eigentlichen Schnitt unglaublich umfangreich. Ich sitze manchmal zwei Wochen nur beim Digitalisieren und Ordnen und dann nochmal zwei Wochen beim Protokollieren. Unter normalen Bedingungen im Sender ist der Schnitt dann schon vorbei. Ich fange dann eigentlich erst an.

Raimund Barthelmes: Ich habe beim Film Bild und Ton meist im Schnellgang synchron angelegt, weil ich möglichst schnell mit diesen technischen Dingen durchkommen wollte. Nachdem das Tonanlegen fertig war, habe ich das Material angeguckt von vorn bis hinten. Das Ansehen am Stück war auch immer wichtig, und zwar, wenn es ging, ohne Unterbrechung. Wir haben oft den Telefonhörer beiseite gelegt und einen Zettel an die Tür gemacht: Bitte nicht stören, weil dieser erste Eindruck entscheidend ist. Ich habe das Material meist mit dem Regisseur angeschaut. Bei dieser Arbeit gibt es einen intensiven Dialog, wir schätzen die einzelnen Takes oder Szenen ein. Es gibt dann zwei Sterne für die besten Szenen. Später wird es in der Arbeit auch mal einen *bin* geben, der ›unverzichtbar‹ heißt, und wenn einzelne Takes daraus in einer Version des Films noch keinen Platz gefunden haben, versuche ich noch im letzten Durchlauf, diese Takes oder Szenen einzuarbeiten. Dann gibt es Takes oder Szenen, die ein Doppelminus kriegen, die werden nicht digitalisiert, aber die werden auch benannt. Dann gibt es die Minuszeichen, die werden normalerweise später auch nicht mehr angeguckt. Dann gibt es die Plus-Minuszeichen – eine der heikelsten Geschichten, weil man sich nicht entscheiden kann. Vor allem dokumentarisches Material ist sehr heterogen. Meistens ist es eine Materialschlacht, denn heute habe ich zwischen vierzig und fünfzig Stunden Ausgangsmaterial für einen Neunzig-Minuten-Film. Nach ungefähr zwei Wochen bin ich fertig mit diesen Arbeiten. Dann frage ich mich, was ist hängengeblieben, und dann kommt eher die linke Gehirnhälfte zum Zug. Ich versuche, die Struktur zu entwerfen, um überhaupt etwas aneinanderzuhängen. Wie könnte es funktionieren? Dann versucht man, eine Version zu machen, schon im Bewußtsein, daß die auch scheitern kann.

Beate Mainka-Jellinghaus: Ich könnte nicht sagen, das Material kommt in den Schneideraum und der Film entsteht dann im Kopf, das ist es einfach nicht. Ich lese das Drehbuch vorher nicht. Die Regisseure machen eine Vorgabe, und dann entsteht vieles in der Diskussion. Oft überlegt man nicht, sondern greift zu einer Rolle, montiert und findet es gut. Der große Macher ist immer Alexander Kluge gewesen. Auch wenn er Dokumentarfilme dreht, hat er immer die richtigen Szenen gebracht. Bei einer Beerdigung schaut er auf die Totengräber und nicht auf den Sarg, der herabgesenkt wird. Interessant ist eigentlich, was die Menschen nach der Beerdigung und nicht während der Beerdigung machen. Da ist Kluge einfach unglaublich gut. Und er beobachtet. Vor allen Dingen muß man auch außerhalb der Szenen drehen, wenn es geht. Also Beobachtungen mitnehmen, Pausen mitnehmen, kleine Gesten oder Mimik. Nicht abschalten, wenn die Szene zu Ende ist, sondern die Kamera weiter draufhalten. Die letzten drei Meter kann man vielleicht irgendwo verwenden. Das muß man erkennen und für den Schnitt abspeichern. Irgendwann braucht man eines dieser Bilder, aber dann muß es auch da sein. Wenn man solche Bilder nicht hat, wird der Film einfach arm. Edgar Reitz konnte das alles, Thomas Mauch konnte das, Günther Hörmann, ich weiß nicht wieviele Kameraleute ich noch hatte. Szenen mit Versprechern sind oft am Lebendigsten und am Schönsten. Das muß man erkennen und versuchen einzubauen. Dann wird der Film nicht so steril.

Elfi Kreiter: Das dokumentarische Material wurde durch die Assistenten vorbereitet, der übliche Vorgang, das Synchron-Anlegen und Trennen des Materials, sehr wichtig und ermüdend, weil man sich bei diesem Vorgang sehr viel merken muß. Wir sind so programmiert, daß wir alles, was wir sehen und hören, im Kopf behalten. Dann kommt man zu dem Punkt, an dem die Komplexe aufgetrennt sind und das Material geordnet ist. Das ist ein ganz wichtiger Vorgang für das Spätere, bei dem man sich das Material aneignet. Ich habe mir prinzipiell das gesamte Material, jede Sekunde, im Normalgang angesehen. Dabei entstand in meinem Kopf schon in großen Teilen der Filmaufbau, ein Gefühl für die dramaturgische Entwicklung, für die Erzählstruktur. Wenn ich dann vom Autor/Regisseur den Ablauf oder Schnittplan vorgelegt bekam, hatte ich genau im Kopf, was vorhanden war, und dann kostete es eben sehr viel Nachdenken und Zeit, die eigentliche Montage zu machen.

Bettina Böhler: Wenn man für eine Drei-Minuten-Szene dreißig Minuten Material hat, dann muß man sich erstmal durch dieses Material durchkämpfen. Ich miste dann selber aus. Da geht es auch schon um Entscheidungen: Was nehme ich, und was nehme ich nicht? Dann kombiniere ich schon, wann zeige ich was? Welchen Satz zeige ich bei wem? Das sind lauter einzelne Entscheidungen, die man ständig treffen muß. Es macht mir natürlich Spaß, und dann ist es wieder anstrengend und ich denke: Warum muß ich immer alles allein entscheiden? Warum kann mir nicht mal jemand sagen, wie ich das jetzt machen soll?

Mathilde Bonnefoy: Das erste Anschauen, das solange dauert wie das Angucken der ganzen Muster, präsentiert mir einen Film, der natürlich unmöglich lang ist, unmöglich komplex und widersprüchlich, aus dem ich aber eine Essenz herausfiltere, gerade weil er so lang ist. Übrig bleibt ein Eindruck. Dieser Eindruck ist eine nicht faßbare, aber reale Sache in mir. Ich versuche, ihn nachvollziehbar zu machen, auch für andere. Ob mir das gut gelingt oder nicht, weiß ich nicht im voraus, aber es gibt mir eine Richtung.

Bettina Böhler: Wenn ich einen Spielfilm schneide, fange ich parallel zum Drehen mit dem Schnitt an, das heißt spätestens eine Woche nach Drehbeginn. In der ersten Woche werden die Muster von einer Assistentin synchron angelegt, und dann komme ich in den Schneideraum und sehe mir die Muster an, die bis zu diesem Zeitpunkt gedreht worden sind. Dann fange ich sofort mit dem Schnitt der ersten Szene an, wobei ich die Chronologie, die in dem Moment schon vorhanden ist, berücksichtige. Bevor ich mit dem Schnitt anfange, lese ich das Drehbuch nicht noch einmal, denn ich finde es im Grunde sehr wichtig, nicht ständig das Buch im Kopf zu haben. Ich gehe von vornherein lieber so frei wie möglich an das Material, lasse die Muster, die ich in dem Moment sehe, auf mich wirken, um danach die Geschichte zu bauen. Die Geschichte muß sich schon durch die Muster erschließen. Wenn das nicht passiert, dann stimmt etwas nicht. Ich gehe von Anfang an sehr genau vor. Ich schneide nicht erst die Klappen ab und hänge dann alles grob hintereinander. Ich gehe schon so genau vor, daß eine Szene von Anfang an einen Rhythmus hat und der erste Rohschnitt schon einigermaßen stimmt.

Mathilde Bonnefoy: Das Auswählen ist schon das Schneiden. Es ist wie für einen Photographen. Ein Photograph macht viele Photos und hat viele Kontaktbögen. Das sind fünfzig Prozent seiner Arbeit. Die restlichen fünfzig Prozent bestehen aus dem Auswählen, welches Photo gut ist und welches nicht. Um ein sehr grobes Beispiel zu geben: Man hat zum Beispiel ein Photo, auf dem ein Model ein Auge halb geschlossen hat. Ob man es nimmt oder nicht – in jedem Fall ist die Wahl ein Statement. Damit sagt man: So soll das Photo sein. Wenn man zum Beispiel das Photo mit dem Model aussucht, das ein Auge halb geschlossen hat, ist das eine ästhetische Entscheidung. Es gibt keine Situation, in der man sagen kann, das ist technisch schlecht, also nehmen wir es nicht. Die Auswahl ist schon die Arbeit. Wenn wir von einer Szene den dritten Take nehmen, dann haben wir den ersten und zweiten weggelassen, schon das ist eine massive Entscheidung, denn der erste ging in eine ganz andere Richtung und der zweite auch. So ambivalent wie ein Mensch und sein Handeln sind, so ambivalent ist auch das Material. In einem simplen Satz sind schon viele verschiedene Nuancen möglich, und diese kommen spätestens dann zum Vorschein, wenn man ihn zehnmal wiederholt. Die Auswahl des Takes ist die Auswahl der Nuance, und die Nuance ist der Sinn des Films im Kleinen, und die Summe dieser Entscheidungen ist der Gesamtsinn des Films. Diesen überprüft man natürlich, nachdem man den Film einmal durchgeschnitten hat, nochmal und nochmal bis zum Schluß. Bis man am Ende den Film hat, den man haben will.[5]

[5] Vgl. in diesem Band »60.000 Meter für einen Film« S. 240f.

Zusammenhang herstellen / Rohschnitte

Das Material, das nach dem Sichten zur Auswahl steht, in eine vorläufige Abfolge bringen, so daß man es am Stück anschauen kann – der erste Rohschnitt. Über verschiedene Rohschnittfassungen dann so weit kommen, daß sich vom Bild und Ton her erzählt, was erzählt werden soll. Hilfen in dieser Phase der Arbeit: Videoprints, Karteikarten, Pinnwände, Notizbücher. Man bewegt sich zwischen Disziplin, Ordnung-Halten und der Sehnsucht nach Ausprobieren. Der Schneideraum ist der Ort der unendlichen Geduld am Anfang, der hundertfachen Entscheidungen am Ende und der Sehnsucht, nichts zu sehr festzulegen, denn die Dinge sollen auch am Ende noch in Bewegung sein.

Bettina Böhler: Für mich ist es wichtig, daß schon der erste Rohschnitt einen Rhythmus hat, daß der Atem des Films sich schon erahnen läßt. Im Grunde genommen gehe ich auch mit dem Ton beim ersten Rohschnitt so um. Ich bearbeite den Ton so, daß man sich die Szenen ohne Unterbrechungen ansehen kann. Wenn der Regisseur in die Szene gesprochen hat oder irgendwelche Fingerschnipser zu hören sind, nehme ich das sofort heraus, weil das störende Elemente sind bei der Beurteilung des Bildschnitts. Natürlich gibt es anfangs Lücken zwischen den vorhandenen Szenen, weil nicht chronologisch gedreht wird. Das finde ich aber auch interessant, weil ich mir schon im Kopf vorstelle, welche Szenen noch kommen werden. Ich denke schon daran, wie es weitergehen könnte. Ich baue die Szene, von der ich das Material habe, dementsprechend. Ich denke auch schon daran, mit welcher Einstellung ich eröffne und mit welcher ich abschließe. Nachher, wenn ich die anderen Szenen habe, stimmt das natürlich nicht immer. Dann muß man nochmal andere Übergänge finden. Aber einen Rhythmus gibt es sowohl innerhalb der Einzelszenen als auch auf den gesamten Film bezogen. Wobei es doch ziemlich schwer ist, den Rhythmus für den ganzen Film herauszufinden. Um diesen Prozeß später zu erleichtern, mache ich diese genaue Vorarbeit. Im Grunde kann man aus dem Material herauslesen, wie man es zu schneiden hat. Das ist auch bei Dokumentarfilmen so.

Raimund Barthelmes: Das Material wird angeguckt. Dann beginnt die Arbeit mit dem Papier. Ich versuche zusammen mit dem Regisseur einen Plan zu machen von Minute null bis zur Minute neunzig. Wenn es sehr viele Szenen sind, gibt es die berühmten Kärtchen. Meine erste größere Arbeit habe ich zusammen mit Rolf Schübel gemacht: die AUFSTEIGER-SAGA.[6] Es ging um junge Männer, die nach der Schule ein

---

[6] AUFSTEIGER-SAGA, Regie: Rolf Schübel, WDR 1973.

Ingenieurstudium beginnen. Im dritten Teil ging es darum, in welchem Beruf sie schließlich landen. Die Träume, große Entdecker zu werden, waren ausgeträumt. Irgendwann sind sie halt einer von sechshundert Ingenieuren am Reißbrett. Nichts war transkribiert, was eigentlich sinnvoll wäre. Es gab Stichpunkte, mit denen wir uns zurückzogen. Das Wohnzimmer wurde ausgeräumt, die Karteikarten wurden auf dem Boden ausgebreitet, und wir versuchten zu verknüpfen. Ich weiß nicht, wie Fechner gearbeitet hat, aber ich gehe mal davon aus, daß er und Brigitte Kirsche ähnlich gearbeitet haben. Man versucht, die Struktur des Films zu visualisieren. Wie könnte die Erzählung gehen? Oft wird auch mit Farben gearbeitet. Die Farben sind dann entweder bestimmten Situationen zugeordnet oder bestimmten Personen. Da sieht man dann auch, wie einzelne Figuren präsent sind, wie die Verteilung von einzelnen Elementen ist und woran man noch arbeiten muß. Wenn die Abfolge einigermaßen steht, wird sie umgesetzt.

Wolfgang Widerhofer: Ich schneide ziemlich untypisch, weil ich nicht erst das ganze Material zusammenhänge und dann verkleinere. Ich fange immer mit dem ersten Bild an. Nach dem ersten Bild kommt das zweite, und dann beginnt schon das Kombinieren: Wie könnte man etwas zueinanderbringen, wie bewegt sich etwas, was ist interessant, habe ich das schon einmal gesehen, was für ein Thema wird angesprochen? Diese Fragen beschäftigen mich immer wieder, während das Material läuft.

Peter Przygodda: Ich lese ungern Drehbücher, sie beziehen sich auf das Stadium vor dem Dreh. Für mich ist es wichtig, was ich sehe, was gedreht wurde, und daraus muß ich mir was basteln. Gucken, gucken, gucken, und irgendwann weiß man, was wozu- oder hintereinandergehört. Es gibt innere, indirekte Bezüge neben den direkten Bezügen. Beim Dokumentarfilm hat man meistens offenes Material, das heißt, es gibt mehrere Kombinationsmöglichkeiten einzelner Szenen und Bilder. Karteikarten und eine Pinnwand können hilfreich sein. Formal gesehen bietet die Arbeit an Dokumentarfilmen mehr spielerischen Umgang mit dem Material. Aufmerksamkeit sollte man auch kleinen Irrtümern, Zufälligkeiten schenken – was funktioniert, was gut kommt, bleibt, auch wenn der Zufall geholfen hat. Das macht Spaß und für mich die Arbeit an Dokumentarfilmen, egal wie klein sie sind, manchmal weitaus spannender als an einem großen Spielfilm.

Barbara Hennings: Die erste Version ist die Version, die mir das Material erzählt. Wenn die Bilder kommen, muß ich verstehen, was die anderen, Kamera und Regie, sich darunter vorgestellt haben. Entweder ist das Bildmaterial so stark, daß es von sich aus spricht. Oder ich spüre, wenn ich mal gar nicht zurechtkomme, daß es möglicherweise am Drehort Schwierigkeiten gab, sei es durch die Schauspieler, sei es durch die Technik usf. Das Material sollte man sprechen lassen. Beim Dokumentarfilm ist diese Phase etwas anders strukturiert. Man macht mehr mit dem Filmemacher gemeinsam, ist stärker in der Diskussion. Das heißt nicht, daß der Filmemacher ununterbrochen dabei ist. Es ist ganz hilfreich, wenn der Editor manches allein macht, so daß der Filmemacher einen frischeren Blick darauf behält. Aber im Grunde bleibt es Teamarbeit, und man kämpft phasenweise auch miteinander. Das hängt natürlich auch vom Thema des Films ab.

Mathilde Bonnefoy: Rohschnitt bedeutet, daß wir, Tom Tykwer und ich, uns verboten haben, Szenen oder Sätze des Dialogs herauszuschneiden oder in eine andere Reihenfolge zu bringen. Wir verbieten uns im Grunde, in die Struktur des Drehbuchs einzugreifen. Obwohl wir natürlich schon sehr viel beeinflussen, weil wir die Takes aussuchen und den Rhythmus der Szene machen und damit schon den Sinn schaffen. Aber wir verbieten uns aus Prinzip, da schon irgendwelche destruktive oder stark eingreifende Sachen zu machen. Deswegen ist der Schnitt roh. Aber eigentlich ist er schon sehr fein, weil wir das, was wir machen, schon so subtil wie möglich schneiden. Natürlich ist er dann viel zu lang. Wenn wir das Ganze zum ersten Mal anschauen, wird die Geschichte klar, möglicherweise aber auch die Mißverständnisse, die entstehen können. Mißverständnisse können besonders interessant sein. Beim Gucken gab es bisher jedesmal Sachen, die aus Zufall, weil sie nebeneinander von mir gesehen und anders verstanden wurden als sie gemeint waren, als interessante Idee benutzt wurden.

Thomas Giefer: Wenn ich selber protokolliere, habe ich Interviews und Dialoge ungefähr im Kopf. Dann komme ich über Suchworte auf eine Textstelle, und über den *timecode* finde ich dann auch den Bildausschnitt. Den gucke ich mir an, setze ihn probeweise ein. Das geht innerhalb von Sekunden im Gegensatz zu früher. Und dann sehe ich, funktioniert es oder funktioniert es nicht. Häufig gibt es Überraschungen, unerwartete Momente, in denen zwei Dinge über die Montage miteinander kombiniert werden und plötzlich etwas Neues ergeben. Dann kommt die Phantasie in Gang, den Film ganz anders weiterzuentwickeln, die Erzählung in eine neue Richtung zu lenken. Oft entwickelt sich da eine Ebene, die man überhaupt nicht erwartet hat, die man auch nicht gesucht hat. Ich bin keiner, der am grünen Tisch den Ablauf eines Films vorherbestimmt anhand von *timecodes*. Es gibt viele Leute, die das so machen. Ich kann nur mithilfe der Bilder selbst die Montage entwickeln. Das geschieht oft assoziativ. Assoziieren – das ist ein Schlüsselwort, ähnlich wie kombinieren. Parallelstränge zu entwickeln, das ist für mich interessant.

Mathilde Bonnefoy: Schon im Rohschnitt entscheidet man sich auf fundamentale Art und Weise. Man entscheidet sich für das, was man erzählen will. Im Rohschnitt entscheidet man sich für den Sinn einer Szene. Man hat noch nicht den Film im Überblick. Man ahnt ihn nur. Man versucht, nur das zum Ausdruck zu bringen, was man beim Musterschauen für ein Potential in den Szenen gesehen hat. Der Feinschnitt fängt dann an, wenn man den Rohschnitt zum ersten Mal am Stück gesehen hat und dadurch einen ersten Überblick bekommt. Das wäre die Definition für mich. In den Rohschnitt gehören natürlich schon alle Elemente eines Films hinein, Musik, die Originaltöne und die Atmosphären. Natürlich nicht bis in alle Feinheiten ausgearbeitet, weil es zuviel Arbeit wäre, den richtigen Tonschnitt des Films schon in diesem Stadium zu machen, aber alles, was den Sinn verändert, wie zum Beispiel Schüsse oder auch Schritte. Alles, was eine dramaturgische Wirkung hat, gehört zum Schnitt dazu.

Peter Przygodda: Der Rohschnitt ist die gedrehte Geschichte, vom Anfang bis zum Schluß, mit allen Einstellungen erzählt. Dann kann ein Rohschnitt, je nach Spielführer, schon mal auf drei oder mehr Stunden kommen. Ein linearer Durchlauf des gedrehten Materials ohne Auslassungen ist für mich der Rohschnitt. Dann geht's ans Manipulieren.

Bettina Böhler: Irgendwann ist der erste Rohschnitt fertig, und den gehe ich dann für mich nochmal durch und baue schon bestimmte Übergänge. Ich mache auch schon einmal Szenenumstellungen, wenn ich sehe, daß die Abfolge der Szenen, wie sie im Drehbuch gedacht war, für die Dramaturgie der Geschichte so nicht mehr stimmt. Es hat sich vielleicht eine andere Dynamik entwickelt, manchmal auch durch die Art, wie es inszeniert ist. Was auf dem Papier steht und was man am Ende im Film sieht, ist manchmal etwas völlig anderes. Damit muß man umgehen. Ich sage immer: Papier ist geduldig, der Zuschauer nicht mehr. In dieser Phase habe ich, was den Bau der Szenen und des ganzen Rohschnitts angeht, völlige Freiheit. Das mache ich für mich, und ich bestehe inzwischen auch darauf, daß ich das alleine mache. In der Rohschnittphase ist man einsam, man hat nur das Material, mit dem man redet, und muß die täglichen Entscheidungen alleine treffen. Das ist für mich eine ganz wichtige Annäherung an das Material, die ich brauche, um nachher, wenn der Regisseur dazukommt, das ganze Material im Kopf zu haben. Mit dem Regisseur gehe ich dann wieder Szene für Szene durch. Dann wird auch diskutiert, ich überzeuge ihn, warum ich etwas so gemacht habe, oder er überzeugt mich, warum es anders sein soll. Manchmal wird zehn oder fünfzehn Minuten lang diskutiert und dann sage ich: Jetzt laß uns nicht reden, probieren wir es aus! Wir probieren grundsätzlich aus. Denn in der Zeit, in der man über etwas redet, hätte man es schon dreimal ausprobiert, und dann würde man noch zu einem ganz anderen Punkt kommen. Der erste Rohschnitt ist die Grundlage, auf der man, wenn man ihn als ganzen sieht, das Potential des Films erkennen kann. Man sieht, wie bestimmte Sachen funktionieren oder auch nicht. Der erste Rohschnitt ist die Schweinearbeit, dann kann man anfangen, am Film zu feilen.

Mathilde Bonnefoy: Wenn wir einmal mit dem ersten Rohschnitt des ganzen Films durch sind, beschließen wir, am Abend früher nach Hause zu gehen, um am nächsten Morgen ganz frisch zu schauen. Dann machen wir die Tür zu, machen einen Aufkleber: Bitte nicht stören! die Telefone aus, und wir schauen uns den Film sehr konzentriert an. Wir versuchen, uns dabei gegenseitig nicht anzugucken, um uns nicht zu beeinflussen. Wir schauen und schreiben auf. Das ist einer der wichtigsten Momente. Für mich, und das gilt für Tom Tykwer und andere wahrscheinlich auch, hat es sehr viel mit dem psychoanalytischen Begriff von ›schwebender Aufmerksamkeit‹ zu tun, zumindest mit dem, was ich mir darunter vorstelle. In der Psychoanalyse bringt, glaube ich, der Analytiker dem Patienten eine Form von Aufmerksamkeit entgegen, die nicht spezifisch ist, sondern eher assoziativ. Es ist eine Form von passiver, diffuser Aufmerksamkeit, die dazu dient, die Worte des Patienten wie Objekte an die Wasseroberfläche kommen zu lassen, ohne sie zu bewerten, mit der bloßen Absicht, sie auf sich einfach wirken zu lassen. Die schwebende Aufmerksamkeit dient dazu, daß der Analytiker beim Zuhören soweit wie möglich frei ist von eigenen, schon existierenden Theorien, und stattdessen assoziativ auf die Worte des Patienten reagiert. Seine assoziativen Reaktionen nimmt er sehr ernst, und sie leiten sein Nachdenken. Er hört zu und läßt die Worte eine Wirkung haben, ohne im voraus zu wissen, was diese sein wird, ohne auf etwas Spezifisches zu warten oder danach zu suchen. ›L'attention flottante‹ – ich glaube, auf Deutsch heißt das ›schwebende Aufmerksamkeit‹. Dieser Begriff hat mich sehr beeindruckt. Es ist sehr wichtig, daß man beim künstlerischen Beurteilen darauf verzichtet, eigene Interpretationen oder Erklärungen hineinzubringen, daß man statt dessen die Dinge auf sich wirken läßt, und selbst die kleinsten Regungen sehr ernst nimmt. Das ist meiner Meinung nach eines der wichtigsten Gebote in der Kunst. Deswegen ist mir das Blatt Papier sehr wichtig. Da kann ich diese kleinen Regungen festhalten, die ich sonst möglicherweise einfach vergessen oder nicht mal wirklich wahrnehmen würde. Es können aber auch nagende Ideen auftauchen, die bleiben. Es gibt immer einen Grund dafür, daß man eine bestimmte Reaktion hat, und diesen Grund muß man analysieren. Es ist nicht oft so, daß ich mir beim Notizenmachen sage, dieser Schnitt – und dann schreibe ich genau den Schnitt auf. Das kann aber passieren. Es kann aber auch sein, daß ich erst viel später im Lauf des Filmschauens etwas zu einer Szene schreibe, die eigentlich am Anfang steht, weil es mir erst dann, in diesem späteren Zusammenhang einfällt. Diese Tatsache allein hat schon eine Bedeutung. Die Erfahrung hat mir gezeigt, daß es sehr gut funktioniert, wenn ich versuche, wirklich jeden Gedanken aufzuschreiben, der in meinem Geist entsteht. Auch wenn es etwas extrem Nebensächliches zu sein scheint, oder auch eine Wiederholung von etwas, was ich schon aufgeschrieben habe. Dahinter steht immmer ein Grund, der interesssant ist. Diese Schnittnotizen werden also eine Art Spiegelbild auf dem Papier von dem, was in meinem Geist vorkommt in dem Moment. Das ist sehr hilfreich. Weil das im Grunde der kodierte Führer zum Weiterschneiden ist.

Was machen wir dann? Jeder hat einige Seiten vollgeschrieben, und dann gibt es einen kleinen Höflichkeitswettbewerb, wer anfängt – und dann sagen wir uns gegenseitig, was wir aufgeschrieben haben. Das werden lange Gespräche. Meistens ist man sehr aufgeregt, weil man sofort einiges ausprobieren will. Man hat das Gefühl, man hat eine ganz gute Idee, die das und das lösen wird. Oft stimmt es. Dann geht es wieder von vorne los. Und es geht immer wieder von vorne los bis zum Schluß der Arbeit. Vielleicht geht man noch zwanzigmal auf Anfang und verändert den Film, vielleicht auch noch mehr.

Bettina Böhler: Die wichtigste Grundlage für eine Zusammenarbeit ist natürlich das Vertrauen. Das Vertrauen des Regisseurs in den Editor, bei dem er das Material abgibt und sagt: Ich will erstmal sehen, wie du das siehst. Es ist für viele Regisseure wirklich wichtig, die Vorstellung von dem abzugeben, wie der Film nachher auszusehen hat, das erstmal einem anderen zu überlassen und sich dann über das Produkt, das dabei herauskommt, selbst wieder dem Material zu nähern. Die Regisseure sind mit einem Projekt jahrelang beschäftigt, haben das Buch geschrieben, haben die Schauspieler ausgesucht und dann die Dreharbeiten, die sind ständig mit einer Geschichte beschäftigt, die noch nicht existiert. In dieser Phase bauen sie ihre Vorstellungen vom Film. Diese Vorstellungen weichen immer von dem ab, was nachher da ist. Ich glaube, daß es gar nicht anders geht. Es wäre auch langweilig, wenn man am Ende das sieht, was man sich im Kopf vorgestellt hat. Für viele ist es aber ein Schock zu sehen: Ach, so sieht das jetzt aus, worüber ich Jahre lang nachgedacht habe! Sich davon zu lösen, ist sehr wichtig, um einen neuen Zugang zu dem Material zu bekommen. Denn damit muß man leben. Natürlich gibt es auch die Möglichkeit, nochmal etwas nachzudrehen. Das wird auch gemacht. Orson Welles hat einen ganzen Film noch einmal neu gedreht, aber das können sich die wenigsten leisten. Man muß sich von der Vorstellung, die man schon lange im Kopf hatte, trennen und die Verantwortung einem anderen übergeben. Viele Regisseure sehen dann den Rohschnitt, den ich gemacht habe, und sagen vielleicht: Interessant, wie du die Szene geschnitten hast, das habe ich völlig anders gemeint, aber so, wie es jetzt ist, ist es genau richtig für den Film. So etwas entsteht vielleicht gar nicht, wenn der Regisseur von Anfang an beim Schnitt dabei ist. Und ich will die Freiheit haben, für mich herumzuspinnen und etwas so zu bauen, wie ich es im Moment empfinde und wie es für die Geschichte vielleicht richtiger ist, als es ursprünglich geplant war. Damit das entstehen kann, muß man erstmal allein arbeiten. Ich beschäftige mich natürlich vorher damit, was die Regisseure sonst für Filme machen und welche Filme sie mögen. Dann kann man schon die Richtung erkennen. Mir ist es noch nie passiert, daß jemand sagte, daß ihm etwas, was ich gemacht habe, überhaupt nicht gefällt.

Beate Mainka-Jellinghaus: Man muß diskutieren können, man muß sich streiten können, man muß die Sache, die man bearbeitet, ernstnehmen und auch den Regisseur ernstnehmen. Das gehört alles dazu. Man muß sich auch mögen. Wenn man jemanden nicht mag, kann man das gar nicht so eng beieinander aushalten. Man muß das Thema, das der andere einem vorträgt, verinnerlichen, sonst kann man nicht mitarbeiten. Wenn ich komme, fange ich bei null an. Der Regisseur beschäftigt sich schon sehr viel länger damit.

Thomas Giefer: In den meisten Situationen hat die Arbeitsteilung eine große Bedeutung und bringt auch Qualität hervor, aber ich mag es nicht, wenn mir jemand über die Schulter guckt, während ich vielleicht einen Text entwickle. Ich hatte immer Schwierigkeiten zu kommunizieren, wie ich den Schnitt haben will. Die besten Sachen, die ich gemacht habe, sind irgendwann nachts entstanden, als alle anderen, die am Schnitt normalerweise beteiligt sind, schon schliefen. Ich wache plötzlich auf, habe eine Idee, gehe an den Schnitt und probiere etwas aus. Und da entstehen die wirklich neuen Dinge. Deshalb arbeite ich auch nicht gerne mit einem Cutter oder einer Cutterin zusammen. Ich muß dann immer begründen, warum ich etwas machen will, und ich kann es nicht begründen. Oft habe ich nur eine Idee und denke: Das könnte möglicherweise funktionieren, aber ich habe keine Lust, es zu begründen. Wenn ich einfach probieren kann, kommt eine Kreativität zustande, die sehr viel ungebremster ist, als wenn ich mit einem Handwerker zusammensitze, der umsetzen muß, was ich sage.

Das Versprechen am Anfang

Material zusammenstellen, das Finden eines Ablaufs, die ersten Einstellungen, womit fängt man an? Mit der Frage nach dem Anfang kommt auch der Zuschauer ins Spiel. Über die Erzählweise des Films schon am Anfang mit dem Zuschauer eine Verständigung herstellen – das Versprechen für das Folgende. Damit vorbereiten auf das, was kommt. Das gilt auch für die Wahl des Titels. Der Zuschauer weiß am Anfang nichts und im Laufe des Films nur das bis dahin Gesehene. Er kennt keine Namen, Schauplätze sind für ihn fremd, er weiß nicht, was sonst noch gedreht wurde, was ein Protagonist an anderer Stelle erzählt hat, die nicht im Film sein wird. Man kommt nicht umhin, am Anfang eine Setzung zu machen, man etabliert die Haltung, mit der im Film erzählt werden wird. Gibt es allgemeine Kriterien eines guten Anfangs und einer guten Exposition?

Elfi Kreiter: Ich fange beim Anfang an, der ist sehr wichtig. Man muß den Zuschauer interessieren, egal wie. Es gibt doch so ein kleines Büchlein: Romananfänge. So viele Romananfänge es gibt, so viele Filmanfänge gibt es auch. Den richtigen Einstieg zu finden, ist oft nicht leicht. Man merkt aber sofort, wenn etwas nicht stimmt. Wir sagten dann: Der Film sträubt sich. Da muß man aufpassen und die ersten Minuten sehr kritisch betrachten. Man muß so einsteigen, daß es den Zuschauer sofort interessiert. Man verspricht etwas am Anfang, und das muß man dann im Laufe des Films auch einlösen. Der Anfang muß die weitere Entwicklung ermöglichen.

Wolfgang Widerhofer: Ich habe eine erste Einstellung, die die Geschichte etabliert, und dann gehe ich ganz wie ein Zuschauer vor. Ich montiere ein zweites Bild, und mit dem dritten beginnt dann die kompliziertere Kombinationsaufgabe. Wenn ich Glück habe, weiß ich schon, was die letzte Einstellung ist, und dann baue ich dazwischen die Bewegung. Ich habe ein Grundgefühl und eine Liste, wie es ungefähr funktionieren könnte.

Beate Mainka-Jellinghaus: Anita G. sitzt zum Beispiel bei dem Film ABSCHIED VON GESTERN[7] mit Lockenwicklern in der Küche und ißt. Wer kommt auf die Idee, so etwas an den Anfang zu stellen? Man lernt dadurch die Person kennen. Man schaut sie an, wie sie ißt, wie sie ausschaut, da kann man sich schon auf die Person einstellen. Mir geht es wenigstens so. Es sind Kleinigkeiten, die man erkennen und dann auch ins Bild stellen muß. Das Gefühl dafür muß man in sich haben. Ich finde

[7] ABSCHIED VON GESTERN, Regie: Alexander Kluge, D 1966.

Montage praktisch

Perfektion etwas unglaublich Langweiliges. Und wenn man jetzt das ganze Material im Regal hat und es anschaut, dann kann das Wetter eine Rolle spielen, und man fängt damit an. Der Anfang ist entscheidend, dann läuft der Film. Es muß nur gehen, es muß gut ausschauen, und der Zuschauer muß mitmachen. Und es muß überraschend sein. Ich darf nicht langweilen, und ich darf nicht überfordern. Dann kann ich alles nehmen, dann kann ich alles machen.

Peter Przygodda: Das Schwierigste ist der Anfang. Wenn man den Anfang hat, ergeben sich die folgenden Szenen meistens sehr folgerichtig. Es kann aber passieren, daß man hinterher feststellt: Das ist ein völlig falscher Trip. So ist es. Es bleibt offen, und man muß immer wieder versuchen sich zu korrigieren. Das spielerische Umgehen mit dem Material macht mir auch Spaß, bei allem inhaltlichen Ernst und trotz aller Umwege, die man manchmal macht. Man fühlt doch im Bauch, was zusammenpaßt.

Wolfgang Widerhofer: Ich finde die Anfänge von Filmen immer viel spannender als die Enden. Enden sind furchtbar, entweder gibt man zuviel, dann hat man es zu sehr geschlossen, oder man gibt zuwenig, dann sind die Leute frustriert. Beim Anfang kann man dagegen auslegen. Man betritt einen Raum zum ersten Mal, den man noch nie vorher betreten hat. Deswegen finde ich die Anfänge von Filmen meistens viel spannender. Wenn ich den Anfang kenne, weiß ich, wie der Film läuft und meistens auch schon, wie er enden wird.

Bettina Böhler: Sowie man die ersten zwei Bausteine hat, findet sich manchmal auch eine bestimmte Logik, bei der sich das eine aus dem anderen entwickelt und man dann Stein auf Stein zusammensetzt. Ich arbeite auch schon mit Einstellungsgrößen und überlege, in welchem Moment ich eine Totale nehme, in welchem Moment ich näher ranschneide oder einen Rücksprung mache. Das sind Entscheidungen, die im Moment getroffen werden. Wenn man erstmal zwei Einstellungen hintereinander hat, merkt man schon, was die Szene verlangt und wie es weitergehen soll. Oft ist es spannender, mit näheren Einstellungen anzufangen. Im Fernsehen sieht man oft einen sogenannten *establisher*, damit sagt man: Hier sind wir, da sitzen die Figuren. Dann geht man näher heran. Ich finde das ziemlich langweilig. Unter Umständen ist es spannender, mit näheren Einstellungen anzufangen und dann für den Zuschauer den Raum zu erschließen. Dafür gibt es aber keine Regeln. Es hängt davon ab, was erzählt werden soll, und natürlich auch davon, was für ein Material gedreht worden ist. Wenn viel mit bewegter Kamera gedreht worden ist, dann ist es eine ganz andere Arbeit. Da muß man dann gucken, wie es fließt. Es ist wirklich ein sehr großer

Unterschied, ob mit fester Kamera oder beweglicher Kamera gedreht wurde. Manchmal wird auch beides kombiniert. Es gibt heute auch Leute, die die Kamera ständig ein bißchen bewegen. Es wird immer mehr mit Handkamera gedreht, obwohl sich theoretisch nicht unbedingt etwas bewegen muß in der Einstellung. Aber man hat durch die Bewegung ein schwebendes Gefühl. Manchmal finde ich das übertrieben und gerade auch für den Schnitt störend. Man ist dann abhängig von diesen minimalen Bewegungen der Kamera. Man muß an einer bestimmten Stelle schneiden, weil noch eine kleine Bewegung kommt, die für den Schnitt total störend ist. Manchmal wäre es inhaltlich oder auch stilistisch besser, die Kamera auf ein Stativ zu stellen. Das sind Entscheidungen der Regisseure und Kameraleute, aber das sind Probleme, mit denen wir auch zu tun haben.

Wolfgang Widerhofer: Den sogenannten *establishing shot* würde ich erst viel später bringen, wenn überhaupt. Die erste Einstellung ist dennoch ungeheuer wichtig. Ich verstelle am Anfang auch gern den Raum und baue ihn dann im nachhinein. Ich halte mich nicht daran, daß man zuerst den Raum etabliert, dann die Person und dann den Konflikt. Für mich kann sich das völlig umdrehen. In der China-Episode des Films ELSEWHERE[8] sieht man in der ersten Einstellung nur eine alte Frau, und man hört Kinderstimmen und Tiere aus dem Off. Der Gegensatz von Eingeschlossen-Sein in einem dunklen Raum und Stimmen von draußen erzeugt Neugier darauf, wie es draußen ausschaut. Damit ist auch das Generationen-Thema angestimmt: die Großmutter, die man drinnen sieht, und die Stimme des Enkelkindes aus dem Off. Die Frage der Generationen wird später wieder auftauchen, inhaltlich wird das Thema aber schon mit dem ersten Bild etabliert. Und auch die formale Seite wird mit der ersten Einstellung etabliert, das Ganze wird eher kubistisch aufgeblättert, Stück für Stück werden die Perspektiven ausgelotet. Diesen Einstieg mag ich gern, das ist eine meiner Lieblingspassagen geworden.

Brigitte Kirsche: Anfänge und Enden zu finden, ist wahnsinnig schwer. Ich mochte immer gerne Interviews. Ich habe sehr gerne zugehört und fand interessant, was die Leute erzählten. Also habe ich die Einleitung bei dem Film NACHREDE AUF KLARA HEYDEBRECK[9] folgendermaßen geschnitten: Die Leute in dem Haus, in dem Klara Heydebreck sich umgebracht hat, haben sie nicht gekannt. Der Arzt, der nach ihr schauen sollte, hat sich nicht richtig um sie gekümmert. Ihr Neffe wohnte zwar in der Nähe, aber er hat auch nur gesagt: Tante, so kann das nicht weiter-

[8] ELSEWHERE, Regie: Nikolaus Geyrhalter, A 2000.

[9] NACHREDE AUF KLARA HEYDEBRECK, Regie: Eberhard Fechner, NDR 1969.

gehen mit dir, du kannst hier nicht bleiben, du schaffst gar nicht mehr die Treppen. Dann kam Eberhard Fechner, und ich habe gesagt: »Guck es dir mal an.« Er hat sich das angesehen und gesagt: »Ja, das können wir so machen.« Von da aus erzählen wir das Leben, und am Schluß wissen wir vielleicht, warum sich Klara Heydebreck umgebracht hat. Dokumentarisches Material ist oft spröde. Bei dem Film DIE COMEDIAN HARMONISTS[10] war es mit dem Anfang relativ leicht, da hatten wir die Musik zur Hilfe. Eberhard Fechner hatte eine Schallplatte und einen Plattenspieler von hier mitgenommen. Damit fuhr er zu den einzelnen Mitgliedern der ehemaligen Truppe und legte eine ihrer Platten auf. Die haben das gehört und haben sofort angefangen zu erzählen. Solche Aufnahmen wurden mit allen gemacht. Am Anfang des Films sieht man eine Frau in einem Hotelzimmer, und man hört einen Schlager aus den zwanziger Jahren, sentimental, wunderschön gesungen. Die Frau sitzt da, ihr laufen die Tränen, und sie hört sich das an. Dann schneide ich hart auf Robert Biberti, das war der Baß der Truppe, der sagt: »Das traf die Leute völlig unerwartet und brachte uns sehr, sehr große Erfolge ein.« Damit fängt der Film an. Dann wird gesagt: »Dieser Musikstil erforderte ein gewisses Können von der Stimme her, vom Geschmack her, vom Arrangement her, von der Bewegung und der Erscheinung auf der Bühne her. Alles mußte stimmen.« »Und in dem Sinne waren wir, darf ich sagen, recht erfolgreich«, sagt dann Roman Cycowski in Amerika, »weil das Wichtigste waren die *Comedian Harmonists*, nicht Biberti, nicht Cycowski, nicht Frommermann, die *Comedian Harmonists,* und das haben alle eingesehen, und deshalb haben wir harmoniert als Menschen, und wir haben gut zusammen gelebt.« Am Anfang erzählen fünf verschiedene Leute, die nicht die Frage gestellt bekommen haben, wie ist es eigentlich dazu gekommen? Sie erzählen einfach aus der Erinnerung. Die einzelnen Anschlüsse mußte ich im Material suchen, die waren nicht in chronologischer Reihenfolge vorhanden, das ist klar. Aber dadurch, daß ich danach suchte, fügte sich plötzlich auch eine Chronologie. Das ist natürlich auch die Kunst der Kamera, die sich auf die Gesichter konzentriert und den Raum tötet. Dann kann der Eindruck entstehen, daß alle an einem Tisch sitzen und miteinander sprechen. Und wenn es klappt, hat man auch die Zuschauer auf seiner Seite.

Barbara Hennings: Man kann auch Fehler machen oder Möglichkeiten übersehen. Es geht nicht um Fehler im herkömmlichen Sinn. Wenn die Montage einer Szene oder einer Sequenz nicht gelungen ist, dann muß man einfach nochmal anders herangehen, anders gucken, andere Aspekte herausarbeiten. Das heißt zu sehen, was man besser machen kann. Das ist dann oft der zweite Blick auf das Material oder auch der

---

[10] DIE COMEDIAN HARMONISTS, Regie: Eberhard Fechner, NDR 1975/76.

dritte oder vierte. Durch Kleinigkeiten kann man Gewichte verschieben. Das ist eine spannende Sache. Und das sind die Möglichkeiten des Schnitts.

Brigitte Kirsche: Wir sehen heute andauernd Bilder, und dabei nehmen wir unwillkürlich auf, was man machen muß, wenn man Bilder zeigen will. Was ich sehen will, will der Zuschauer auch sehen. Das heißt aber nicht: Was ich kenne, kennt der Zuschauer auch, ich brauche es nicht zu zeigen! Was muß der Zuschauer sehen? Darüber muß man nachdenken. Muß er etwas Bestimmtes sehen, um sich an einem Schauplatz zurechtzufinden? Der Zuschauer braucht immer ein bißchen mehr als man selbst. Man hat es schon gesehen, der Zuschauer aber nicht. Er sieht immer nur den Ausschnitt, den die Kamera zeigt. Das wird oft vergessen.

Bettina Böhler: Letztendlich nehmen wir die Position des Zuschauers ein. Das, was ich aus einer Szene mache, muß ein Zuschauer nachvollziehen können. Es muß nicht unbedingt jeder Idiot verstehen, wenn man das so sagen darf, aber es ist klar, was ich damit meine. Man versetzt sich als Editor immer in die Position des Zuschauers. Das ist beim Dokumentarfilm unter Umständen noch extremer als beim Spielfilm, weil Zusammenhänge, die erzählt werden, oft komplexer sind und für den Zuschauer schwerer zu verstehen. Man ist als Editor auch für den Regisseur derjenige, der fragt: Was haben die Dinge für einen Zusammenhang? Der Dialog darüber ist sehr wichtig, denn der Regisseur, der sich mit dem Thema des Films schon sehr lange beschäftigt hat, weiß sehr viel, aber er muß sich immer vorstellen, daß die Zuschauer das nicht wissen. Und der Editor weiß es eben auch nicht, darum ist man als Editor ein Korrektiv.

Sehr wichtig ist aber auch die Perspektive. Heute gibt es oft Unklarheiten in der Erzählweise. Man bleibt an der Geschichte oder an den Figuren, wenn die Erzählperspektive klar ist, wie man so schön sagt. Als Zuschauer läßt man sich auf eine bestimmte Perspektive ein, und wenn dann willkürlich die Perspektive wechselt, weil die Kamera plötzlich woanders hinspringt, ist man als Zuschauer unbewußt irritiert. Die Respektierung der Perspektive ist sehr wichtig. Wenn im Vordergrund irgend etwas ist, und der Protagonist oder das, worum es gerade geht, ist halb verdeckt, dann frage ich mich: Geht es um den Menschen, den ich sehe, oder geht es um den, der beobachtet? Dann stelle ich fest: Der Unterschied ist gar nicht gemeint, die Einstellung ist nur so gedreht, damit das Bild interessanter aussieht. Ich finde das albern, ehrlich gesagt. Und nicht nur albern, denn dadurch entsteht oft ein Mangel an Emotion den Figuren gegenüber. Emotion ist sowieso das Stichwort, denn darum geht es beim Film. Filme werden gemacht, um

Emotionen zu erzeugen und dadurch eine Geschichte nahezubringen. Und dafür ist der Schnitt enorm wichtig, denn durch die Kombination der Bilder kann man völlig andere Emotionen erzeugen, als die Bilder an sich schon ausdrücken. Das ist ein Kernpunkt bei dieser Arbeit.

Beate Mainka-Jellinghaus: Wichtig ist, daß der Zuschauer mitgeht. Wie ein Film montiert ist, ob der Schnitt stimmt, ob ein Bild springt oder so etwas, das spielt überhaupt keine Rolle. Es geht immer um die Sache. In der Montage geht es immer darum, halte ich das Interesse am Film aufrecht oder nicht.

Erzählen in wiederkehrenden Mustern

Beim Dokumentarfilm entscheidet sich oft erst beim Rohschnitt, nur in Ansätzen schon beim Exposé und auch beim Drehen, was und wie man über ein Thema oder auch über ausgewählte Menschen erzählt. Man kennt den genauen Ablauf der späteren Erzählung vor dem Drehen nur selten. Im Unterschied dazu operieren die Erzählmuster der klassischen Narration mit deutlichen Vorgaben: Man sollte eine klare Prämisse für die Geschichte haben, das Ziel der Protagonisten definieren und ihren Weg dorthin beschreiben. Das Ende der Geschichte ist gegeben, wenn deutlich ist, ob das Ziel erreicht wurde oder nicht. Läßt sich jeder Stoff, auch der dokumentarische, am Ende nach diesem Muster aufschlüsseln?

Mathilde Bonnefoy: Beim Schneiden begegnet man immer wieder einer Tatsache, die eine Art Naturgesetz ist und Sinn macht. Man kann sie nicht austricksen. Und sie ist konservativ. Man erzählt eine Geschichte. Es ist fast etwas Technisches: Etwas passiert, und dadurch, daß etwas passiert, kommt eine Handlung in Gang. Eine Handlung, die das, was am Anfang steht, so verändert, daß es am Ende anders dastehen wird. Diesem Muster kann man nicht entkommen. Einen hyperexperimentellen Film wie zum Beispiel von Andy Warhol, der das Empire State Building stundenlang aus einer Position aufgenommen hat, wird man vielleicht nur ein Mal anschauen, weil er sehr lang ist.[11] Aber auch das ist eine Geschichte, auch wenn sie auf ein provokatives Minimum reduziert ist. Es ist die Geschichte eines Tagesablaufes mit Schatten, Sonne und Wolken – was weiß ich. Es ist ein Ablauf und kein Photo. Und ein Ablauf ist im Endeffekt eine Geschichte, mehr oder weniger gut erzählt und mehr oder weniger spannend.

Wolfgang Widerhofer: Ich halte mich ganz oft zwischen den klassischen Montagetheorien auf, von denen die eine mehr in eine organische und die andere in eine intellektuellere Richtung geht. Das Organische liegt mir nicht, sofern es bedeutet, eine Geschlossenheit in der Erzählung zu erzeugen. Ich glaube nicht, daß das geht. Die Stärke des dokumentarischen Arbeitens besteht gerade darin, daß man etwas aufbricht. Das heißt für den Schnitt, daß man Fragen offen läßt und keine fertigen Antwort gibt. Alle Formen des didaktischen oder des klassisch narrativen Erzählens interessieren mich nicht. Ein Beispiel aus dem Film ELSEWHERE von Nikolaus Geyrhalter: die zweite Episode, Samiland/Finnland, die Fahrt zur Jagd im Schnee. Hier haben wir eine sehr klare Narration: jagen. Was gibt es da? Das Wild, den Jäger, das Gewehr, die

---

[11] EMPIRE, Regie: Andy Warhol, USA 1964. Der Film ist acht Stunden lang.

Kugel, den Schuß – das ist eine klare erzählerische Linie, die man kaum unterbrechen kann. Und dann habe ich eine Einstellung eingebaut, die das retardiert. Man sieht den Jäger in der Totale, er geht, dann steht er lange und schaut, man bleibt hinter ihm zurück, die Erzählung ist in Gefahr. Diese kurzen Momente, in denen es einen Aufschub gibt und man aus der Erzählung heraustritt, finde ich toll. Das mag ich auch dramaturgisch. Es zeigt einfach, daß es keine fertige Erzählung gibt. Das ist das Spannende, daß ein Rätsel bleibt, daß wir gar nicht versuchen, etwas zu Ende zu erzählen. Ich wollte es als Fragment, als nicht völlig durchsichtig belassen. Daß auch so eine Jagd Löcher hat, daß jede Geschichte auch eine andere Abzweigung nehmen kann, das finde ich interessant.

Thomas Giefer: Wie ich einen Film aufbaue, entspricht im Grunde den Modellen, die es für den Spielfilm gibt. Welche Spannungsbögen gibt es? Welche Bezüge hat eine Person, eine Szene zu einer anderen? Wie fängt die Geschichte von jemandem an, wie hört sie auf? Man muß eine Idee entwickeln, die die Spannung auf den ganzen Film verteilt. Die nicht zuviel verrät am Anfang, die noch Entwicklungsmöglichkeiten offenhält, die nicht didaktisch ist usw. In dem Material, das man hat, gibt es in der Regel unendlich viele Möglichkeiten. Aber man wird eine wählen, in der die Vielfalt der Geschichten am ehesten umgesetzt werden kann. Dann fange ich an zu schneiden, ganz grob, sehr schnell, innerhalb von ein, zwei Tagen ist der Film fertig. Dann gucke ich mir das an, und dann stelle ich fest, daß es so natürlich nicht funktioniert.

Brigitte Kirsche: Es ist wichtig, daß man sich am Anfang klarmacht, wie man die Geschichte erzählen will. Was ist der rote Faden? Will man eine Chronologie haben? Wir haben meistens die Zeitgeschichte genommen. Das war ein guter Anhaltspunkt, und da kann auch der Zuschauer folgen. Die Chronologie muß man im Material aber suchen. Denn wenn man eine Geschichte erzählt, ich mache das auch, dann fällt einem weiß Gott was dazu ein. Schon schweift man ab und erzählt etwas anderes, das zwar letztlich auch mit dem Thema zu tun hat, das aber nicht in die Chronologie gehört. Je weiter man in der Montage mit der Erzählung vorankommt, desto leichter wird es. Wir schreiben das Buch zum Film, während wir den Film schneiden.

Wolfgang Widerhofer: Ich finde es ganz furchtbar, wenn ein Bild kommt, das im vorigen zwingend vorgeben ist, weil die klassische Narration dies verlangt. Ich finde es viel schöner, wenn das nächste Bild einen Weg einschlägt, mit dem man nicht gerechnet hat. Deswegen versuche ich, wo es geht, jede Form von erzählerischem Schnitt zurückzunehmen. Dabei helfen mir die tableauartigen Einstellungen von Nikolaus

Geyrhalter natürlich sehr. Jedes Bild steht für sich. Jedes Bild hat in sich eine Geschlossenheit. Das ist eine andere Art der Narration, ganz klar. Mich interessiert es, die Narration überall ein bißchen auszubeulen. Wenn der funktionale Anteil des Bildes immer kleiner wird, also der funktional narrative Anteil, und demgegenüber andere Anteile wachsen, nenne ich das ›ausbeulen‹.

Thomas Giefer: Früher war für mich zu 75 Prozent der Dreh für die Gestaltung des Films verantwortlich und zu 25 Prozent der Schnitt. Heute ist es fast umgekehrt. Vielleicht ist es auch fifty-fifty, was weiß ich. Aber beim Schnitt kommt der Film überhaupt erst zustande. Und es ist eben mein Film, das muß ich ganz klar sagen. Es ist nicht so, daß ich irgendwo hingehe und drehe und dann versuche das, was ich gedreht habe, möglichst repräsentativ und umfassend im Schnitt wiederzugeben. Das ist nicht mein Ansatz. Ich gehe irgendwo hin, grase die Realität dort ab, melke den Leuten ihre Erinnerungen, Einschätzungen und Statements ab. Dann komme ich nach Hause und mache – wie ein guter Erzähler, der auch nicht eins zu eins erzählen wird, was er erlebt hat – daraus eine eigene Geschichte. Ich bin die dritte Person innerhalb dieses Spiels und erzähle die Geschichte nicht so, wie sie mir erzählt worden ist, sondern so, wie sie meiner Sicht der Dinge entspricht. Ich erzähle, wie ich etwas erlebt habe, wie ich die Menschen und die Realität wahrgenommen habe. Ich versuche das in eine möglichst prägnante, witzige, traurige, emotionale und intelligente Erzählung zu verpacken. Ich sehe mich wie jemand, der ein Buch schreibt. Ich mache so etwas wie Literatur. Ich fühle mich der Realität nicht so verpflichtet, wie das manche Dokumentarfilmer tun, die versuchen eins zu eins rüberzubringen, was sie gesehen haben. Das ist nicht mein Anliegen. Die Leute haben mir etwas erzählt, und ich erzähle damit eine Geschichte. Die Montage ist so unglaublich wichtig geworden, weil in der Montage mein Beitrag liegt. Darin ist meine Position, meine Leidenschaft, auch meine Opposition gegenüber denen, mit denen ich einen Film gemacht habe, und die ich auch dazu benutze, meine Geschichte zu erzählen. Das muß ich ehrlich zugeben. Gerade wenn es um Leute geht, die mehr zu den Tätern oder zu den ›Bösen‹ gehören, die verantwortlich sind für Dinge, mit denen man nicht einverstanden sein kann. Ich bringe sie dazu, ihren Standpunkt, ihre Erinnerung zu erzählen. Und dann nehme ich mir heraus zu sagen, ich bin der Autor und ich spitze ihre Aussagen zu, indem ich sie konfrontiere mit anderen Aussagen. Wenn jemand sich hinsetzt und etwas sagt, ist es für mich stimmig, das ist seine Ansicht, das ist seine Erinnerung, das ist seine Ideologie. Er wird immer begründen können, weshalb es so und nicht anders gewesen ist. Erst dadurch, daß ich das kombiniere mit einer Welt, mit der dieser Mensch niemals in Kontakt kommen wird, an der er niemals seine eigenen Ansichten relativieren oder abarbeiten wird, schaffe ich wieder etwas Neues. Welten zusammenzubringen, die sich normalerweise überhaupt nicht berühren, das ist mein Beitrag, und das mache ich durch Montage. Aber ich darf nicht verfälschen. Ich habe eine moralische Verpflichtung gegenüber den Protagonisten, sie unverfälscht wiederzugeben.

Beate Mainka-Jellinghaus: Bei spannenden Dokumentarfilmen muß die Geschichte ihren Lauf nehmen. Da darf man nicht soviel kürzen. Ich habe das Material immer möglichst ganz gelassen und nicht montiert, denn das verfälscht. Bei geschichtlichen Sachen darf man nicht verfälschen. Wenn man zum Beispiel einen Film macht über eine Wahl, würde ich keine Montagen machen. Da klebe ich schon auch an der Kontinuität. Es muß authentisch bleiben. Wenn man diese Filme aus dem Archiv holt, darf nichts verfälscht sein. Im Grunde muß man nur zeigen, mehr nicht. Wenig schneiden. Nicht montieren. Einfach beobachten.

Mathilde Bonnefoy: Ich glaube, daß, was auch immer die neuen Technologien bringen, man trotzdem immer auf dieselbe Art und Weise daran gebunden sein wird, eine Geschichte zu erzählen. Das ist eine unveränderliche Tatsache. Und es wird immer darum gehen, ob man diese Geschichte emotional glaubhaft machen kann oder nicht, egal, ob jemand fliegt, weil man einen *special effect* anwendet, oder ob es pappmachémäßig aussieht. Die Illusion kann in beiden Fällen funktionieren. Schließlich weiß man ja auch, daß *special effects special effects* sind. Es geht also nicht darum. Im japanischen Puppentheater, im Bunraku, gibt es meistens zwei Personen, die die einzelnen Puppen umhertragen und bewegen. Die Puppen sind sehr bunt und ziemlich groß, und die Personen dahinter sind schwarz gekleidet und bewegen sich wie ein kleines Filmteam auf der Bühne, man sieht aber noch ihre Gesichter und ihre Hände. Es ist natürlich extrem künstlich, und man könnte sagen, ein *special effect* würde das perfekter darstellen – die Puppen ohne die Menschen oder gar Schauspieler wären noch besser als starre Puppen. Die Illusion, daß sich in diesen Puppen große menschliche Konflikte abspielen, fängt aber spätestens nach fünf Minuten an. Man vergißt die Leute dahinter sofort. Es geht nicht darum, daß die Puppen allein auf ihren eigenen Beinen stehen. Es geht um die Geschichte und die Projektion.

Bettina Böhler: Beim Dokumentarfilm hat man in der Montage eine viel größere Verantwortung – Verantwortung, was die Moral angeht. Klar, jeder weiß, daß auch ein Dokumentarfilm letztlich nichts mit Realität zu tun hat. Trotzdem muß man gewisse moralische Grundsätze berücksichtigen, um die Berechtigung zu haben, dokumentarisch etwas zu machen. Wenn man alles umdreht und einfach ein völlig anderes Bild erzählt, als es der Realität entspricht, ist das an der Grenze der Unmoral. Ich mag es jedenfalls nicht in Dokumentarfilmen. Wenn man zum Beispiel Menschen auf der Straße filmt, ohne daß sie es wissen, und wenn man dann das Material benutzt und in einen bestimmten Zusammenhang setzt, ist das eine Art von Umgang mit Material im Dokumentarfilm, bei dem ich ein ungutes Gefühl habe. Das ist ein Ausnutzen von Menschen, die in einen Zusammenhang geraten, mit dem sie unter Umständen gar nichts zu tun haben. Man bewertet sie, obwohl man sie gar nicht kennt. Ich bin vielleicht ein sehr moralischer Mensch, aber ich finde, daß man eigentlich keine Berechtigung mehr hat, einen Film zu machen, wenn man die moralischen Grenzen überschreitet. Jeder Mensch hat ein Recht auf seine Tabus und seine Intimsphäre, die nicht verletzt werden sollten. Ein Dokumentarfilmer hat die Verantwortung, bestimmte Grenzen nicht zu überschreiten. Ich mag es auch nicht, wenn man mit der Kamera solange auf jemandem bleibt, bis er anfängt zu heulen. Manchmal ist es richtig, das zu tun, ich will das nicht verallgemeinern, aber es gibt immer einen Moment, in dem ich als Zuschauer spüre, daß ich es eigentlich nicht mehr sehen will, in dem es umkippt in Voyeurismus. Für mich gibt es einfach Grundsätze.

Mathilde Bonnefoy: Im Endeffekt achtet man auf dasselbe. Man achtet auf Echtheit und Schönheit. In dem Moment, in dem man im dokumentarischen Material eine Geschichte entdeckt hat, die man erzählen will, arbeitet man sie heraus. Das macht man so wie im Spielfilm. Vielleicht ist es sogar schwieriger beim Spielfilm, denn man muß sich immer auch mit den Schauspielern auseinandersetzen, die eben nur reproduzieren. Man muß im Schnitt dann sehr viel dafür tun, eine Wahrhaftigkeit zu erreichen. Klar, geht es im Spielfilm darum, daß etwas gespielt wird, und daß man es in einer Form darstellt, die überhöht ist, die es in der Wirklichkeit so nicht gibt. Es geht um die Illusion und, durch diese, um die emotionale Projektion. Im Dokumentarfilm geht es genauso um die emotionale Projektion. Ich glaube, diese zwei Genres haben da ein klares, gemeinsames Ziel bei natürlich sehr unterschiedlichen Prämissen. Im Dokumentarfilm wie im Spielfilm will man eine Geschichte erzählen, die rührend ist, weil sie etwas von dem, was wir als Menschen sind, auf eine beeindruckende, bleibende Art und Weise wiedergibt.

Thomas Giefer: Ich komme aus einer dokumentarischen Tradition, wo das eigene Erleben, aber auch die eigene Beteiligung an bestimmten Ereignissen eine große Rolle gespielt hat. Über Dinge, in die man selbst sehr stark verstrickt ist, ist es schwieriger, Geschichten zu erzählen. Der Druck, alles mitzuteilen und möglichst viel zu zeigen, ist einfach sehr viel größer. Auch die Versuchung, es relativ unstrukturiert zu zeigen, weil man alles für wichtig hält. Wenn ich mir alte Filme von mir anschaue, sehe ich schon, daß ich manchmal in diese Falle gelaufen bin. Ich will das gar nicht verallgemeinern, jeder hat seine eigenen Einschätzungen. Ich habe neulich nochmal meine alten Filme aus der Sendereihe SCHAUPLATZ[12] angeguckt, und ich hatte den Eindruck, daß es spannende Themen sind, spannende Bilder, die aber lieblos präsentiert und erzählt werden. Eigentlich habe ich das Potential an Dramatik, an Emotionen und an Außergewöhnlichkeit, das in diesen Bildern steckt, verspielt. Ich habe die Geschichte brav erzählt, habe die Dinge immer lange laufen lassen, und wenn das eine fertig war, ist das nächste drangekommen, es paßte auch einigermaßen, es gab Bezüge zwischen dem, woran die Leute sich erinnerten und dem, was wir dann zeigten. Alles ist aber sehr eindimensional. Für mich war das Ereignis selbst schon so stark, daß ich mir sagte: Das spricht für sich, ich brauche mir weiter keine Mühe zu geben – ich muß nur die Bilder zeigen und die Leute erzählen lassen, und dann funktioniert das von selbst. Erst als ich Geschichten erzählt habe, die nicht soviel mit mir zu tun hatten, für die ich mir selbst erst einen Bezug, ein Interesse und eine Leidenschaft erarbeiten mußte, habe ich gelernt, daß ich mir auch entsprechend Mühe geben muß, andere Leute in diese Geschichten hineinzuziehen. Mir wurde klar, daß ich eine Geschichte spannend erzählen muß. Das hat sich vielleicht auch unter dem Zwang des Fernsehens ergeben, weil es verlangt wurde in gewisser Weise. Das war für mich aber ein heilsamer Zwang, sonst wäre ich vielleicht bequem geworden und hätte immer so weitergemacht.

Peter Przygodda: Beim Spielfilm hat man, egal wie komplex, eine lineare Handlung, deren Erzählstruktur möglicherweise manipulierbar ist. Beim Dokumentarfilm ist es ein mehr offenes Spiel. Das heißt, die Kombinationsmöglichkeiten sind weitaus vielfältiger als beim Spielfilm. Wenn ich Dokumentarfilme geschnitten habe, dann war das ein Spiel mit den Einzelelementen bis zur endgültigen, emotional wirksamsten Erzählstruktur. Die innere Erzählung wird bei der Montage gefunden, die Gesamtthematik ist vorgegeben.

Brigitte Kirsche: Die gestalterischen Möglichkeiten des Schnitts sind beim Dokumentarfilm größer. Man hat eine andere Bildauswahl, und der eigene Geschmack kann zum Tragen kommen. Wenn beim Spielfilm da steht: »Eine Mondscheinnacht«, dann muß ich halt eine Mondscheinnacht nehmen. Beim Dokumentarfilm bin ich freier. Nehmen wir zum Beispiel eine Eisläuferin: Zuerst muß ich überlegen, was ich erzählen will. Ob ich zuerst vom technischen Können erzähle oder ob ich die

---

[12] SCHAUPLATZ, eine dokumentarische Sendereihe des WDR, 1979-1983, Redaktion: Hans-Georg Ossenbach, insgesamt 49 Filme, jeweils 45 Minuten.

Geschichte der Eisläuferin erzählen will, wie sie zum Beispiel dazu gekommen ist. Hat Mama sie dauernd auf die Eisbahn geschleppt? Hat sie es gerne gemacht usf. Das sind ganz verschiedene Geschichten. Und wenn es gut gedreht ist, wenn der Kameramann mit Phantasie schöne Bilder liefert, dann kann man viel machen. Bei einem Dokumentarfilm hat immer auch der Cutter einen großen Anteil. Auch seine Gefühle teilen sich mit. Es sei denn, er hat einen Regisseur, der mit der Stoppuhr dasitzt und sagt: »Nein, das will ich von da bis da, und dann brauche ich wieder Platz für meinen Text, ist egal, was du für Bilder machst.« Das gibt es natürlich auch.

Barbara Hennings: Es ist sehr viel schwerer, einen Dokumentarfilm zu schneiden als ein Fernsehspiel. Es ist zumindest anders. Die Dramaturgie ist im Spielfilm mehr oder minder vorgegeben durch das Buch. Das muß man in richtige Schnittfolgen umsetzen. Erst nach dem ersten Schnitt stellt man dann fest, wo die Dramaturgie ›hängt‹, wo sie nicht funktioniert. Im Dokumentarfilm muß man die Abfolge erst erarbeiten, die Dramaturgie bietet sich nicht automatisch an. Jeder fängt woanders an. Der eine sagt sich, ich reduziere erst mal die Aussagen der Personen und sehe dann, wie sich der Rest strukturiert. Ein anderer montiert erst einmal einzelne Sequenzen und schiebt sie hin und her. All diese Dinge entwickeln sich während der Arbeit mit dem Material. Das ist ein sehr diffiziles, schrittweises, mühseliges Vorgehen manchmal. Von daher sehe ich keine hierarchische Abfolge zwischen Dokumentar- und Spielfilmmontage, wie das in den Sendern häufig gesehen wird: Erst kommt Kino, dann kommt lange nichts, dann kommt Fernsehspiel, dann kommt erst recht lange nichts, und dann kommt Dokumentarfilm. Im Dokumentarfilm ist man eher daran gewöhnt, mit dem Filmemacher zusammenzuarbeiten. Wenn man ein Fernsehspiel oder einen Kinofilm montiert, sitzt man allein mit dem Material. An dieses Arbeiten kann man sich gewöhnen. Es hat auch Vorteile. Es ist immer eine intensive, anstrengende Arbeit.

Thomas Giefer: Wenn man Filme für das Fernsehen macht, insbesondere für die populären Kanäle, für das Erste oder das Zweite Programm, und nicht für Phoenix und Arte, wenn man da fesseln will in diesem unglaublichen Amalgam von Angeboten und Sendungen, dann muß man einfach ganz andere Mittel einsetzen. Das kann man unangenehm finden, aber ich glaube, daran führt kein Weg vorbei. Es ist eine grundsätzliche Entscheidung, ob ich dafür arbeiten will, und dann muß ich auch die Konsequenzen auf mich nehmen. Im Fernsehen kann ich eben nicht darauf vertrauen, daß die Leute ständig zugucken – wie sie es im Kino tun – und nicht zwischendurch Bier holen oder ans Telefon gehen, wenn es klingelt. Die Unkonzentriertheit, die vor dem Fernseher stattfindet, muß man mitbedenken. Mir ist es nicht ganz egal, wie die Leute gucken.

Barbara Hennings: Im Prinzip muß man für Kino oder Fernsehen gleich schneiden. Der einzige Unterschied besteht darin, daß man für das Fernsehen etwas andere Einstellungsgrößen nimmt als für das Kino, weil die Wirkung auf der Leinwand eine andere ist. Und man kann eine andere Schnittfrequenz, einen anderen Schnittrhythmus finden. Im Fernsehen muß eine große Totale länger stehen als im Kino. Vielleicht gibt es noch größere Unterschiede im Tonbereich. Das Fernsehen verkraftet nicht soviel Dynamik wie das Kino. Aber die Gefühle müssen bei beiden rüberkommen, da gibt es keinen Unterschied für mich. Erst muß ich den Film einmal vom Anfang bis zum Ende durchschneiden, egal ob für Kino oder Fernsehen. Und dann muß man, wenn man für das Kino schneidet, in die große Projektion gehen. Dann sieht man, ob der Atem stimmt. Jeder Film hat eine Dramaturgie, und wenn ich einen Film für das Fernsehen mache und er Pausen nötig hat, zum Beispiel in der Entwicklung der Figuren, dann geht es nur um Nuancen, wie lange diese Pause im Fernsehen im Unterschied zur Pause auf der Leinwand sein kann. Aber wenn sie da sein muß, muß sie da sein. Egal ob Fernsehen oder Kino.

Peter Przygodda: Wenn man keine Stummfilme machen will, sollte man sich Gedanken über die Sprache machen. Was muß gesagt werden, was nicht und wie. Das ist mein Hauptärgernis beim Fernsehen und vielen deutschen Kinofilmen. Was da zugequatscht wird, das ist nicht mehr zu ertragen. Dem Zuschauer wird das Abenteuer genommen. Jede Geste, alles muß kommentiert, erklärt werden. Entwertung der Erzählkraft des Bildes.

Gewöhnung und Distanz

Im Verlauf des Schnitts hat man vermehrt zu kämpfen mit der Gewöhnung an das Material. In Erinnerung bewahren zu können, wie man es das erste Mal sah, sich den frischen Blick zu erhalten, das gehört zum Handwerk, es ist aber nicht einfach. Man muß von Zeit zu Zeit zum Material auf Distanz gehen. Eine Möglichkeit: bei Kinofilmen in die große Projektion gehen, bei Fernsehproduktionen die Rohschnitte ausspielen und im Fernseher ansehen. Wenn alles zu vertraut geworden ist: ein paar Tage Pause machen und etwas ganz anderes tun. Auch andere hinzuziehen, was nicht einfach ist, denn man setzt sich fremden Einflüssen aus. Immer wieder versuchen, wie ein Zuschauer zu sein.

Mathilde Bonnefoy: Die Frische zum Material erhalte ich mir durch die von mir vorhin angesprochene Herangehensweise, die ich mit dem psychoanalytischen Begriff der ›schwebenden Aufmerksamkeit‹ verglichen habe. Im Grunde ist das eine Übung mit mir selbst. Die Übung besteht darin, mich in einen Zustand zu versetzen, in dem ich jedesmal bewußt wahrnehme, was die Eindrücke von außen an Regungen in mir auslösen. Das ist im Grunde etwas, das immer leichter geht, je öfter ich es mache. Das ist eine Art Beziehung zu mir selbst, die abrufbar ist und einen inneren Raum schafft, in dem ich so etwas wie eine Nicht-Haltung zu den Sachen behalte. Dadurch bleibt die Frische erhalten. Es gibt dabei keine Abnutzung. Wiederholte Wahrnehmung ist zugleich Erst-Wahrnehmung, sie ist schwebend. Ich kann mir im Laufe der Arbeit den Film dann eine Million Mal angucken und jedesmal frisch nachdenken. Sobald der Film aber fertig ist und es darum geht, ihn noch einmal anzugucken aus technischen Gründen, kann ich ihn nicht mehr sehen. Dann habe ich wirklich Langeweile, weil ich den Film so oft gesehen habe. Dann ist die Abnutzung enorm. Dann bin ich überhaupt nicht frisch, sondern fast allergisch, ohne daß das negativ sein muß. Aber in dem Moment, in dem es darum geht, etwas zu beurteilen, wechselt die innere Haltung, und dann geht es wieder.

Barbara Hennings: Ich habe es gerne, wenn ich zwischendurch mal einen Tag nicht mit dem Material arbeite, einfach abschalte und Pause mache. Ideal wäre, daß man einen Schnittdurchgang macht, dann eine Pause von einer Woche einlegt, dann wieder rangeht, denn dann ist man wieder offen. Dann sieht man auch die Fehler, wenn man von Fehlern reden will. Man sieht, wo die Struktur noch nicht richtig ausgearbeitet ist, und man merkt auch, daß man auf den einen oder anderen Satz verzichten kann, weil eine andere Person dasselbe sehr viel besser formuliert. Solche Pausen wären ideal. Sie sind häufig aus finanziellen oder zeitlichen Erwägungen nicht möglich. Wenn man diese Chance nicht hat, läuft man schon Gefahr, aus einem gewissen Überdruß heraus etwas wegzunehmen, was vielleicht doch wichtig gewesen wäre. Das ist gefährlich. Mehr Zeit kostet immer auch mehr Geld, das ist eines der Grundübel.

Beate Mainka-Jellinghaus: Wenn man schöpferisch tätig ist, und das ist man am Schneidetisch genauso wie beim Drehen, dann kann man keine normalen Pausen setzen. Man kann nur sagen, Samstag, Sonntag ist Schluß. Aber Sie können nicht sagen: Ich arbeite jetzt von neun bis zwölf, und dann habe ich zwei Stunden Pause, und dann arbeite ich von zwei bis fünf oder sechs oder sieben. Das geht nicht. Es muß einem ja etwas einfallen. Ich konnte zehn Stunden nur mit Trinken durcharbeiten. Und wenn ich dann erschöpft war, habe ich einen ganzen Tag Pause gemacht. Man braucht auch den Abstand, und dann fängt man wieder an. Aber im Grunde genommen muß man intensiv dabeibleiben. Im Kopf geht es immer weiter.

Peter Przygodda: Auf dem Computermonitor will man irgendwie alles etwas größer haben, die Häufigkeit von *close ups* nimmt zu. Ein *close up* ist für mich nur konstruktiv, wenn es tatsächlich für etwas steht. Das gilt weniger für's Fernsehen, da wird viel größer gearbeitet. Man hat kaum extreme Totalen, weil man auf dem kleinen Bildschirm kaum etwas sieht im Detail. Für das Fernsehen mag das ein richtiges Mittel sein. Aber für einen Kinofilm lohnt es sich schon, eine Beamer-Vorführung zu haben, auch wenn sie an eine Filmprojektion bei weitem nicht heranreicht, damit man wenigsten den Raum simuliert – im Dunkeln sitzen –, so daß die Rezeption eine ähnliche ist wie im Kino. Dadurch ändert sich auch die Wertigkeit der Bilder, die Verhältnisse und Proportionen kann man dann besser einschätzen. Das halte ich für sehr entscheidend. Dasselbe gilt auch für die Muster-Vorführung. Wenn man die Muster auf der Leinwand sieht, ist die Rezeption weitaus emotionaler, dadurch auch der Zugang zum Material, zu dem, was eine Einstellung erzählen kann. Schade, daß es das kaum noch gibt, hierzulande. Ein Verlust.

Mathilde Bonnefoy: Wenn ich mit Tom Tykwer arbeite und wir tatsächlich fremde Leute in den Schneideraum lassen, dann gibt es eine gewisse Aufregung, weil wir sehr symbiotisch, sehr abgeschlossen arbeiten. Dann ist vor allem der Regisseur unter Druck, der sehr viel aushalten muß, weil es sein Werk ist, etwas äußerst Intimes, das er plötzlich offen zeigen muß, und dies in einem obendrein noch nicht einmal fertigen Zustand. Wir nehmen von den Anmerkungen nur das, was wir für treffend halten. Es ist sehr schwierig, den Affekt da nicht mitspielen zu lassen. Ein paar Leute sind entweder sehr meinungsstark, was in Ordnung ist, sie können dabei aber auch sehr verletzend sein. Andere sind sehr meinungsschwach, was eher die Mehrheit ist, und sagen nicht, was sie denken, sondern nur das, was man ihrer Meinung nach denken sollte an der oder der Stelle. Das kann katastrophale Auswirkungen haben. Man ist auch noch manchen verpflichtet, manchen nicht, man will nett sein, und man will offen sein auch für sich selbst. Das ist ziemlich kompliziert, aber im Endeffekt sammelt man sehr viele Informationen, die man dann filtert. Es wird natürlich problematisch, wenn Produzenten die Macht haben und diktieren wollen, daß etwas anders gemacht wird, als man es selbst für richtig hält. Da hilft es sehr, *final cut* zu haben. Das ist der amerikanische Begriff für das Recht des Regisseurs gegenüber den Produzenten, den endgültigen Schnitt zu bestimmen. In Amerika ist es relativ selten, daß ein Regisseur dieses Recht hat. Es zu haben ist aber essentiell, um das Werk als Künstler zu verantworten.

Barbara Hennings: Es ist auch immer mein Kummer gewesen, wenn Redakteure einfach auf die Uhrzeit guckten und sagten: Wir müssen noch dreißig, vierzig Sekunden rausnehmen, und es fehlt dann genau die Pause, die die Emotion zur Entfaltung braucht. Ein schnell geschnittener Film ist nicht immer schön, und ein langsam geschnittener Film kann sehr viel an Montagearbeit enthalten. Die offensichtlichen Schnitte sind auch nicht immer die richtigen, da muß man dann schon manchmal kämpfen. Aber ich denke, das Kämpfen gehört dazu. Man muß auch mit Kompromissen leben. Über Vorschläge sollte man nachdenken, warum werden sie sonst gemacht? Vielleicht enthalten sie ein Körnchen Wahrheit. Es ist ein sehr diffiziler, komplexer Prozeß, der da abläuft. Und manchmal ist es auch sehr hart. Vielleicht findet man am Ende Lösungen, die dem Film nicht schaden.

Thomas Giefer: Wenn ich heute meine alten Filme sehe, finde ich sie nicht authentischer, weil ich weniger eingegriffen habe. Manchmal stellt sich eine gewisse Nostalgie ein. Dann denke ich, damals hatte man anderthalb Stunden im ZDF für einen Film, da konnte man sich Zeit lassen, daß die Dinge sich langsam entwickeln im Film. Das ist heute nicht mehr möglich. Aber wenn ich mir dann die langen Filme angucke, denke ich, in 45 Minuten hätte ich den Film auch hingekriegt, und er wäre vielleicht sogar kämpferischer, aufregender, empörender, er hätte die Zuschauer vielleicht stärker bewegt als das, was ich damals gemacht habe. Trotzdem finde ich es in Ordnung, daß es Leute gibt, die einfach Realität dokumentieren, auch für die Zukunft. Das Dokumentarische hat nicht nur die Funktion, heute im Fernsehen gezeigt zu werden und die Leute zu bewegen. Es hat auch die Funktion, daß wir in zwanzig, dreißig Jahren noch sehen können, wie es heute ausgesehen hat. Wenn ich mir Archivmaterial angucke von vor dreißig Jahren, bin ich glücklich, wenn die Dinge mit langem Atem, in Ruhe und ausführlich gezeigt werden. Man kann sich aus dem Archivmaterial mit Freuden bedienen. Ich muß ehrlich gestehen, daß ich es Leuten, die in fünfzig Jahren auf mein Material zurückgreifen wollen, nicht so leicht mache. Dafür sind meine Filme zu sehr montiert.

Die Fülle der Möglichkeiten

Was hat man eigentlich bei einem dokumentarischen Ausgangsmaterial von Dutzenden von Stunden oder einem Drehverhältnis von 1:60 bis 1:100? Eine Fülle von Möglichkeiten, viele Optionen, nicht nur für einen Film. Man kann nicht alle Möglichkeiten ausloten, bevor man sich für eine entscheidet. Man kann auch nicht gleichzeitig an zu vielen, verschiedenen Möglichkeiten arbeiten. Bei einem Ausgangsmaterial von hundert oder mehr Stunden muß man zu einem bestimmten Zeitpunkt unverrückbare Pflöcke einschlagen, an denen man sich orientiert. Die Arbeit ist derjenigen eines Skulpteurs vergleichbar: im Gegebenen eine Gestalt freilegen.

Mathilde Bonnefoy: Die markanteste Erfahrung, die ich mit einem Dokumentarfilm gemacht habe, war für mich der Schnitt von Wim Wenders' Film THE SOUL OF A MAN.[13] Das war unter anderem deshalb so, weil ich eineinhalb Jahre daran gearbeitet habe. Ich hatte komplett andere Bedingungen als sonst. Wim Wenders war sehr selten da, und anfangs war ihm auch nicht klar, wie der Film überhaupt werden sollte. Ob nicht aus dem Material, das er gesammelt und auch gedreht hatte, zwei Filme werden sollten. Ich wurde mit dem Berg an Material ziemlich bald allein gelassen. Wim Wenders hatte Szenen gedreht, aber es stand das ganze dokumentarische US-Archiv zum Thema des Films auch noch in Form von zwei Regalwänden voller VHS-Kassetten zur Verfügung, plus die Möglichkeit, nach Bedarf auf noch mehr zurückzugreifen. Anfangs habe ich gar nicht geschnitten. Ich habe vor den Monitoren gesessen und geschrieben. Ich konnte nicht einmal das ganze Material anschauen, weil es in gewisser Weise unbegrenzt war. Aber ich habe trotzdem tagelang gesessen und mir, ohne zu wissen, wofür ich das brauchen könnte, zufällig ausgesuchtes Material angesehen – amerikanische Bilder aus den zwanziger und dreißiger Jahren. Es geht im Film um den Blues. Ich habe stumme Bilder von Leuten angeschaut, die in die Kamera lachen, die sich schämen und wegdrehen, oder Nachrichtenberichte, endlos. Nach dem ersten Schock habe ich angefangen zu suchen, wie der Film werden könnte, wie er anfangen könnte, worum es gehen soll, was passiert, was die Entwicklung wäre und wie das endet. Und ob es ein oder zwei Filme werden. Ich wollte niemals zwei Filme machen, denn ich meine, man sollte immer nur eine Sache machen, und zwar so gut wie möglich, und nicht zwei Versionen davon. In diesem Fall schien es mir auch ein Aufschieben zu sein von der Notwendigkeit zu überlegen, wie das ganze Material zu einem einheitlichen Film wird. Man muß sich entscheiden für etwas, und man sagt: Das ist es! Das ist

183

---

[13] THE SOUL OF A MAN, Regie: Wim Wenders, D/USA 2003.

der wichtigste, endgültige künstlerische Moment. Und wenn es zwei Ergebnisse gibt, wie kann man da sagen: Das ist es! Dann hat man seine Pflicht zu entscheiden nicht wirklich getan. Ich wollte nicht in diese Falle geraten. Ich habe auch festgestellt, daß es meinen Impulsen in die Quere kommt, wenn ich mir zu lange alle Optionen offenhalte. Die Summe von dem, was ich gesehen habe, ist genug, um eine Wirkung auf mich zu haben, so wie mir beim Spielfilm die Muster das Gefühl geben: Das möchte ich gern erzählen und zeigen. Ich habe also geguckt und geguckt und dann habe ich aufgehört und vor den stillen Monitoren gesessen und geschrieben und geschrieben, alles, was mir zu dem Material einfiel, so wie es kam, ohne scheinbare Ordnung, bis ich wußte, was und wie ich es machen wollte. Das habe ich dann als E-Mail zu Wim Wenders geschickt, der irgendwo in der Welt unterwegs war – er war ständig woanders. Die Antwort lautete, daß es interessant sei, vielleicht aber ein bißchen konservativ. Mehr nicht. Ich habe gedacht: Okay, dann kommt bestimmt bald ein Gegenvorschlag, was nicht der Fall war. Es war bestimmt in gewisser Weise konservativ, aber wie denn nicht? Schließlich geht es nicht darum, daß etwas innovativ ist, sondern daß es anziehend ist und bedeutend, und daß man es sehen will. Der Film fängt ungefähr 1900 an und endet in der Zukunft. In dieser Zeit entfalten sich persönliche Musiker-Schicksale parallel oder in Relation zu der schwarz-amerikanischen *Civil Rights*-Bewegung. Die Chronologie war in dem Fall eine Art Skelett, das es möglich machte, auf etwas hin zu erzählen. Es hieß also wieder einmal, aus dem Chaos des Materials etwas herauszumeißeln, was eine Geschichte ist, nur daß dabei am Anfang nicht klar war, in welche Richtung diese Geschichte gehen würde. Und deswegen hat es sehr lang gedauert.

An sich glaube ich, daß meine Eindrücke schon einen Zusammenhang ergeben, auch wenn die Reihenfolge, in der sie mir einfallen, chaotisch zu sein scheint. Diese Reihenfolge enthält in etwa die Struktur, nach der ich mich richten muß. Das Wort ›konservativ‹ hat aber eine besondere Bedeutung, wenn es aus dem Mund von Wim Wenders kommt. Er fürchtet sich, glaube ich, vor stumpfsinniger Kommerzialität. Ich weiß es nicht so genau, aber das denke ich mir. Um aus dieser Falle herauszukommen, tendiert er in eine andere Richtung, nämlich in die der Modernität, der Innovation, des Nicht-Konformistischen, des nicht schon Existierenden. In der Debatte, ob die Zukunftstechnologien dem Film eine andere Natur geben werden, hat er sich immer mit einem klaren Ja geäußert. Was nicht jeder tut. Ich würde zum Beispiel sagen: Egal welche neuen Mittel kommen, man macht im Endeffekt damit immer nur dasselbe. Aber er sieht in den neuen Technologien die Möglichkeit, daß man ganz andere Filme machen kann. Er interessiert sich extrem für diese Innovationen, und ich glaube, daß er ein erklärter Feind eines gewissen Bestehenden ist, das er für spießig hält. Daher kommt wahrscheinlich seine ablehnende Reaktion mit dem Wort ›konservativ‹. Ich glaube, er meinte, daß die Geschichte, so wie ich sie beschrieben und im Endeffekt auch geschnitten habe, konservativ erzählt wird. Es gab einen Anfang, dann die Mitte und das Ende. Nicht ganz in drei Teilen, aber es gab den deutlichen Anfang einer Entwicklung, dann geht es dahin, und dann gibt es ein Ende, in dem alles aufgeht. In diesem Sinne könnte es nicht klassischer sein. Insofern war es konservativ. Aus dem Material hätten aber so viele Geschichten entstehen können, wie es Anläufe gegeben hat, diesen Schnitt zu machen. Es war ein Faß ohne Boden vom Material her. Durch das assoziative Aufschreiben von dem, was mir zu dem Material einfiel, bin ich aber auf das Gerüst des Films gekommen.

Heide Breitel: Man sollte sich nicht damit quälen, daß man fünfzehn verschiedene Versionen herstellt, weil das mit dem Computer so schnell möglich ist. Dadurch wird es auch nicht besser. Besser schaltet man aus und geht spazieren, oder man träumt mal eine Nacht darüber. Das ist der Unterschied zum Schneidetisch. Die Umrollzeiten fehlen. Der *cursor* springt ganz schnell vom Anfang zum Ende und wieder zurück. Am Filmschneidetisch mußte man umrollen, zurückrollen, und dabei konnte man länger nachdenken. Gegen den Zeitdruck, der durch das technisch Mögliche entsteht, gibt es einen Knopf zum Ausschalten. Der Computer verleitet viele Anfänger dazu, sich nicht so viele Gedanken über Rhythmus, Timing und Dramaturgie zu machen, stattdessen einfach fünfzehntausend verschiedene Versionen vom Film zu schneiden, weil es so einfach geht. Keine ist letztendlich richtig durchlitten, so daß sie am Ende auch stimmt.

Peter Przygodda: Das meiste ist Reaktion, die aus dem Bauch kommt. Warum, wieso? Das frage ich mich nicht. Über Filmschnitt zu theoretisieren, ist nicht mein Ding. Wir sind gedankenlos. Einfach machen. Wenn etwas nicht stimmt, merkt man das doch. Noch was: jeder Gedanke, egal von welcher Seite er kommt, ist es wert, überprüft zu werden. Wir arbeiten für das Projekt und nicht für uns selber. Man darf auch nicht beleidigt sein, wenn einer sagt, alles sei Quatsch, was man da gemacht hat. Was dem Ganzen dient, ist richtig. Da kann man persönliche Sachen voll zurückstellen. Wir müssen auch mit Stinkstiefeln arbeiten, manchmal bin ich selber einer und man muß mich aushalten. Das darf nicht ins Gewicht fallen. Letzten Endes gibt es für Filme immer nur *eine* richtige Lösung.

Beate Mainka-Jellinghaus: Wenn jemand sagt, daß er einen Zwei-Stunden-Film will, dann komme ich genau auf zwei Stunden vom Anfang bis zum Ende, und da brauche ich auch nichts mehr ändern. Wenn das Timing stimmt, können Sie nicht an einer Stelle etwas rausnehmen und es hinten wieder reinsetzen. Das geht nicht in Montagefilmen. Da geht das Ganze kaputt. Wenn man eine Sequenz rausnimmt, hat das Konsequenzen für den ganzen Rest. Man kann wohl aus dem gleichen Material einen ganz anderen Film machen. Aber dann muß man wieder von vorne anfangen. Bei dem Film ABSCHIED VON GESTERN haben wir, Alexander Kluge und ich, uns kennengelernt. Es war der erste Film für mich, ich war noch sehr jung, und er war noch unsicher. In dem Film gab es eine Gerichtsszene, und da habe ich einfach Wiederholungen von Anita G. hintereinander geschnitten. Das war spannend, und Edgar Reitz, der eine gute Kamera gemacht hatte, und Alexander Kluge standen hinter mir und sagten: Der Satz kommt doch schon mal vor, den Satz sagt sie doch vorne auch! Da habe ich gesagt: Schaut euch das doch mal im Ganzen an, wie das auf euch wirkt, ist es aufregend? Ist es spannend? Oder stört euch etwas? Eigentlich nicht, sagten sie. Dann kam das Wochenende, ich war nicht da, und dann hat sich Alexander Kluge, ich weiß nicht mit wem, hingesetzt und hat das verändert. Er war unsicher, ob man Wiederholungen schneiden kann. Natürlich kann man das, habe ich gesagt, man kann alles machen, was gut ausschaut und was die Leute nicht langweilt. Da hat er gesagt, mir gefällt es jetzt auch nicht mehr, jetzt machen Sie das mal wieder so, wie es war. Das war vorbei, das haben wir nie wieder hingekriegt. Es hat nicht mehr funktioniert. Der erste Drive war weg.

Peter Przygodda: Unsere Aufgabe ist es, das Beabsichtigte erscheinen zu lassen. Das heißt mitmachen, nicht gegenarbeiten. Konstruktiver Opportunismus. Die Tendenzen des Beabsichtigten nicht verschütten. Wir können aus dem, was gemacht und gedreht worden ist, nicht etwas ganz anderes machen.

Montage praktisch

Rhythmus/Atem/Emotionen

Montage ist ein Balanceakt. Auf der einen Seite geht es darum, die eigentliche Geschichte nicht zu verdecken durch zu viele Nebensachen. Auf der anderen Seite soll nicht alles für den Fortgang der Erzählung funktionalisiert werden. In diesem Balanceakt geht es auch um Timing, um den Aufbau von Spannungsbögen, um die Verteilung und den Eigenwert der einzelnen Szenen. Das, was zu erzählen ist, auf den Punkt bringen, es nicht zu früh und nicht zu spät erzählen.

Beate Mainka-Jellinghaus: Der Zuschauer muß verarbeiten können. Ich kann nicht eins auf's andere setzen, dann bekommt man etwas nicht mit, schläft ein, und am Ende fehlt einem etwas. Beim Film muß man versuchen, die Aufmerksamkeit so zu halten, daß die Leute mitgehen, sich nicht langweilen und verstehen, was der Regisseur ausdrücken will. Wenn ich mir einen Film anschaue, der mich langweilt, müßte ich doch eigentlich nach Hause gehen. Das ist verschwendete Lebenszeit, das mache ich nicht. Das Timing muß man aber in sich haben. Das Gefühl für Ruhepausen, wie kann ich arbeiten mit Musik, wie kann ich eine Figur verdeutlichen, indem ich ihr Stille zumute oder einen Gang. Das muß man im Gefühl haben. Da kann einer von Filmgesetzen reden oder von Filmschnitt und was dazugehört, das muß man in sich tragen, und wenn man das nicht hat, dann soll man die Finger davon lassen. Zum Beispiel: nicht am Text kleben, einfach reinschneiden und dann verklingen lassen. Das geht doch auch. Man kann etwas grob vorschneiden, aber das Timing ist das Wichtigste. Wie lange habe ich eine Sequenz, wie lange habe ich eine Szene, wie lange und wo kann ich eine gesprochene Sequenz einsetzen? Wenn jemand schreit, hat das eine ganz andere Wirkung auf die nachfolgenden Bilder als jemand, der leise etwas erzählt. Oder eine Liebesszene. Danach brauche ich etwas ganz anderes. Action zum Beispiel. Wenn zwei sich anschreien oder eine Diskussion stattfindet, dann brauche ich nachher Ruhe. Ich muß ein Gefühl dafür haben, wie der Zuschauer das Gesprochene aufnehmen kann. Wenn er etwas nicht aufnimmt, verpufft es. Pausen zu setzen hat auch mit Dramaturgie und Timing zu tun. Wenn viel geredet wird, dann muß man die Leute mal auf der Straße entlanggehen lassen oder in der Pause eine rauchen oder eine Tasse Kaffee trinken lassen, dann hat man schon die Pause. Das kann man alles machen. Aber es muß alles an der richtigen Stelle liegen. Ich kann den Zuschauer nicht, wie es heute oft geschieht, pausenlos überfordern.

Bettina Böhler: Man kann auch mit Blicken arbeiten. Innerhalb eines Interviews ist es immer faszinierend, was die Augen ausdrücken. Jemand erzählt eine Sache, aber die Augen erzählen etwas anderes –

das finde ich gerade bei Dokumentarfilmen sehr spannend. Oder man kann mit Blicken am Ende von einem Interview eine Verbindung schaffen zur nächsten Szene, zu einem anderen Menschen oder einem anderen Ort. Und man kann mit Emotionen arbeiten, je nachdem, wie emotional das Thema ist. Es gibt mehr oder weniger emotionale, informative oder politische Dokumentarfilme, wenn man so will. Gut, auch politische Dokumentarfilme sind unter Umständen emotional, das ist alles sehr vielschichtig. Aber letztendlich ist es auch beim Dokumentarfilm sehr wichtig, daß er Emotionen beim Zuschauer weckt. Es reicht nicht, irgendwelche Informationen über ein Thema zu geben, das man vielleicht interessant findet. Es muß auch etwas berührt werden beim Zuschauer.

Barbara Hennings: Ich war häufig sehr betroffen von den Schicksalen, mit denen ich durch einen Film zu tun hatte. Manchmal hat mir das schwer zu schaffen gemacht. Wenn jemand sein Leben erzählt, der harte Schicksalsschläge hinter sich hat, dann kämpfe ich auch als Editor mit den Emotionen, manchmal sogar mit den Tränen. Man lebt im Schnitt mit den Protagonisten, und das nimmt man auch nach Hause mit. Es berührt einen, und es ist auch gut, daß es einen berührt. Komischerweise habe ich die Protagonisten nie als Material empfunden. Ich hatte natürlich Material von ihnen in der Hand, aber eigentlich waren es Personen, die ich vor mir hatte. Man muß dann davon abstrahieren, denn man muß reduzieren, um es in eine filmische Form zu bringen. Gerade bei den berührenden Phasen fiel es mir immer sehr schwer zu schneiden. Wenn die Leute zum Beispiel kämpfen, weiß man, daß man ihren Kampf nicht so zeigen kann, wie er aufgenommen wurde. Man muß auch entscheiden, ob man den Protagonisten einen Gefallen tut, wenn man zum Beispiel zeigt, wie sie scheitern oder auch mal Tränen fließen. Man muß immer abwägen, ob man den Protagonisten gerecht wird. Denn der Zuschauer kennt die ganze Entwicklung nicht. Wenn er den Film sieht, weiß er nicht, was rausgenommen wurde. Die Emotionen, die er sieht, haben ihren Grund vielleicht weit vorher in irgendeiner Frage, die aus dramaturgischen Gründen weggefallen ist. Da muß man dann schon entscheiden, ob diese Emotionen und die Nähe zu der gezeigten Person ihr nicht schaden, weil man die Entwicklung nicht mehr sieht. Man muß auch zulassen, daß es Pausen gibt. Etwas, das lange dauert, darf man nicht einfach deshalb kürzen, weil der Film nachher eine Länge von neunzig Minuten haben soll. Entwicklungsphasen sind aus meiner Sicht die Momente, die einem Film die Struktur verleihen. Das ist im Spielfilm nicht anders als im Dokumentarfilm. Man braucht immer auch Brüche. Der Zuschauer muß genau wie ich als Editor Luft holen können, er muß atmen können, denn wenn ich schneide, atme ich anders. Ich agiere in meinem Atem und zugleich mit der Handlung, mit den Protagonisten. Und wenn ich den Atem anhalte, dann muß ich auch dem Zuschauer die Möglichkeit geben auszuatmen. Das sind für mich die wichtigen Momente im Schnitt und in der Dramaturgie. Der Rhythmus dessen, was ich sehe, überträgt sich auf mich. Wenn es etwas sehr Spannendes ist, dann atme ich schneller, wenn es etwas Getrageneres ist, atme ich entspannter. Den Übergang von einem Rhythmus in den anderen schaffe ich oft durch Brüche. Dadurch schaffe ich auch neues Interesse, neue Aufmerksamkeit beim Zuschauer, die Augen wieder weit zu öffnen. Ich bin als Editor der erste Zuschauer. Für mich war es immer wichtig, die Emotionen, die ich beim ersten Anschauen spüre – sei es Haß, sei es Liebe, sei es Ablehnung oder Ekel – zu speichern und für den Film zu bewahren.

Bettina Böhler: Ich schneide das, was mir vom Material her erzählt wird. Durch Blicke und Pausen oder durch Dialog-Weglassen, Dehnen oder Beschleunigen erzeugt man unterschiedliche Emotionen, auch durch Kombination verschiedener Einstellungsgrößen. Wenn man einen Dialog in Halbnahen erzählt und dann in einem bestimmten Moment einen Rücksprung macht, dann erzielt dieser Rücksprung einen Unterschied in der Emotion zu den Figuren, weil man sich als Zuschauer von ihnen entfernt. Die Figuren entfernen sich unter Umständen auch voneinander. Ich liebe es auch, mit Blicken zu arbeiten. Damit kann man soviel machen. Wer guckt und wer guckt nicht, guckt der eine, wenn der andere guckt? Das kann man durch Schnitte herstellen, und auf diese Weise kann die Montage Beziehungen zwischen Menschen herstellen, die ursprünglich ganz anders erzählt werden sollten. Das ist eine sehr subtile Angelegenheit – einerseits Blicke, und dann eben auch Pausen oder keine Pausen. Manchmal entstehen im Rhythmus so etwas wie Synkopen in der Musik. Schon allein durch einen synkopischen Schnitt erzeugt man andere Emotionen, als wenn der Rhythmus immer derselbe ist: zack, zack, zack.

Barbara Hennings: Die Tendenz, alles kurz zu schneiden, ist für mich oft nicht akzeptabel, weil der Kürze die Entwicklung der Personen zum Opfer fällt. Ich muß schon die Chance haben, die Personen in ihrer Entwicklung wahrzunehmen. Da können Schnitte störend sein. Manchmal ist ein Schnitt nicht unbedingt hilfreich. Manchmal sind ungeschnittene Sequenzen sehr viel aussagekräftiger. Das zu erkennen ist eben die Kunst.

Heide Breitel: Ich plädiere immer dafür, daß die Stille nicht weggeschnitten wird. Und das meine ich nicht nur für den Ton, es gilt eigentlich für das gesamte Erzählen. In den sehr schnellen Zusammenschnitten des Fernsehens gibt es überhaupt keine Stille. Auch bei längeren

Filmen wundere ich mich oft, daß direkt nach dem Wort geschnitten wird. Es wird keine Zeit zum Ausatmen gelassen, kein Moment der Unsicherheit zugelassen, den es manchmal gibt, wenn jemand etwas gesagt hat und nochmal so fragend guckt. Das sind Momente, die ich liebe, die ich deshalb nie wegschneiden würde. Solche Momente der Stille offenbaren die Seele des Menschen. Danach kann man wieder schneller und lauter werden.

Wolfgang Widerhofer: Ich setze auf ein Nachbild, das sich kontinuierlich aufbaut – will sagen: ein Bild spielt ins nächste, spielt ins nächste usf. Am Beispiel ELSEWHERE formuliert: reisen, beobachten, schauen und sich schon auch ein bißchen verlieren in der Erzählung und dann die Zuschauer wieder zurückholen. Ich finde es sehr schön, wenn man immer wieder eine Verwirrung betreibt, etwas in der Leere stehenläßt, in der auch die Zuschauer ein bißchen verloren sind, wo man ihnen nicht genau sagt, was ein Bild zu bedeuten hat. Es gibt Einstellungen, die sind wie ein Atemholen, bevor man wieder konzentriert in die Erzählung geht. Es ist so etwas wie ein weitendes Umschärfen des Auges. Wo man für einen Moment ganz anders schauen kann, und beim nächsten Bild ist man wieder viel konzentrierter. Es gibt einen Wechsel von Entspannung und Konzentration auf vielen Ebenen, der insgesamt einen durchgehenden Rhythmus ergibt.

Brigitte Kirsche: Bei der Montage des Films DER PROZESS gab es beim ersten und zweiten Durchgang immer große Pausen. Das hat Eberhard Fechner irritiert, aber ich habe gesagt: »Ich lasse die Pausen jetzt noch drin, sonst geht der Atem verloren, und das hört man nachher, wenn man zu hart schneidet.« Ich habe das nie so hart geschnitten, das Ausatmen ist immer noch da. Die Erzählung ist dennoch sehr flüssig.

Peter Przygodda: Eine normale Musikalität sollte man für diesen Beruf schon mitbringen. Es fängt schon damit an, den Atem eines Darstellers, den Rhythmus des Sprechens mitzuvollziehen. Das ist ein musikalisches Ereignis. Man kann nicht einfach einen Dialog zusammenkloppen. Der Atem macht es. Wie atmet jemand? Die Fähigkeit, Proportionen zu empfinden, Sinn für Form und Statik zu haben ist musikalischer Natur.

Heide Breitel: Ein Innehalten kann die Spannung noch erhöhen: Alles läuft auf das Tor zu – Schnitt – jemand spielt noch mit einer Cola-Dose. Die kleine dramaturgische Bremse. Hat man Zeit hinzuschauen? Fällt in der Zeit nicht gerade das Tor? Mit solchen Momenten spielt der Spielfilm doch auch. Ein guter Film hält inne, um dann wieder atemlos zu werden. Er muß dem Zuschauer Raum geben, und sei es nur, daß er einen Moment aus der Spannung geht, um eine Atempause zu ermöglichen.

Bettina Böhler: Ich habe inzwischen den Ruf, daß ich immer sehr langsame Filme schneide oder eben langsam schneide. Was völliger Unsinn ist, denn ich schneide das Material so, wie es das Material verlangt. Wenn ich zufällig drei Filme hintereinander schneide, die einen langsameren Erzählrhythmus haben, weil die Regisseure diese Geschichte so erzählen wollen, dann schneide ich die auch entsprechend. Aber ich schneide auch Filme, bei denen man vielleicht dreißig Schnitte in der Minute hat. Es ist letztendlich immer das, was die Geschichte und wie es das Material verlangt. Durch die heutigen Sehgewohnheiten, die sich durch die Video- und Clipgesellschaft extrem geändert haben, aber auch durch Serien oder überhaupt die Bilderflut im Fernsehen, fällt das Langsame allerdings auf. Und durch das Zappen natürlich, denn durch das Zappen schneiden die Leute heute ihre Filme selber zusammen. Dabei können sie auch ihren Rhythmus bestimmen, und dadurch ist letztendlich alles ein bißchen verkommen. Man glaubt gar nicht mehr, daß ein Rhythmus nicht immer nur zack-zack-zack sein muß, daß man sich auch mal Zeit lassen kann, wirklich hinzugucken, was da zu sehen ist in einem Bild, oder auch einem Menschen zuzugucken, was er wirklich empfindet. Ich nenne das Informationsschnitt, wenn man nur zeigt, das ist der, und der macht jetzt das, zack, Schnitt, haben wir gesehen, das Nächste. Dadurch kann beim Zuschauer überhaupt keine Emotion entstehen. Ich versuche, Emotionen herauszuholen, und dazu braucht man eine gewisse Langsamkeit. Nicht übertrieben, aber doch eine gewisse Langsamkeit, um dem Zuschauer die Möglichkeit zu geben, sich wirklich einzufühlen. Nun ist es heute leider oft so, daß die meisten Zuschauer das auch nicht mehr können. Das soll kein Vorwurf sein, aber es heißt eben schnell: Das ist langweilig. Oder: Da passiert ja gar nichts. Einfach, weil die Leute nicht mehr in der Lage sind, sich auf etwas einzulassen. Sie wollen immer gleich eine neue Information haben und sind nicht bereit, mal darüber nachzudenken, was sie gerade sehen. Ich habe schon viele von den normalen 20.15 Uhr-Fernsehspielen geschnitten, und da wird dann auch von den Redaktionen verlangt, daß in den ersten fünf Minuten das und das passiert, und zwar möglichst schnell und mit Karacho, damit die Leute nicht umschalten. Im Grunde genommen wird man zu diesem Schnittrhythmus auch gezwungen. Natürlich schalten die Leute trotzdem um, und die Quote ist auch nicht so, wie man sich das wünscht. Mich interessiert das nicht, trotzdem muß ich mich unterordnen. Das ist ein Problem, und dadurch kommt es zu der landläufigen Meinung, daß etwas, das einen langsameren Rhythmus hat, nicht attraktiv ist. Das finde ich sehr schade. Aber das hat natürlich auch mit der schnellebigen Gesellschaft zu tun.

Mathilde Bonnefoy: Es gibt einen Dokumentarfilm, den ich geschnitten habe mit jemandem, dessen Namen ich nicht nennen werde, wo ich mich hinterher äußerst geschämt habe, weil ich mich dazu überreden ließ, alle Einstellungen nach Satzende sehr knapp abzuschneiden. Das ging klack, klack, klack. Den Film haben wir uns irgendwann feierlich angeguckt mit allen Beteiligten. Ich habe mich in Grund und Boden geschämt für das, was ich da gemacht hatte. Es waren alles Schnitte, die rein verbal motiviert waren. Es gibt keinen logischen Grund, warum etwas schnell oder langsam gehen sollte. Ich habe natürlich nichts gegen ein schnelles Tempo an sich. Es war ein Dokumentarfilm über Menschen und ihre Werke, die Personen haben gesprochen, und sobald ein Satz zu Ende war, klack, so wie eine Guillotine, Schnitt und zum Nächsten. Obwohl man gehört hat, was die einzelnen gesagt haben, war man die ganze Zeit gehetzt. Dieser Rhythmus war ganz und gar künstlich. Wobei es auch eine gewisse Gesamtlänge gab, die man einhalten mußte. Aber man hätte das einfach anders machen sollen. Das war so schlecht, daß ich den Titel nicht nennen möchte.

Bettina Böhler: Hauptsache viele Schnitte, dann ist es doch toll geschnitten – das ist völliger Unsinn, denn darum geht es gar nicht bei der Montage. Es geht darum, die Szenen in ihrer Länge und Kombination so zur Vollendung zu bringen, daß der Film die Form hat, die er haben soll. Und wenn dann eine Szene mal ganz durchläuft oder es nur zwei Schnitte gibt, dann ist das richtig so. Es heißt dann, es sei keine Kunst, vorne und hinten etwas abzuschneiden und dann zusammenzusetzen, das könne ja jeder. Gerade bei Filmen, in denen es wenige Schnitte gibt, kommt es auf jeden Schnitt an. Jeder Schnitt muß dann wirklich stimmen. Ich habe im vergangenen Jahr den Film MARSEILLE[14] von Angela Schanelec geschnitten. In diesem Film gibt es 75 Schnitte in 92 Minuten. Ich finde den Film sehr spannend, war aber doch überrascht, daß man sich mit 75 Schnitten sechs Wochen lang beschäftigen kann. Es ist für mich immer wieder faszinierend, was es bedeuten kann, wenn man etwas umstellt oder drei Sekunden früher rausgeht oder früher rein, wie sich das auf das Ganze auswirkt. Das finde ich unter Umständen faszinierender, als eine Actionszene zusammenzusetzen, die mit drei Kameras gedreht wurde.

[14] MARSEILLE, Regie: Angela Schanelec, D 2003.

Das Messer ansetzen

Atem holen, dem Atem folgen, wie jedoch konkret entscheiden, an welcher Stelle ein Schnitt anzusetzen ist? Wann ist eine Einstellung zu Ende? Wie die Stelle zwischen zwei Bildern finden, an der tatsächlich geschnitten wird?

Raimund Barthelmes: Wann ist eine Einstellung zu Ende? Gute Frage. Wenn der Film in seinem Rhythmus zusammenbricht, dann muß man die Einstellung zu Ende bringen. Auf der anderen Seite passiert es mir natürlich auch, daß ich eigentlich überhaupt nicht schneiden will. Ich freue mich zum Beispiel, wenn es im Spielfilm eine Plansequenz gibt. Doris Dörrie hat früher Plansequenzen gemacht, und ich freute mich dann, wenn ich mich zurücklehnen konnte, ohne mir zu überlegen, ob ich da schneiden muß. Es gab einfach nichts zu schneiden. Bei Ingmar Bergmann gibt es so etwas auch, wunderbar, zweieinhalb Minuten, eine Kamerafahrt, ein Essen, Weihnachten, FANNY UND ALEXANDER,[15] großartig. Wann ist eine Einstellung zu Ende? Viele finden den Knopf zum Ausschalten wirklich nicht. Je jünger die Filmemacher sind, desto mißbräuchlicher wird das gehandhabt. Film war verglichen damit autonom. Nach elfeinhalb Minuten war eine 16mm-Kassette zu Ende. Pech, wenn dann bei Minute 11'45 eine sehr entscheidende Situation oder Aussage gekommen ist. Die mußte man dann ins Off legen oder sich einfach nochmal Bilder für diese Nur-Ton-Stellen überlegen. Oder am Anfang der nächsten Rolle versuchen, die Situation wiederherzustellen. Als noch überwiegend mit Film gedreht wurde, hat sich daraus schon auch eine eigene Montagetextur ergeben. Man mußte anders herangehen als heute. Wenn ich eine Video-Kassette habe und die ganz digitalisieren will, dann werden diese langen Einstellungen, die vielleicht zwölf Minuten oder länger dauern, unterteilt, um den Zugriff später einfacher zu machen. Damit man nicht immer die ganzen zwölf Minuten angucken muß, bei Interviews zum Beispiel. Dennoch, die Frage bleibt: Wann ist die Einstellung zu Ende?
Eine andere Frage ist, wie beende ich sie? Mit einem harten Schnitt, mit einem weichen *fade out*? Mache ich Schwarzfilm dazwischen, so wie Lars van Trier es fordert? Jede einzelne Einstellung durch sechs bis zwölf Frames zu trennen, so wie er es vorschlägt, ist mir zu mechanisch. Ich liebe das Schwarz. Es ist einer der stärksten filmischen Momente, weil man dabei alles projizieren kann auf die schwarze Leinwand. Das visuelle Bild ist ein Kontinuum, es geht immer weiter, insofern ist es statisch, sagt Marshall McLuhan sinngemäß. Das hat mir sehr eingeleuchtet. Schwarz in einer Länge von sechs bis zwölf

---

[15] FANNY UND ALEXANDER, Regie: Ingmar Bergmann, S/D/F 1982.

frames, ich weiß es nicht. Ich habe die Frage für mich selbst nicht gelöst.

Mathilde Bonnefoy: Ich arbeitete anfangs bei einer Schnittfirma namens *Timeline* und habe sehr viel Druck bei meinem damaligen Chef, Stefan Beckers, gemacht, daß ich irgendwann auch mal schneiden darf, egal was. Er hat mir dann schließlich eine Assistenzarbeit gegeben bei einem Film, bei dem er selbst der Cutter war, und gesagt, ich soll doch die eine oder andere Szene mal versuchen »vorzuschneiden«, wenn ich Zeit habe. Ich habe mich sehr darüber gefreut. Ich habe mir also eine Szene mit einem Gespräch in einem Café vorgenommen, Schuß/Gegenschuß, ich dachte, das sei wahrscheinlich simpel. Als ich dann aber angefangen habe, merkte ich gleich, wie unglaublich schwer diese Aufgabe ist, denn was sagt mir überhaupt, wann ich schneiden soll. Das hat mich dermaßen gehemmt und gelähmt, daß ich fast nicht mehr denken konnte. Ich habe dann schließlich etwas gemacht und dabei sehr gelitten und dann noch mehr gelitten, als ich ihm das gezeigt habe. Ich dachte, ich müsse sterben. Ich hatte angenommen bis dahin, daß Schnitt mit Bildern zu tun habe. Was aber falsch ist. Schnitt hat nichts mit Bildern zu tun. Ob ein Bild mehr oder weniger schön ist, das ist eher Glück. Eigentlich hat Schnitt aber mit Rhythmus zu tun, und das wußte ich noch nicht. Bei dieser ersten panischen Begegnung mit dem Schnitt der Café-Szene dachte ich, es gebe irgendein metaphysisches Wissen, das ich haben müsse, um zu entscheiden, an welcher Stelle geschnitten wird, so etwas wie einen absoluten Wert. Deswegen war ich sehr aufgeregt, als ich meine ersten Schnittversuche zeigte. Stefan Beckers hat sich das angeguckt und gesagt: »Okay, gut, laß es mich nochmal angucken und ich zeige dir, wie ich das machen würde.« Er hat auf die Play-Taste gedrückt und die Szene abgespielt, wippte dabei ein bißchen mit und dann kam: »Und jetzt würde ich rausgehen!« Als er das gemacht hat, habe ich verstanden, daß es nicht darum geht, etwas im voraus zu wissen oder zu ahnen. Es geht darum zu gucken und mitzuwippen und zu sagen: »Und jetzt!« Das hat er immer wieder gemacht: »Und jetzt!« und nochmal und nochmal. Die Art, wie er »Jetzt!« gesagt hat, kam aus einem körperlichen Zustand heraus. Das hat mich sehr beeindruckt, und das habe ich danach alleine versucht, ohne Zuschauer. Ich habe da gesessen und ein bißchen künstlich und verschämt gewippt und innerlich gesagt: »Und jetzt« und dabei auf die Taste gehauen. Ich habe nach und nach verstanden, daß die Notwendigkeit, an einer gewissen Stelle zu schneiden, aus einem kaum erklärbaren inneren Rhythmus hervorspringt.

Elfi Kreiter: Das Montieren ist so etwas wie Komponieren, und das ist sehr kompliziert. Es gab Montagen von anderthalb Minuten, daran habe ich zwei Tage gesessen, bis ich zufrieden war. Wenn man mal einige Troller-Filme anschaut, nicht alle, aber viele, sieht es oft so aus, als wäre das mit drei Kameras gedreht. Das ist es nicht, es ist nur so geschnitten. Das ist sehr schwierig. Dadurch habe ich eine Art zu schneiden entwickelt, die raffinierte Unsauberkeiten zuläßt, die einen aber nicht stören. Da sind Raffinessen drin, die man erst beim nochmaligen Anschauen sieht. Es ist aber nicht hingeschludert, sondern alles überlegt. Es gibt sehr geplante Unsauberkeiten. Bei dem Film über den Kopfgeldjäger Stan Rivkin[16] gibt es die Szene mit der Entdeckung und Festnahme des Gesuchten. Durch einen nicht erkennbaren Schnitt von innen aus dem fahrenden Auto nach außen auf den Bürgersteig bleibt die Dramatik der Aktion nicht nur erhalten, sondern wird noch gesteigert. Bei gewagten Schnitten spielt das richtige Setzen der Töne eine wichtige Rolle – hier Knacksen des Funkgerätes, Funkgespräche, Pause für die Übersetzung, Bremsen-Quietschen. Ich habe unsaubere Kamerabewegungen gelassen, um im Geschehen zu bleiben und die Aktion zu unterstützen. Ein sauberer Schnitt an dieser Stelle würde die Aktion unterbrechen, wäre ein langweiliger und schlechter Übergang. Auch ein Zwischenschnitt würde die Aktion nur bremsen. Ist doch logisch: Der Kopfgeldjäger ist jemandem auf den Fersen, da bleibe ich auch im Schnitt dran. Da habe ich zwei Einstellungen so aneinandergeschnitten, daß auch Fachleute den Schnitt nicht sehen. Damals war das gewagt, heute wird schon alles Mögliche gemacht. Wichtig bei dieser Art zu schneiden ist, daß man beim Feinschnitt und auch bei gewagten Schnitten den Ton mit einbezieht, um Dinge möglich zu machen, die ohne Ton springen, mit Ton aber stimmen. Ein Beispiel dafür aus demselben Film: Eine süße Nutte kommt aus der Totalen auf die Kamera zu und quatscht mit dem Kamerateam: »What are you doing, where are you from?« Was man halt so sagt. Als sie dann hört, daß ein Film gedreht wird, sagt sie: »Don't do that, don't put me on TV!« Dabei geht sie mit der Hand auf die Kamera zu. Der Kameramann saß im Auto, es dauerte eine ganze Weile, bis sie am Auto war. Ich habe einfach von ihrem Näherkommen ein Riesenstück herausgeschnitten und bin erst wieder in die Einstellung zurückgegangen, als die Hand schon nah am Autofenster war. Der Schnitt liegt unter dem Satz »... don't do that«, und zwar ganz exakt unter dem »do«, das sie betont hat. Durch diese Betonung wird der Schnitt gebunden, es ergibt einen akustischen Rhythmus. Von total auf ganz nah zu schneiden, ist ein ziemlich krasser Schnitt, aber es funktioniert. Wenn ich gewartet hätte mit dem Schnitt, bis die sich rangewackelt hat, wäre das ein anderer Film. Diese gewagten Schnitte sind schon überlegt – ich weiß, warum ich etwas mache, warum ich an einer Stelle überhaupt nicht schneide und warum ich an anderen Stel-

---

[16] STAN RIVKIN – DER LETZTE DER KOPFGELDJÄGER, Regie: Georg Stefan Troller, ZDF 1985.

len Zwischenschnitte weglasse. Selbstverständlich nicht, weil ich es nicht anders könnte, ich mache es, weil es für die Dramaturgie besser ist.

Wolfgang Widerhofer: Ich glaube, daß es so etwas wie ein Nachbild gibt, und daß sich solche Nachbilder im Zuschauer akkumulieren. Ich glaube einfach, daß man bei einem Bild immer noch das vorhergehende Bild mitdenkt, daß das Nachbild sogar bis in andere Filme hinüberreicht, in denen Dinge ähnlich sind. Der Schnitt darf nie das Bild reduzieren, er muß einem noch mehr geben, aber nicht ein Mehr an Bedeutung, sondern so etwas wie ein Bild dazwischen, eine Erinnerung, eine Bewegung, die weitergespielt wird, eine zusätzliche Farbe, ein Geräusch, das ganz woanders wieder auftaucht. Anfang und Ende einer Einstellung sind ganz genau getimed, von Bild zu Bild. Es gibt Nachbilder nicht nur im Großen. An jeder Schnittstelle schaue ich mir ganz genau an, wo man einsteigt, wie sich die Einstellung dann im Zusammenhang entwickelt. Ich schaue, was ist vorher, was ist zwei Bilder vorher. Meistens ist es so, daß ich eher knapp einsteige und hinten heraus ein bißchen Luft lasse. Aber das ist keine Regel. Ein Schnitt, der zu gut funktioniert ist mir ein Gräuel, ich muß ihn wieder aufmachen.

Elfi Kreiter: Es gibt Szenen, bei denen es das Beste ist, gar nicht zu schneiden. In dem Film STAN RIVKIN – DER LETZTE DER KOPFGELDJÄGER von Georg Stefan Troller gibt es zwei Einstellungen, die schon perfekt in der Kamera geschnitten sind. Der Kameramann Carl Franz Hutterer hat gedreht, wie der Kopfgeldjäger Stan Rivkin seine Waffen zeigt, und begleitet ihn dann durch das Fenster aus dem Haus. Es ist ganz raffiniert gemacht. Dann gibt es später eine wunderbare Einstellung, in der Stan Rivkin in eine Bar geht, um zu fragen, ob die den Typen gesehen haben, den er sucht. Carl Franz Hutterer geht vom Auto aus direkt mit in das Lokal. Aus der Kneipe kommt Musik, Hutterer geht hinein, an den Leuten vorbei, und ich habe nicht geschnitten. Heute würde man vielleicht denken, das dauert alles viel zu lange, das müssen wir kürzen. Wir haben es probiert, technisch ist das machbar, wenn man so will, auch sauber, aber an Spannung und an Atmosphäre geht viel verloren. 1'20 Minuten ist die Einstellung lang. Schneiden oder nicht schneiden? Wenn ich kürzer werden muß, schneide ich bei so etwas lieber woanders. Die Länge der Einstellung bringt nicht aus dem Rhythmus, weil der Rhythmus in der Einstellung vorhanden ist. Was man vielleicht vorher durch Schnitt rhythmisiert hat, ist hier vom Kameramann gemacht worden, und es ist wunderbar. Dann gibt es den harten Verzicht auf Zwischenschnitte. Bei einem Zwischenschnitt denkt man, zwischendrin sei etwas anderes gewesen, und das sei halt nur so zusammengeschnitten worden. In Wirklichkeit hat der Kameramann nur mal kurz ausgeschaltet, und dann suche ich eben eine Möglichkeit, ohne Zwischenschnitt zu verbinden.

Mathilde Bonnefoy: Sobald ich in die Tastatur und zur Maus greife, mache ich etwas: Ich schneide. Dann gucke ich das Geschnittene an und schneide möglicherweise daran nochmal, ohne dabei über einen verbalen Prozeß zu kommen. Wahrscheinlich ist es genau derselbe Vorgang wie in jeder anderen Kunstform auch – beim Malen zum Beispiel, man schaut ein Bild an, man setzt einen roten Fleck an eine bestimmte Stelle. Und auch, wenn man Kleidung macht. Ein Model steht da in seiner Kleidung – man tritt zurück, schaut sich das an, kommt wieder, macht eine Stelle etwas enger. Man beurteilt, ohne eine Meinung darüber zu entwickeln. Man folgt einem ästhetischen Gefühl. Man hat die Richtung in sich. Solange man das nicht hat, ist es eigentlich sinnlos. Deswegen habe ich mich bei dem Film THE SOUL OF A MAN auch hingesetzt und habe die allgemeine Richtung aufgeschrieben, in die der Film gehen soll, bevor ich überhaupt etwas schneiden konnte. Was sollte man schneiden, wenn man nicht weiß, woraufhin? Deswegen würde ich auch niemals schneiden üben oder üben lassen. Warum, was will man da machen? Nichts, man hat da nichts, was man ausdrücken will, das muß man erst einmal empfinden, und dafür muß es mehr geben als eine technische Übung. Bei dem Film THE SOUL OF A MAN bin ich anfangs beinahe verzweifelt. Da war soviel Material und kein Plan, der Regisseur war weit weg, und ich war für den Schnitt weit weg von zu Hause in den USA. Und dann denkt man, man müßte ein Genie sein, um alles zu bewältigen. Aber das ist nicht so. Man muß einfach nur die eigene Taschenlampe anmachen und dann einen ersten Schritt machen. Ich weiß meist nicht, ob das, was ich da mache, ein guter Schnitt ist oder nicht. Ich vertraue darauf, daß ich es später wissen werde in einem größeren Kontext, und lasse es erst einmal stehen. Im Grunde weiß man immer, was man denkt. Vielleicht kann man manchmal eine bestimmte Stelle noch gar nicht beurteilen, weil der einzelne Schnitt nicht das ist, worum es geht. Erst wenn man alles von vorne anguckt, erst im Kontext ist es plötzlich ein kleiner Soldat in einem großen Bataillon, und dann weiß man, ob er am richtigen Platz steht oder nicht.

Raumblöcke und Zeiteinheiten

Für manche ist ein Schnitt dann gelungen, wenn man das Ende einer Einstellung und den Übergang in die nächste nicht bemerkt. Die Frage, die zum Beispiel mit Schwarzkadern zwischen den Szenen aufgeworfen wird, hat den Hintergrund, daß man den Schnitt nicht überdecken, sondern eher betonen will, daß man es immer mit Ausschnitten zu tun hat, mit Raum- und Zeiteinheiten, mit Brüchen und Diskontinuität, auch wenn man sich in der Montage um einen Erzählfluß bemüht. Gibt es Regeln, wie mit Kontinuität und Diskontinuität in der Montage umzugehen ist?

Heide Breitel: Wie man eine Einstellung benutzen kann, wird eigentlich beim Drehen festgelegt. Im besten Fall erleben die Kameraleute beim dokumentarischen Drehen die Situation so hautnah mit, daß dies in der Einstellung spürbar ist. Ich muß dann beim Editieren, wenn ich eine Geschichte herausbringen will, den roten Faden in den Einstellungen finden. Ich muß sehen und fühlen, was mir jede einzelne Einstellung erzählt, um zu entscheiden, ob ich die ganze Einstellung oder nur ein Bruchstück von ihr verwende. Die Entscheidung ist für mich nicht zu trennen vom Inhalt der Einstellung. Zwei Beispiele aus der Filmgeschichte dazu: Bei Walter Ruttmanns Film BERLIN – DIE SINFONIE DER GROSSTADT[17] geht es um Rhythmus und Bewegung. Die einzelne Einstellung steht für den Rhythmus. Erst in zweiter Linie spielen Inhalt, Menschen oder andere Dinge eine Rolle. Der Charakter jeder einzelnen Einstellung wird nicht in ihr selbst herausgearbeitet, sondern die einzelne Einstellung dient der Bewegung, dem Rhythmus und der angestrebten Assoziationsreihe. Nicht was, sondern wie etwas aufgenommen ist, ist maßgebend für die Montage der Einstellung. Für die symphonische Montage reichen auch Bruchstücke. Es sind Impressionen, die einem größeren, künstlerischen Gesamtentwurf dienen. Ganz anders ist die Rolle der einzelnen Einstellungen bei dem Film CITIZEN KANE[18] von Orson Welles zu bewerten. Hier wird vom Aufbau des Bildes und dem Inhalt der Einstellung ausgegangen. Diese beiden Gestaltungsmittel verdrängen die organisierende Funktion des Schnitts für die Inhalte einzelner Sequenzen. Wird die Montage unsichtbar, treten die Gestaltungsmittel innerhalb der Einstellung deutlicher hervor. Es gibt wirklich große Unterschiede, wie man die Einstellung als solche betrachten kann. Das war für mich auch maßgebend in der eigenen Arbeit. Andrej Tarkowskij hat gesagt, daß man mit einer Einstellung so etwas wie eine Matrize der Zeit hat, die ebenso lang ist wie die Ein-

[17] BERLIN – DIE SINFONIE DER GROSSTADT, Regie: Walter Ruttmann, D 1927.

[18] CITIZEN KANE, Regie: Orson Welles, USA 1940.

stellung selbst. Jeder Schnitt verkürzt oder verlängert die Zeit. Es ist wichtig, jede einzelne Einstellung auf diesem Hintergrund anzusehen.

Raimund Barthelmes: Ich erinnere mich an einen Dokumentarfilm, der hieß 66 SCENES FROM AMERICA.[19] Es waren tatsächlich 66 Einstellungen, getrennt durch Abblenden und Schwarz. Das letzte Bild vor dem Schwarz brannte sich auf den Augen ein. Man hat das Bild immer noch gesehen. Das waren für mich ganz starke, authentische Szenen. Da gab es eine Einstellung, die dauerte etwa zweieinhalb Minuten, Andy Warhol ißt einen Hamburger, eine einzige feste Einstellung. Nachdem er den Hamburger ausgepackt und wieder eingepackt hat, hat er noch zwei, drei Sekunden in die Kamera geguckt, und dann war die Einstellung zu Ende, eine von 66. Das hatte eine große Intensität.

Heide Breitel: Es war in den siebziger Jahren fast ein Diktat, Plansequenzen zu machen. Das hat sich in unserer schnellebigen Zeit sehr verändert. Aber ich plädiere immer wieder dafür, längere Einstellungen ungeschnitten zu lassen. In einem abendfüllenden Dokumentarfilm hat man immer die Möglichkeit, Einstellungen von mehr als einer Minute stehenzulassen. Das ist in der Regel sehr erholsam. Man gibt dem Zuschauer die Möglichkeit, sich einzufühlen, anstatt ihn zu bombardieren mit immer schnelleren Bruchstücken. Die schnellen Bruchstücke führen von der Tiefe weg, hin zur Oberfläche. Die Montageform, die Walter Ruttmann in BERLIN – DIE SINFONIE DER GROSSSTADT entwickelt hat, ist elegant. Sie ist von Leni Riefenstahl weiterentwickelt worden. Bei ihr hat es sich nicht mehr nur um Rhythmus und Bewegung gehandelt, sondern auch um Volk und Führer. Diese Form der Montage findet man heute im Fernsehen laufend. Im Grunde läuft es heute mit der Schnelligkeit der Schnitte zwischen den Bildern genauso materiell ab, wie unsere Gesellschaft im Moment höchst materiell ist. Je schneller, je lauter, desto weniger kommt der Mensch zu sich. Bei Walter Ruttmann sieht man in schnellem Wechsel Hämmerchen herunterfallen, dann Schrauben, dann kommen die Milchflaschen herunter, und dann gehen die Arbeiter in die Fabrik. Und alles geht immer von links nach rechts, von oben nach unten, nur Bewegung und Rhythmus. Diese Form ließ sich für die Darstellung unserer heutigen Welt gut fortsetzen. Es ist sogar noch schlimmer geworden. Heute gibt es Datenbanken von Filmbildern. Dieselben Bilder tauchen in verschiedenen Filmen immer wieder auf. Heute dreht keiner mehr selbst, wenn die Sonne untergeht. Es gibt aber auch Filme mit anderen Erzählstrukturen, die fast dokumentarisch anmuten. Jede Einstellung ist da für sich genommen wichtig.

---

[19] Originaltitel: 66 SCENER FRA AMERIKA, Regie: Jørgen Leth, DK 1982.

Wolfgang Widerhofer: Wenn ich die Zeit nicht auflöse, sondern sie im Bild belasse, taucht eine andere Form von Zeit auf, eine Zeit, die über den unmittelbaren Moment hinausgeht. Wenn sich ein Bild entleert, wenn die Information des Bildes zurücktritt und die Zeit übrigbleibt, die Zeit des Schauens, dann taucht plötzlich noch ein Bild auf, das nicht da ist. Zu der Horizontale der Erzählung kommt noch eine Vertikale, eine andere Dimension, ein Erinnerungsbild oder etwas ähnliches. Es gibt dann einen Moment, in dem man plötzlich von etwas ganz anderem aufgehoben oder berührt wird. Ich finde es sehr schön, wenn der Film einen durch die Mittel, die er verwendet, an den Punkt bringt, wo man diesen Stillstand erfahren kann. Ich glaube, Sergej Paradshanow hat gesagt, daß der Stillstand die eigentliche Bewegung des Films ist. In dem Moment, in dem dieser Stillstand, diese Ruhe einkehrt, ist das Bild plötzlich viel mehr, es bekommt ganz andere Dimensionen, auch in seiner Flächigkeit. Carl Theodor Dreyers Film LA PASSION DE JEANNE D'ARC[20] ist ein Beispiel dafür. Da gibt es keinen Hintergrund, nur eine weiße Wand und Gesichter. Je eingeschränkter der Blick ist, desto mehr Gesichter tauchen auf. Wir arbeiten viel konventioneller, aber in manchen Momenten macht mir genau der Gedanke Spaß, einfach Zeit zu lassen. Ich beschäftige mich gern damit, was die Philosophie des Bildes ist. Was dann letzten Endes wirklich übrig bleibt im Kinosaal, ist eine andere Frage. Ich finde, daß ein ruhiges Bild einfach ganz andere Möglichkeiten hat. Ich finde es auch spannend, einen Ort zu zeigen und dabei dem Ort etwas zurückzugeben. Also nicht zu reduzieren, sondern größer zu machen, den Ort für den Zuschauer aufzuladen, ein Geheimnis zu geben, könnte man vielleicht sagen, aber auch einen Bezug zu sich selbst zu ermöglichen und zur eigenen Bilderwelt, zu eigenen Erinnerungen.

Heide Breitel: Der Umgang mit Zeit und Raum ist wirklich interessant. Wenn Andrej Tarkowskij sagt, die Länge einer Einstellung sei wie eine Matrize der Zeit, könnte das beinhalten, daß der Zuschauer jeden Schnitt als Vergehen von Zeit wahrnimmt, wenn man ihm den Schnitt wirklich zeigt. Wir können durch Montage aber auch das Gefühl von Zeit verlängern, besonders durch die Parallelmontage. Ein Beispiel: THE WILD BUNCH,[21] ein Soldat fällt angeschossen vom Dach. Die Einstellung ist mehrfach unterschnitten mit anderen Bildern von Kriegsereignissen, so daß der Eindruck entsteht, als fiele der Soldat unendlich lange, bevor er am Boden aufschlägt. Diese eine Einstellung wird aufgeschnitten mit sehr kurzen Bildern dazwischen, eine halbe Sekunde mit zehn Feldern etwa. Man kann durch Montage Zeit und Raum

[22] LA PASSION DE JEANNE D'ARC, Regie: Carl Theodor Dreyer, F 1928.

[21] THE WILD BUNCH (dt. Titel: SIE KANNTEN KEIN GESETZ), Regie: Sam Peckinpah, USA 1968.

völlig verändern. Sowie ein Schnitt gemacht wird, ist es eben nicht mehr die reale Zeit, sondern etwas von uns Hergestelltes, von uns Empfundenes. Deshalb haben Jean-Marie Straub und Danièlle Huillet oft Plansequenzen gedreht und den Schnitt ganz deutlich gesetzt: Jetzt passiert etwas Neues. Sie wollen den Zuschauer aufmerksam machen.

Mathilde Bonnefoy: Ich kenne so gut wie keine Regeln, weil ich nicht von Regeln wußte, bevor ich angefangen habe. Als ich noch in Paris lebte, habe ich einen Kurzfilm gedreht. Ich mußte dafür eine Kamera ausleihen. Derjenige, der mir die Kamera gegeben hat, hat gefragt: »Weißt du überhaupt, wie das geht?« Er hat mir schnell noch zwei Sachen gesagt: Man solle Achsensprünge vermeiden. Das heißt, man soll, wenn man Schuß/Gegenschuß dreht, die Kamera auf derselben Seite der Handlungsachse haben, sonst hat man später das Gefühl, daß zwei Personen, die sich eigentlich gegenüberstehen, nebeneinander stehen. Man solle auch vermeiden, zwei Kamerawinkel hintereinander zu nehmen, die weniger als dreißig Grad auseinander sind. Das erste, was wir bei LOLA RENNT[22] gemacht haben, war, das alles zu verletzen. Es ist immer gut, Regeln zu kennen. Man spürt sie ja selber. Es ist aber auch gut zu wissen, daß es nicht die Regel ist, sondern ein intuitives Gefühl, das am Ende zählt.

Raimund Barthelmes: Was überhängt, wird abgeschnitten, haben wir früher gesagt, auch: Reinsetzen ist mühseliger als Rausschmeißen. Aber wann ist eine Einstellung zu Ende? Was hängt über? Ein Regelwerk gibt es nicht. Ein Film wie DOGVILLE[23] von Lars van Trier kümmert sich um keine Achsensprünge mehr, und es funktioniert. Früher hieß es, man darf nicht in den Schwenk schneiden oder dieselben Einstellungsgrößen aneinandersetzen. *Jump cuts* waren verpönt. Manche ästhetische Entscheidungen sind auch dem Zeitgeist unterworfen. Im Moment werden wieder Filme gedreht, die mit sehr langen Einstellungen arbeiten. Vielleicht gibt es eine Rückentwicklung zur Langsamkeit, den Versuch, dem ganz Schnellen, dem sehr stark rhythmisierten Schnitt bewußt etwas entgegenzusetzen. Wie bringt man diese Dinge den Studenten bei? Ich fordere sie auf, ihre Sinne zu schärfen, die Antennen feiner zu machen. Ich sage ihnen: Seid ihr selbst, versucht euch im Leben weiterzubilden, versucht zu gucken und einzuschätzen: Was mag ich, was mag ich nicht? Sympathie, Antipathie, Empathie. Macht das, was euch wirklich interessiert.

[22] LOLA RENNT, Regie: Tom Tykwer, D 1998.
[23] DOGVILLE, Regie: Lars van Trier, DK/S/GB/F/D/NL 2003.

Wolfgang Widerhofer: Jeder Schnitt ist anders, man muß sich immer neu organisieren, also immer von vorn anfangen. Ich habe viel gelernt über das Filmschauen, eigentlich das meiste, und ich glaube, daß es keinen Schnitt gibt, den man nicht machen kann. Der spannendste Prozeß ist, das Material immer neu anzugreifen, dabei kann man nichts verlieren. Ich habe nie eine klassische Cutter-Ausbildung gemacht. Ich habe nicht gelernt, wie die Technik funktioniert, ich kann das bis heute noch nicht gescheit. Ich kann sie bedienen, aber die Technik interessiert mich nicht so sehr. Ich bin über einen anderen Weg gekommen. Es gibt so viele Zugänge zum Filmemachen, das ist wie bei der Regie. Wie man sich das aneignen sollte, kann ich nicht sagen. Ich bin beide Wege gegangen, über die Praxis und über die Theorie. Ich habe mir alles gekauft, was man lesen kann über Montagetheorie. Da ist man dann relativ schnell an einem Punkt, an dem man nicht mehr weiter kann. Wenn man dann konkret konfrontiert ist mit Material, muß man seinen eigenen Weg finden, und der ist von Film zu Film unterschiedlich. Also ins kalte Wasser springen. Nicht daß ich alles weiß. Wenn ich einen Film schneide, entdecke ich permanent neue Dinge. Und wenn ich nichts mehr entdecken würde, dann würde ich es nicht mehr machen. Routine finde ich langweilig, dann höre ich lieber auf. Was ich lehren sollte, wüßte ich nicht. Was sagt man jemandem, der schneiden lernen will? Keine Ahnung. Anschauen, wie die Literatur schneidet, wie die bildende Kunst, wie die Musik schneidet. Anschauen, was dahinter steht, was das ist – ein Bild, was eine Einstellung politisch bedeutet. Ich finde wichtig, daß man sich klarmacht, was ein Bild auch in der Repräsentation der Wirklichkeit für eine Geschichte hat. Das Bild ist nicht unschuldig in der Welt. Ein gewisses Maß an Reflexion fordere ich schon vom Schnitt. Ohne das geht es nicht. Man muß sich der Politik der Bilder sehr bewußt sein. Insofern ist natürlich Filmgeschichte wichtig und das Reflektieren und das Diskutieren. Ich hole mir gern Leute in den Schneideraum und lasse mir eine Ohrfeige geben. Ich will einfach harte Kritik hören, das ist für mich ganz wichtig. Aber das Bewußtsein für das Bild finde ich vor allem entscheidend. Was ist eine Bewegung, was ist der Unterschied zur Photographie, und was ist eine Erzählung? Müßte ich jetzt auch selbst nochmal nachdenken: Schnitt und Philosophie. Den falschen Anschluß machen. Da ist man dann ganz nah bei den Philosophen und Positionen, die sagen, daß es so etwas wie eine ganze Erklärung nicht gibt. Lob des Fragments. Es wäre absurd, so zu tun, als wäre das Leben ein kontinuierlicher Ablauf. Dahinter steht eine Konstruktion von Natur, Realität und Leben, die im Kino betrieben wird, der ich nicht folgen mag.[24]

---

[24] Vgl. in diesem Band »Gegen alle Regeln« S. 242.

Die Tage der hundert Entscheidungen

Der Zeitpunkt kommt, an dem der Aufbau des Films im Groben steht. Der Weg für die Erzählung ist gefunden, ein Zusammenhang ist hergestellt. Zur groben Montage kommen immer feinere Schnitte, immer tiefer geht es ins Detail. Die Spirale dreht sich weiter. Die frühen Phasen des Montageprozesses wiederholen sich auf höherer Stufe: wieder zurückgelehntes Schauen, wieder sehen, was man hat, in der einzelnen Szene und im ganzen Zusammenhang. Um dann erneut zu entscheiden: soll es so bleiben, soll nochmal verändert werden, wie soll das Stück am Ende aussehen? Ein amerikanischer Editor hat gesagt, seine Tätigkeit bestehe zu großen Teilen aus Entscheiden, oft hundertmal am Tag.

Peter Przygodda: Entscheidungen fällen, um Entscheidungen ringen – das klingt zu dramatisch. Sie kringeln sich aus der Gefühls- und Assoziationsebene. Entscheidung meint den Willensakt. Das kann man in der Ausschließlichkeit nicht auf unsere Arbeit anwenden. Entscheidungen fallen einfach, ohne großes Zutun. Wenn man anfängt nachzugrübeln, genau wie das Publikum im Kino, wenn es anfängt nachzudenken, dann stimmt was nicht, dann ist der Film verloren.

Elfi Kreiter: Der Film NUR LEICHTE KÄMPFE IM RAUM DA NANG[25] von Hans-Dieter Grabe spielt auf dem deutschen Lazarettschiff *Helgoland* in Vietnam. Ausgangspunkt war eine Schlagzeile aus der Zeitung. Dieter hat gesagt, schauen wir doch mal, was das in Wirklichkeit bedeutet. Man geht normalerweise so hinweg über diese Schlagzeilen, als wäre alles schon gegessen, und man bemerkt gar nicht mehr, was für ein Elend und was für Schicksale sich auf dem Lazarettschiff abspielen. Man sieht in dem Film Szenen mit Kindern, die von Napalm verbrannt wurden. Ein Arzt stellt den achtjährigen Jungen Sanh vor, dem der Hoden und der Harnleiter von einer Mine zerfetzt worden sind. Die Entscheidung, diese Bilder zu zeigen, haben wir uns nicht leicht gemacht. Die Bilder sind nicht aus Effekthascherei oder Sensationslust im Film, sondern um in den Menschen Gefühle wieder wachzurütteln, die schon zu vergehen drohten. Wir wollten, daß es dem Zuschauer weh tut. Solche Bilder sind nicht nur gut für die Jungen, die keinen Krieg erlebt haben. Sie sind auch gut für die, die so gerne Helden sehen. Bei dem Film SCHNEIDE, ABER SCHNEIDE NICHT TIEF[26] von Eva Hoffmann geht es um die Beschneidung von Frauen im Sudan. Den Redaktionsleitern, die zur Abnahme kamen, ist schlecht geworden bei der Beschneidungs-

---

[25] NUR LEICHTE KÄMPFE IM RAUM DA NANG, Regie: Hans-Dieter Grabe, ZDF 1970.

[26] SCHNEIDE, ABER SCHNEIDE NICHT TIEF – FRAUEN IM ARABISCHEN SUDAN, Regie: Eva Hoffmann, D 1980.

szene eines Mädchens, und die Frage kam auf, ob das gezeigt werden muß. Wir waren der Meinung, daß man das zeigen muß, weil man sich sonst gar nicht vorstellen kann, was mit so einem Mädchen geschieht. Genauso wie man zeigen muß, wie der gelähmte Ron Kovic[27] mit den Folgen der Kriegsverletzung fertig werden muß, die er als junger Mann in Vietnam erlitten hat. Normaler Geschlechtsverkehr war ihm danach nie mehr möglich, und man sieht, wie schwer seine Verletzung ist, als er auf die Toilette geht und dort seinen Urinbeutel entleert. Wir haben uns entschieden, das zu zeigen, damit der Zuschauer sieht, worum es geht und nicht nur mit Worten erzählt bekommt, wie furchtbar es ist, querschnittsgelähmt zu sein oder beschnitten zu werden. Das sind wichtige Entscheidungen, denen intensive Diskussionen vorausgegangen sind. Schließlich haben wir die Verantwortung gegenüber den Protagonisten und den Zuschauern.

Barbara Hennings: Dieser Beruf ist ganz stark durch das Entscheiden geprägt. Ich entscheide mich, an einer bestimmten Stelle zu schneiden und eine bestimmte Einstellung zu nehmen. Es sind immer Entscheidungen. Am Filmschneidetisch hatte man einen hohen Aufwand, einmal getroffene Entscheidungen wieder rückgängig zu machen. Beim digitalen Schnitt kann man sich das Material immer wieder vornehmen und nochmal und nochmal zurückgehen. Entscheidungen geraten in eine Grauzone. Andererseits kann ich als Editor eine eigene Fassung des Films erstellen. Ich schneide beim Spielfilm einmal die Regiefassung oder die Drehbuchfassung, nennen wir es mal so, da ist alles drin. Daneben kann ich meine eigene Fassung anbieten, kann schon reduzieren oder auch schon mal einen Satz wegnehmen, biete dem Regisseur das als erste Schnittfassung an, und dann kann man diskutieren. Das Ausgangsmaterial bleibt immer erhalten. Aber generell schneide ich den ersten Schnitt so, daß ich Luft habe zu verdichten.

Thomas Giefer: Beim digitalen Schnitt läßt man die *timeline* stehen, macht eine neue auf und macht etwas Neues. Man holt aus der einen *timeline* etwas heraus und setzt es in die andere ein. Plötzlich ergibt sich wieder etwas ganz Neues, Überraschendes. Es ist trotzdem auch ein mühsamer Prozeß. Es gibt Fehlschläge, Sackgassen, irgendwann entsteht auch Verzweiflung pur, man denkt, man habe nicht das Material, das man braucht. So wie das Material ist oder wie man es montiert hat, entwickelt sich keine Emotion. Irgendwann funktioniert es dann doch, dann geht es plötzlich fast wie von selbst. Beim digitalen Schnitt kann man unverbindlich Dinge machen, man kann rumspinnen, Dinge probieren, auf die man im Traum nicht gekommen wäre. Man muß

[27] RON KOVIC, WARUM VERSCHWINDEST DU NICHT? Regie: Georg Stefan Troller, ZDF 1977.

nichts kaputtmachen, um einen neuen Schnitt zu entwickeln, was beim Filmschnitt überhaupt nicht möglich war. Vielleicht funktioniert es, vielleicht auch nicht, dann schmeißt man es wieder weg. Und es geht sehr schnell. Beim Filmschnitt konnte man sich das Rumprobieren unter Umständen gar nicht leisten, weil allein das Anlegen und das Achten auf die Synchronizität viel Zeit kostete. Noch schlimmer war das beim EB-Schnitt, bei dem man nur linear hintereinanderweg schneiden konnte. Da mußte man den Schnitt im Kopf oder auf dem Papier ganz genau planen und dann erst machen. Man konnte nichts mehr austauschen oder umstellen unterwegs. Im zweiten Durchgang hat man dann vor allem noch gekürzt. Der EB-Schnitt war für mich eine absolute Durststrecke für die Montage. Es war wie ein Befreiungsschlag, als die nichtlinearen Schnittsysteme kamen.

Mathilde Bonnefoy: Man darf bloß nicht anfangen zu denken, bevor man urteilt. Ich meine, verbal denken. Da macht man sich nur Probleme, denn damit entfernt man sich vom ästhetischen Urteilen. Deswegen ist es sehr wichtig, daß man erst urteilt, und danach möglicherweise erklärt und nicht andersherum. Es gibt ein extremes Beispiel, das ich gern mag, um zu erklären, wie man abgehen kann von dem, was das Drehbuch vorgibt, dem man aber trotzdem gerecht werden will. Es ist die Überfallszene in dem Film LOLA RENNT: Manni, der Junge, kommt mit der Pistole an und versucht, den Supermarkt auszurauben. Wir waren uns sehr bewußt, daß dieser Film extrem musikalisch war und auf extreme Weise vom Rhythmus lebte, daß er eher eine Energie als eine Handlung darstellte. Das haben wir beim Schneiden deutlich gespürt. Das war aber nicht im Drehbuch zu lesen. Das Drehbuch enthielt drei Variationen derselben Geschichte. Sie waren auch philosophisch gemeint, und es gab auch sehr nachdenkliche Szenen, die es jetzt nicht mehr so gibt. Im Schnitt haben wir aber festgestellt, daß der Schwerpunkt des Erzählens eher ein Gefühl sein sollte, eine Energie. Das Thema des Films, merkten wir, ist vor allem die Dringlichkeit auf Grund der Liebe. Bei der Überfallszene, sie liegt fast in der Mitte des Films, hatten wir schon begriffen, daß es darum ging. Wir waren aufgeregt und auf der Suche nach neuen Inspirationen, die uns ermöglichen würden, dieses Gefühl der Dringlichkeit aufrechtzuerhalten bis zum Schluß des Films. Ich habe etwas vorgeschlagen, das mir empfohlen worden war beim ersten Musikvideo, das ich geschnitten habe: Wenn du nicht weiter weißt, nimm das Material, schmeiß es – es war ja im Computer – in einen virtuellen Topf, schüttele es und wirf es wieder heraus. Das hatte ich mit einer Musik probiert, um zu sehen, was passiert, und das war eine sehr interessante Erfahrung. Also haben wir das bei dieser Szene auch so gemacht. Wir haben natürlich nicht alle Einstellungen am Stück genommen, das wäre zu lang und zu uninteressant geworden. Aber wir haben aus jeder Einstellung ein paar Bilder genommen. Jede Einstellung, auch die wiederholten Takes, sind wir durchgegangen und haben immer nur die Stücke daraus genommen, die uns ästhetisch gefallen haben. Sei es auch nur eine Kamerabewegung oder irgend etwas anderes, lang oder kurz, eher kurz. Wir haben diese kleinen Stücke in die *timeline* gezogen, ohne besonders darüber nachzudenken. Dorthin, wo man die graphische Darstellung der Schnittfolge sieht, wo man auch virtuell eingreifen kann, haben wir diese ganzen kleinen *bits* und *pieces* getan und durcheinandergebracht und dann Musik druntergelegt, von der wir dachten, daß sie gut dazu sein würde. Das Ganze haben wir uns dann angeguckt. Wenn man Bilder aneinanderfügt und Ton dazu hat, entsteht eigentlich immer etwas, das man nicht erwartet, das faszinierend ist und das man wieder beurteilen kann. Man kann sagen: Das ist uninteressant, das ist gut, das ist spannend. Und da haben wir dann etwas sehr Spannendes gesehen, was natürlich lang war, redundant und behäbig zum Teil, aber nicht nur. Wir haben sehr viele von diesen Zufallsschnitten behalten. Wenn man die Szene anguckt, gibt es manche *bits*, die zweimal vorkommen, zum Beispiel die Stelle, wo Manni sagt: »Alle Hände hoch!« und schießt. Das steht im Schnitt zweimal hintereinander. Das sind zwei Takes, der eine ist dunkler als der andere, und das springt so. Viele von diesen Sachen haben wir einfach so gelassen, weil wir sie gut fanden aus einem diffusen, nicht wirklich erklärbaren Grund. Eben weil es rhythmisch intensiv war und der Psychologie der Szene diente. Wir haben das aber nicht konzeptuell gemacht, um der Psychologie der Szene zu dienen.

Thomas Giefer: Man trennt sich immer von Dingen. Merkwürdigerweise habe ich, im Gegensatz zu vielen Kollegen, selten Probleme zu kürzen. Ich muß mir nichts aus dem Herzen reißen, ich hänge nicht so wahnsinnig an dem Material, denn ich will meine Geschichte erzählen. Ich habe nicht das Gefühl, daß ich jemandem, den ich aufgenommen habe, wieder ein Stück Plattform wegnehmen muß, wenn ich kürze. Ich kann meine Geschichte schnell erzählen, und ich kann sie langsam erzählen. Die Dinge, die dabei unter Umständen unter den Tisch fallen, sind für mich nicht verloren. Sie spielen aber in einer verdichteten Version keine Rolle mehr, und deshalb vermisse ich sie auch nicht. Ich würde grundsätzlich nie erst eine kurze Schnittfassung machen und dann eine längere. Das halte ich für sehr schwierig, weil man dann anfängt, eine Sache, die schon funktioniert, künstlich zu verlängern. Das ist wie eine Suppe, in die man Wasser gießt. Umgekehrt geht es eigentlich immer. Wenn wir internationale und nationale Fassungen machen, dann muß die internationale Fassung eine knappe Stunde lang sein, die nationale knappe 45 Minuten. 15 Minuten müssen da raus, und damit habe ich eigentlich selten Probleme. Ich habe immer den Eindruck, daß damit auch etwas gewonnen wird. Sicher verzichtet man auf Dinge, aber es gibt gleichzeitig ein Tempo, einen zwingenden Ablauf, der den Zuschauer unter Umständen noch stärker in den Bann zieht.

Mathilde Bonnefoy: Das Material wird im Schnitt extrem komprimiert. Deswegen gibt es so viele Entscheidungen zu treffen. Es gibt keinen einzigen Film, den ich aus nächster Nähe erlebt habe, der nicht unfaßbar zu lang war beim ersten Rohschnitt. Der Feinschnitt fängt in dem Moment an, in dem wir sagen: Okay, jetzt laß uns mal diesen Satz komplett wegnehmen. Oder: diese Szene komplett raus. Und dann sagen wir vielleicht auch: Die Hauptfigur wirkt unsympathisch, da müssen wir dringend etwas dran machen. Dann muß man eine Szene anders schneiden, so daß die Figur in einem anderen Licht erscheint. Wenn ich Feinschnitt sage, meine ich den Moment, in dem man anfängt, an die Substanz zu gehen, einzugreifen und konträre Impulse zu setzen zu dem, was aufgeschrieben war im Drehbuch. Man fängt an, daran zu kneten. Und das ist eigentlich die längste Arbeitsphase.

Raimund Barthelmes: Die Entschlußfreudigkeit hat sich durch die neuen Systeme nicht verändert. Es ist immer noch derselbe Vorgang. Das Wichtigste ist der mentale Schnitt. Wie setze ich etwas zusammen, was sind die Möglichkeiten. Ich muß eine Vorstellung haben, eine Vision. Ich muß die Phantasie haben. Das Vorstellungsvermögen nimmt ab, das ist eine meiner Beobachtungen. Die Phantasie, sich den Film vorzustellen, nimmt ab. Nicht die Phantasie, wie man etwas digital animieren kann, diese Vorstellung ist natürlich da. Es gibt inzwischen eine andere Generation, das ist mir schon klar. Wir sind die Generation, die mit ein bißchen Fernsehen aufgewachsen ist. Fernsehen war peripher. Den ersten Fernseher habe ich mir mit 23 Jahren selbst gekauft, zu Hause hatten wir keinen. Jetzt gibt es die TV-Generation. Und schon die PC-Generation, die mit dem PC unglaublich gut umgehen kann. Die spielen auch damit. Weil diese Geräte aber sehr schnell alles herstellen können, fehlt für meine Begriffe die Entwicklung von Phantasie und Vorstellungskraft. Das Schöne an der Phantasie ist, daß sie überhaupt keine Moral hat. Man kann sich alles vorstellen.

Hart oder weich?

Zu den zahllosen Fragen, über die zu entscheiden ist, gehört auch die Frage nach den Übergängen, nach den großen und kleinen Bögen. Will man im Bild oder im Ton den Erzählfluß erhalten, oder will man Brüche und Ausschnitthaftigkeit betonen? Macht man Auf- und Abblenden, setzt man Überblenden oder harte Schnitte und an bestimmten Stellen, zwischen einzelnen Szenen und Sequenzen, auch Schwarzfelder? Mit den Mitteln der Interpunktion in der Montage Gliederungen, Trennungen, Verbindungen, Lücken und Absätze im Ganzen verdeutlichen.

Beate Mainka-Jellinghaus: Harter Schnitt – ja. Das kann man mit Sprache machen, das kann man mit dem Bild machen und mit der Musik. Ich habe früher alle Töne auf zwei Tonspuren gelegt, weil ich das Ergebnis sonst nicht beurteilen konnte. Ich habe es dann später, wenn der Tonmeister das wollte, auf mehrere Bänder verteilt. Wenn der dann sagte, »das ist zu laut«, habe ich gesagt: »Herrschaft nochmal, jetzt laßt mir doch wenigstens die Lautstärke, sonst schlafen die Leute ein. Angleichen hat keinen Sinn. Dann habe ich den Sprung nicht, ich muß die harte Stelle haben!« Wenn sie es nicht eingesehen haben, habe ich gesagt: »Ich verteile es nicht auf zwei Bänder, sonst machen Sie mir wieder ein Wischiwaschi mit Überblenden, und dann ist das nicht mehr das gleiche.« Das hat etwas mit Timing und Geschmack zu tun. So wie man sich anzieht, so wie man sich gibt, das hat doch alles mit einem selber zu tun. Ich würde auch nicht rot und grün und blau und gelb in einem Kleid nehmen. Wie soll ich sagen? Das muß man empfinden. Und man braucht immer jemanden, dem es dann auch gefällt. Wenn man mit einem Regisseur arbeitet, der sagt: »So nicht, ich will das lieber konventionell«, dann muß man weggehen und sagen: »Ich bin nicht die Richtige.« Dann geht man. Das geht auch. Das ist mir zweimal passiert. Einmal hat mich der Regisseur wiedergeholt und gesagt: »Sie haben Recht, kommen Sie bitte wieder.« Dann bin ich wieder hingegangen. Man müßte eigentlich bei dieser Arbeit finanziell unabhängig sein. Sonst kann man sich das gar nicht leisten.

Wolfgang Widerhofer: Es ist nicht so, daß ich Blenden grundsätzlich ablehne. Sie können sehr schön sein – im richtigen Film. In dem Film ELSEWHERE montiere ich aber Fragmente, Stücke von zwanzig Minuten aus einer ganzen Welt. Ich gebe gar nicht erst vor, daß man da etwas zu Ende erzählen könnte. Eine Blende würde suggerieren, daß etwas zu Ende erzählbar ist. Jetzt ist es aus, und dann blendet man beruhigt ab. Das widerspräche völlig der gesamten Idee des Films. Das Interessante bei ELSEWHERE ist, daß wir lange Schwarzteile zwischen den einzelnen Episoden haben. Das Bild reißt ab, ein Nachbild bleibt zurück, der Ton entfernt sich. Im Schwarz liegt ganz viel. Die Episoden bei ELSEWHERE enden bewußt ohne Blende. Es soll fragmenthaft bleiben, überraschend und abrupt.

Raimund Barthelmes: Wie man es auch macht, es ist alles ein bißchen unbefriedigend. Im Fernsehen mag ich Blenden, die kurz ins Weiß gehen. Das ist für mich auf der Leinwand nicht vorstellbar, weil die Helligkeit dort ein zu starker optischer Stimulus ist, der mich aus der Geschichte rausbringt. Da würde ich eher sagen, eine kurze Abblende ins Schwarz, zwei Felder. Hart, mit sechs bis zwölf Feldern Schwarzkader, das widerspricht meinem ästhetischen Empfinden, das muß ich sagen. Mag sein, daß es Themen gibt, bei denen es paßt oder einen Rhythmus hat.

Brigitte Kirsche: Ich habe alles immer relativ schnell geschnitten. Die Töne überlappen oft. Unter dem noch sichtbaren Bild kündigt sich durch den Ton schon das Nächste an. In dem Film NACHREDE AUF KLARA HEYDEBRECK sagt der Neffe von Klara Heydebreck zum Beispiel: »Meine Tante war ja sehr eigenartig!« und eine Frau sagt dann: »Na ja, aber sie wußte ganz genau, was sie wollte.« Wenn ich jetzt den Neffen im On aussprechen lasse und die Frau auch erst im On beginnt, hätte man kein Zwiegespräch empfunden. Wenn man aber die Töne ineinanderzieht, so daß man das Gesicht des Neffen noch sieht und die Frau schon sagt: »Na ja ...«, dann fällt der Schnitt gar nicht mehr auf. Denn die Frau war im Ton schon da, bevor sie zu sehen ist. Das kann man am Ende einer Einstellung auch machen. Ich habe das sehr oft gemacht. Dadurch entsteht eine akustische Blende. Man kann ein Bild auch abblenden und wiederaufblenden. Das ist aber eher plump. So nimmt der eine den angefangenen Satz des anderen ab und führt ihn weiter. Und dadurch entsteht der Eindruck, daß es ein Zwiegespräch ist oder ein Gespräch an einem Tisch. Die Mitglieder der *Comedian Harmonists* waren während der Dreharbeiten nie zusammen, der eine ist zum Beispiel in Amerika interviewt worden und ein anderer in Bulgarien. Trotzdem hat man den Eindruck, die nehmen sich gegenseitig das Wort aus dem Mund. Das funktioniert natürlich nur, wenn Menschen gemeinsame Erlebnisse haben, wenn sie von derselben Situation ausgehen und darüber sprechen.

Elfi Kreiter: Bei dem Film ER NANNTE SICH HOHENSTEIN[28] von Hans-Dieter Grabe hatten wir keine Protagonisten, sondern nur ein Tagebuch, also einen Text aus dem Off. Das hat Hans-Dieter Grabe wunderbar gelöst mit ganz schlichten Aufnahmen, mit Fahrten nach Poddembice, mit

---

[28] ER NANNTE SICH HOHENSTEIN, Regie: Hans-Dieter Grabe, ZDF 1994.

Photos, mit Wechseln von Farbe zu Schwarzweiß, aus der Gegenwart in Farbe in die Vergangenheit in Schwarzweiß, mit Blenden. Es ist bei Hans-Dieter Grabes Filmen sehr wichtig, die Blenden an der richtigen Stelle zu machen, und zwar von beiden Seiten an der richtigen Stelle. Ich habe immer darauf geachtet, daß auch rein optisch keine Störung vorhanden ist im übereinanderliegenden Moment. Das sind Feinheiten, die letztlich das Gefühl der Stimmigkeit ausmachen. Das gilt auch für die Tonbearbeitung.

Die Mühe mit dem Ton

Früher, beim Film, hat man als erstes nach dem Drehen die Musterkopien angeschaut, stumme Bilder in großer Projektion oder am Schneidetisch – die Bilder für sich. Dann folgte das Anlegen des synchronen Tons zum Bild. Dabei hat man registriert, welche Töne man hat und wie sie die Bilder ergänzen. Bei den elektronischen Aufzeichnungsverfahren ist der synchrone Ton von Anfang an mit dem Bild verbunden. Beim Sichten des Materials läuft er immer mit, so daß es zu einer gesonderten Wahrnehmung des Bildes ohne Ton nicht mehr kommt, es sei denn, daß man den Ton bewußt wegschaltet. Was sind die Bilder ohne Ton? Was gibt der Ton dazu? Wie früh und wann steigt man in die detaillierte Arbeit mit den Tönen ein?

Bettina Böhler: Ich finde es wichtig, beim Bildschnitt immer schon das Tonkonzept im Hinterkopf zu haben, und, wenn möglich, auch zu verwirklichen. Während des Rohschnitts besorge ich mir schon sehr viele Archivtöne, und dann arbeite ich schon damit. Das ist für den Eindruck beim Anschauen sehr wichtig. Und es macht mir großen Spaß. Als noch in der herkömmlichen Art auf Film mit Perfo geschnitten wurde, habe ich die Vertonung immer selbst gemacht. Der Umgang mit den Geräuschen und Atmosphären hat etwas sehr Sinnliches. Es ist eine zusätzliche Ebene, die im Grunde mit Emotionen zu tun hat. Durch Töne kann man Emotionen wecken, beeinflussen oder auch leiten. Gleichzeitig kann man mit dem Ton Übergänge fließender machen oder auch härter. Manchmal gibt es Drehs im Studio, bei denen für die Sprache die anderen Geräusche soweit wie möglich reduziert werden. Dann hört sich der reine Originalton völlig trocken und steril an. Um einer solchen Szene den Eindruck zu geben, wie sie eigentlich klingen soll, lege ich dann schon entsprechende Atmosphären an. Das ist auch für den Rhythmus wichtig, weil zum Beispiel eine Szene, die eine laute Atmo haben soll, in der Länge ganz anders wirkt, wenn man diese Atmo auch wirklich hört, als wenn man sich das nur vorstellen muß. Genauso ist es mit Musik.

Mathilde Bonnefoy: Wir versuchen, von Anfang an so schön wie möglich zu schneiden. Das heißt, die Übergänge, die Musik schön zu machen, diese ganze Relation von Bild und Ton überhaupt so ästhetisch und sinnvoll wie möglich zu gestalten von Anfang an. Wir machen es, weil man auch davon beeinflußt wird in der Wahrnehmung des Films. Ich bin nicht der Meinung, daß das etwas ist, das man am Ende macht. Im Gegenteil, das ist etwas, das genauso wie die Dialoge und der Plot auf einen wirkt und zu der Summe von Eindrücken gehört, die den Film und also den Sinn ausmachen.

Raimund Barthelmes: Auch wenn ich an einem non-linearen Schnitt-platz bin, gibt es ein Nacheinander von Bildschnitt und Tonschnitt. Ich habe das vom Filmschnitt verinnerlicht. Außerdem finde ich die Herangehensweise besser, alles Schritt für Schritt zu machen und nicht alles gleichzeitig. Ein Komponist wird nicht sofort sein ganzes Werk instrumentieren, wenn er mal vier Takte geschrieben hat. Er wird erst die Melodie entwickeln, und dann wird er instrumentieren. Auf den Filmschnitt übertragen ist die Instrumentierung für mich Tonbearbeitung, Bildbearbeitung usw. Ich werde nie alles gleichzeitig machen. Ich weiß aber, daß es im Moment gefordert wird. Eine Rohschnittabnahme muß schon Musik haben, wenn es geht, sogar schon die Musik, die auch im Film bleiben wird. Oft genügt nicht einmal ein Layout, wie das so schön heißt. Ich kann so nicht arbeiten, das macht mich nervös, und ich finde es auch von der Ökonomie des Schneidens her nicht sinnvoll, alles gleichzeitig zu machen. Wir hatten früher am Steenbeck auch nur zwei Tonspuren, die mußte man pfiffig belegen, um eine Vorstellung zu ermöglichen, wie es sich später anhören wird.

Elfi Kreiter: Ich habe von Anfang an mit zwei Bändern geschnitten. Ich konnte den Ton dann schon dramaturgisch bearbeiten. Das ist ganz wichtig. Es gibt Kollegen, besonders beim Spielfilm, die neben dem Dialog mit dem Ton noch gar nichts machen. Bei dokumentarischem Material ist aber sehr wichtig, was im Ton passiert, er gehört einfach zum Bild. Das muß nicht immer der Synchronton sein. Ein Beispiel aus dem Film STAN RIVKIN – DER LETZTE DER KOPFGELDJÄGER: Der Verbrecher wird mit dem Auto verfolgt, die Kamera schwenkt einmal bei einem Haus nach oben, da schaut eine Frau aus dem Fenster. Ich hatte an einer anderen Stelle im Material eine Musik aus einem anderen Wohnhaus. Diese Musik habe ich dann zu diesem Blick nach oben genommen. Das ist nicht gemogelt, weil es in diese Sequenz gehört. Für mich ist es wichtig, einen bestimmten Ton für den Rhythmus und die Dramaturgie zu nutzen und so zu setzen, daß er, wie in diesem Beispiel, wie selbstverständlich aus dem Fenster kommt.

Heide Breitel: Es ist schon erstaunlich, daß man sich beim Drehen nicht die Zeit nimmt und sagt: Jetzt ziehe ich mal los nur für den Ton. Dafür muß eben auch ein bißchen Zeit sein, sonst geht es nicht. Wir nehmen immer ein Tongerät mit, immer. Und wenn niemand Zeit hat, mache ich den Ton selbst. Ich habe jahrelang für meine Filme den Ton gemacht, weil wir nur zu zweit unterwegs waren. Das mache ich jetzt nicht mehr, weil mir das zuviel Arbeit ist. Aber wir haben immer ein DAT-Gerät und ein Stereomikrofon mit. Und darauf werden die Atmosphären und Geräusche, die ich noch haben will, separat aufgenommen. Man muß mit dem Ton so arbeiten, daß er eine eigene Funktion bekommt. Man arbeitet meistens mit einem Richtmikrofon, damit der Ton präzise und gut wird. Dann fehlt einem das gesamte Umfeld, und das muß man dann künstlich herstellen. Eine einfache Atmo reicht da nicht. Wenn man Wind hört, muß auch mal eine Tür klappern. Das, was das Leben ausmacht, vermittelt sich oft über den Ton. Durch das, was man nicht sieht, aber hört, wird assoziativ klar, was außerhalb des Bildes existiert. Da lacht ein Kind, da hört man Musik aus der Ferne über den Hof, dann wird es doch viel lebendiger. Das alles kann man wunderbar über den Ton herstellen, auch wenn man nur einen Hof sieht, in dem überhaupt nichts passiert.

Thomas Giefer: Ich muß gestehen, daß ich den Ton immer sehr stiefmütterlich behandele. Ich versuche, möglichst gute Mikros zu plazieren. Aber sehr viel zusätzliche Atmos nehme ich eigentlich nicht auf. Der schnelle Zugriff, der betrifft allerdings nicht nur das Bild, sondern auch den Ton. Man kann viel einfacher Störungen in einer Atmo rausnehmen oder eine zusätzliche Atmo dazulegen. Man hat so viele verschiedene Tonspuren, die man sofort abmischen kann. Das erleichtert die Arbeit ungeheuerlich. Aber ich habe mich mit dem Ton nie so stark auseinandergesetzt. Irgendwann habe ich angefangen, was für mich früher undenkbar war, Musik einzusetzen. Ich bitte einen jungen Musiker, sich dazu Gedanken zu machen. Wir gehen den Film gemeinsam durch, ich sage ihm meine Ideen, und er entwickelt dann die Musik. Das ist das erste Mal, daß ich mich mit Ton intensiver auseinandersetze. Bisher gab es im Ton natürlich die Ebene der Sprache, manchmal auch ein paar Effekte oder Originalmusik, insgesamt aber nichts, worüber ich mir viele Gedanken gemacht hätte.

Heide Breitel: Geräusche, Sprache und Musik unterstützen das Bild. Die Töne sind aber nicht nur Untermalung. Wenn das Bild das Bewußte übernimmt, kann ein Geräusch oder die Musik das Unbewußte ansprechen, Spannung erzeugen, ein Gefühl der Bedrohung oder Freude auslösen. Beim Dokumentarfilm werden häufig Geräusche oder auch Musik vernachlässigt, ganz besonders die Stille. Die Stille nach dem gesprochenen Wort wird oft weggeschnitten, obwohl im stillen Moment Gefühle beim Zuschauer mitschwingen. Nur wenn es einen Moment lang still war, kann ein lauter Ton wieder aufrütteln. Ton läßt sich nicht unentwegt steigern.

Wolfgang Widerhofer: Für mich ist jedes Bild auch ein Tonbild. Es gibt Schnitte, die aus dem Ton kommen, bei denen eine Stimme sich fortsetzt in einem anderen Geräusch. Das Singen der Musiker in dem ersten Film von Nikolaus Geyrhalter, ANGESCHWEMMT,[29] ist so etwas, das

[29] ANGESCHWEMMT, Regie: Nikolaus Geyrhalter, A 1994.

Motorbootfahren, dieses sture, gleichförmige Geräusch gegen das Singen der Musiker, das steht für zwei parallele Welten, man braucht keine andere Form des Schnitts mehr zu wählen. Über den Ton stellt sich eine Tiefe her. Diese Tiefe muß aber nicht ausgesprochen werden. Ich mag keinen Schnitt, der ein Wort erzeugt. Ein Knistern beim Gehen, das man gegen die Stille setzen kann – das geht.

Elfi Kreiter: Ich habe die Geräusche wie Musik behandelt. Einfach auch mit den Originalgeräuschen, mit Straßengeräuschen zum Beispiel, einen Rhythmus geschaffen. In der Natur ist immer ein Rhythmus vorhanden. Wenn man schneidet, ist es oft so, daß die Stellen, die man im Bild hat, nicht gerade den besten Ton haben. Aber man hat vielleicht einen entsprechenden Ton an einer anderen Stelle. Um den Rhythmus zu finden, muß ich allerdings allein sein im Schneideraum. Dann bin ich ganz Rhythmus. So gut man sich auch mit dem Autor versteht – wenn er dabei wäre, wäre das ein anderer Rhythmus. Ich muß einfach im Rhythmus bleiben, um das beste herauszuholen. Manchmal habe ich eine halbe Nacht lang geschnitten und nicht aufgehört, bevor ich nicht zufrieden war und den Grundrhythmus gefunden hatte.

Manchmal nur ein Wort

Der Umgang mit Interviews und Gesprächen ist im Dokumentarfilm eine eigene Herausforderung. Oft hat man es mit sehr persönlichen Äußerungen zu tun, die viel länger sind, als man sie im Film verwenden kann. Eine persönliche Erzählung braucht Zeit, sie hat mit Vertrauen und Geduld zu tun. Gedanken kommen nicht an beliebiger Stelle. Wann und wie sie kommen, ist Teil der Aussage. Oft ist die Entwicklung von Gedanken mindestens so interessant wie die Gedanken selbst. Wenn man davon etwas erhalten will, geht es um mehr als um das Herausschneiden und Montieren von themenbezogenen Aussagen.

Brigitte Kirsche: Als ich zum Fernsehen kam, kannte ich Fernseharbeit in dem Sinne nicht. Ich kannte nur Filmarbeit. Beim Spielfilm arbeiteten wir nach einem Buch. Auch wenn wir ›Kulturfilme‹ gemacht haben, hatten wir doch ein Skript, in dem stand, wie eine Abfolge sein sollte. Da stand zum Beispiel: Bilder vom Park, darüber Musik oder eine Erzählung. Außerdem gab es eine ungefähre Angabe der Länge. Beim Fernsehen hatte ich dann sehr viel mit Sprache zu tun. Ich habe auch öfter Straßenbefragungen geschnitten. Passanten wurden zu einem aktuellen Thema befragt. Es hat mich fasziniert, daß sehr viele Leute aus dem Stegreif etwas zu sagen hatten. Bei den Sendungen störte mich hinterher, daß ich immer wieder dieselben Fragen anhören mußte. Noch schlimmer war es, wenn der Reporter auch noch groß im Bild erschien. Ich dachte mir, daß man die Aussagen doch einfach hintereinanderschneiden könnte, die Fragen hatte man ja schon gehört. Die Wiederholung machte das Ganze langweilig und lenkte ab. Dann habe ich durch Zufall in der Redaktion des KULTURSPIEGEL eine Befragung vom niederländischen Fernsehen gesehen, die hatten Passanten von der Straße geholt und in einen Raum geführt, in dem nur eine schwarze Leinwand hing. Die Leute wurden davor gestellt oder gesetzt, und dann beantworteten sie Fragen. Da ich kein Holländisch verstehe, konnte ich nicht verstehen, was sie gesagt haben. Aber ich fand es schon toll, daß sie alle frei zu erzählen anfingen. Das waren ja keine Schauspieler. Und da entstand die Idee: Man müßte es mal ohne Fragen versuchen. Und jetzt hatte ich das Material von Klara Heydebreck auf dem Schneidetisch und dachte: Wie machst du daraus einen Film? Wir haben nichts, wir haben kaum Bilder, um ihre Geschichte zu erzählen. Zuerst ging es mir genauso wie Eberhard Fechner, der sagte: »Ich habe nur Interviews gedreht.« Ich wußte nicht, wie daraus ein Film werden sollte. Aber dann war es so interessant, den Menschen zuzuhören. Je länger ich das gesehen habe, desto mehr wollte ich von den Menschen wissen. Ich wollte alles hören. Anfangs hat Eberhard Fechner bei den Interviews noch öfter nachgefragt. Später hat er das so gut wie gar nicht mehr gemacht. Er hat die Menschen nur noch aufgefordert, ihr Leben zu erzählen. Und wenn die Kamera zehn Minuten gelaufen war, war der Mensch frei und hat erzählt. Er hat die Kamera vergessen. Der Neffe von Klara Heydebreck hat zum Beispiel nur noch an seine Tante gedacht und hat erzählt, was er an Erinnerungen an sie hatte. Und wenn der Neffe an einer Stelle nicht weiter wußte oder sagte, so war sie eben, dann war das wie ein Punkt. Entweder habe ich mir dann eine Notiz gemacht, um nach einer Pause noch einmal darauf zurückzukommen. Oder ein anderer wußte noch etwas dazu, und dann konnte ich das anfügen. Das ergänzte die Geschichte und führte sie weiter.

Elfi Kreiter: Mit Schnitt kann man Menschen sympathisch oder unsympathisch darstellen, je nachdem, wie man Aussagen aneinanderfügt. Wir haben immer darauf geachtet, den Protagonisten gerecht zu werden. Es war uns sehr wichtig, das, was die Menschen sagen, auch im Original zu hören. Hans-Dieter Grabe hat großen Wert darauf gelegt, die Sprache der Protagonisten zu respektieren, und nicht, wie es oft im Fernsehen geschieht, daß man die Leute etwas sagen läßt, und dann wird sofort irgend etwas darübergesetzt. Das haben wir nicht gemacht.

Peter Przygodda: Das Schwierigste ist nach wie vor, den kompliziertesten Film einfach erscheinen zu lassen. Das ist Bastelei beim Dokumentarfilm, vor allen Dingen bei Interviews.

Brigitte Kirsche: Ich konnte gut Bilder behalten, ich wußte auch, ob einer von rechts nach links oder von links nach rechts guckte. Beim Drehen schreibt man sich auf, wohin jemand guckt. Bei Filmen, die dokumentarisch gedreht werden und ganz stark auf Gesprächen beruhen, kann man aber nicht immer danach gehen, daß der eine von links guckt und der andere von rechts. Manchmal gucken beide nach links, und man setzt es trotzdem hintereinander. Das hat der ganzen Sache keinen Abbruch getan. Es ist immer eine Erzählung geworden, und das kommt durch das Ineinandersetzen der Aussagen. Es ging darum, Übergänge zu finden von einer Aussage zur anderen. Ich habe gerade erwähnt, daß es in der Montage des Films NACHREDE AUF KLARA HEYDEBRECK ein Kapitel von ihrem Neffen gab, das an einer bestimmten Stelle in sich abgeschlossen war. Ich wußte aber, daß es im Material noch eine andere Aussage gab, die unbedingt zu ihm gehörte. Wie konnte ich darauf zurückkommen? Da mußte ich ungeheuer gut hinhören, denn das mußte auch in der Tonlage passen. Manchmal paßten Stücke nicht ganz aneinander. Das störte sofort. Man merkt, wenn die Betonung nicht stimmt, weil jemand zum Beispiel einen Punkt hingesetzt hat, wo ein Komma hingehört. Dann habe ich versucht, dieses Komma nachträglich zu setzen. Ich habe Brücken gesucht, manchmal nur ein Wort, das konnte auch von jemand anderem sein, von der Nichte zum Beispiel, die sagte: »Aber dann ...«, und dann spricht der Neffe weiter. Dann ging es. Tatsächlich lagen Stunden zwischen beiden Aussagen.

Elfi Kreiter: Nehmen wir nochmal den Film ER NANNTE SICH HOHENSTEIN von Hans-Dieter Grabe. Wie schon gesagt, beruht der Film auf einem Tagebuch. Nach tagelangen Sprachaufnahmen haben wir noch wochenlang geschnitten. Wir haben dabei auch die endgültige Länge des Films festgelegt. Das war vorher unmöglich, weil wir nicht genau wußten, wie der Sprecher spricht. Hans-Dieter Grabe hat zwar während des Schnitts probeweise gelesen, damit wir ungefähre Längen haben. Er hat sich bemüht, eher langsam als zu schnell zu lesen, damit man später im Feinschnitt nicht wieder anstückeln muß. Das Bild wurde erst am Ende zusammen mit der Sprache gekürzt. Es waren fünf bis sieben Fassungen von einem Absatz gesprochen worden. Um alle Macken auszumerzen, habe ich an schlechter gesprochenen Stellen sogar einzelne Wörter oder auch nur Teile von Wörtern durch dieselben Wörter oder Wortteile aus anderen Fassungen ersetzt. Es war eine mühsame Arbeit und sehr kompliziert, so schlicht der Film jetzt auch daherkommt.

Peter Przygodda: Läßt man den Schnitt, wie er ist, wenn man in einer Einstellung einen oder mehrere Sätze herausnehmen muß, wo Blödsinn erzählt wird? Setze ich ein paar Schwarzfelder ein, oder mache ich eine kurze Überblendung, oder nehme ich eine andere Einstellung, ein Insert vielleicht als Zwischenschnitt? Suchen, was paßt! Beim Dokumentarfilm sollte man zur Sicherheit reichlich Inserts drehen, die indirekt wie auch direkt etwas mit den jeweiligen *locations* und Personen zu tun haben, so daß man die Mittel auch mal wechseln kann, nicht nur ein Mittel durchziehen muß, seien es harte Schnitte mitten im Interview oder auch nur kurze Überblendungen als Beispiel. Das wäre zu mechanisch, total langweilig. Man sollte die Mittel wechseln. Das ist nicht nur Sicherheitsdenken. Es macht das Ganze reicher und birgt zusätzlich inhaltliche Perspektiven. Ein Zwischenschnitt muß zumindest einen indirekten Bezug zu Text und Bild haben. Es darf nicht konstruiert wirken. Sowie etwas konstruiert wirkt, kann man es vergessen.

Thomas Giefer: Ich habe mir abgewöhnt, Zwischenschnitte zu drehen. Seit langem schon, und das hängt auch mit der Montageerfahrung zusammen. Der Zwischenschnitt macht es zwar möglich, längere Statements oder Einstellungen ein bißchen zu kürzen und auf das Wichtigste zu reduzieren. Für mich ist das aber eher verlogen, weil es etwas verbirgt, was man gemacht hat. Mit dem Zwischenschnitt stutzt man etwas zurecht, man versucht, elegant zu verwischen. Wenn ich einfach etwas abschneide und etwas anderes dransetze, etwas ganz anderes, was auf das erste Bezug nimmt, was es weiterentwickelt und kombiniert zu einer neuen Realität, dann ist das eine ehrliche Form, einen Schnitt zu machen. Jeder Zwischenschnitt ist im Grunde eine Lüge. Ich habe festgestellt, wenn man Zwischenschnitte hat, dann will man sie häufig auch einsetzen. Wenn man sie aber nicht hat, ist man gezwungen, sich mit Montage auseinanderzusetzen, und das hat sich hervorragend bewährt.

Brigitte Kirsche: Man hat uns oft den Vorwurf gemacht: Nur Köpfe und Aussagen – was soll das, das ist doch kein Film, da kann man auch gleich ein Hörspiel machen. Ich habe dann das Bild weggeschaltet, und wir haben uns nur die Töne angehört. Ohne Bild hat man nur die Hälfte verstanden. Das Gesicht, die Gesten, alles spielt eben mit. Das braucht man. Man versteht es viel besser. Natürlich haben wir Photos zuhilfe genommen, Zeitungsausschnitte, was immer es gab. Die Photos oder die Zeitungsausschnitte mußten aber einen Bezug haben zu der Person oder zum gesprochenen Wort. Die durften nicht einfach irgendwo stehen. Der Einsatz eines Photos muß eine Beziehung haben zu dem, was gesagt wird. Wenn es nicht zu dem gesprochenen Wort paßt, dann schaltet unser Hirn ab. Dann hören wir meistens nicht mehr hin, dann sehen wir nur noch. Eines von beidem geht jedenfalls verloren. An sich habe ich nur das Gesicht. In dem Gesicht ist ungeheuer viel. Wenn es nicht nötig ist, kann man es nicht einfach wegschneiden.

Raimund Barthelmes: Wann erkenne ich eine Person? Das ist auch eine interessante Frage: Erkenne ich sie erst im Laufe eines Gesprächs, oder erkenne ich sie vielleicht auch an einem Gesichtsausdruck, an der Mimik? Sehe ich in den Augen ein Blitzen? Erkenne ich dadurch vielleicht sogar mehr als in dem momentan Gesagten? Für mich ist eines der wichtigsten Entscheidungskriterien, ob ich etwas schon gehört oder gesehen habe oder nicht. Wenn nicht, wird es mit Sicherheit im Film sein. Wann zeigt ein Protagonist ein anderes Gesicht, eine andere Geste, eine andere Körpersprache, die ich von ihm so noch nicht kenne? Das versuche ich einzubauen, also das Neue, das Interessante, eben den Blick hinter die Fassade, hinter die Oberfläche. Es kann zum Verlust der Person kommen, auch durch den Schnitt, indem ich ihr das Entscheidende wegnehme.

Brigitte Kirsche: Nehmen wir an, ich habe ein Dreiergespräch, zwei unterhalten sich, und der Dritte ist stumm, er sagt nichts. Wenn er ein guter Schauspieler ist, reagiert er auf das Gespräch. Wenn die Kamera ihn im Bild hat, muß er auch eine Reaktion zeigen. Wenn man ständig groß auf den Zuhörenden schneidet, fragt sich der Zuschauer, warum? Denn wenn die Großaufnahme kommt, müßte auch etwas passieren.

Wenn man aber immer nur das stumme Zuhören sieht, dann ist der Zuschauer doch betrogen. Großaufnahmen werden oft an Stellen eingesetzt, an denen man sie gar nicht braucht. Besonders im Fernsehen, da wird hochgeschwenkt auf den Kronleuchter, dann wissen wir Bescheid: Aha, die Sequenz ist zu Ende. Oder es gibt eine rasche Zufahrt in die Unschärfe. Das sind Hilfsmittel, manchmal kann man sie auch akzeptieren, wenn aber mittendrin überflüssigerweise eine Großaufnahme kommt, die eigentlich nur aus Verlegenheit eingesetzt wird, weil man nicht aufgepaßt hat, dann ist es peinlich. In dem Sinne von: da brauchen wir noch einen Zwischenschnitt. Und das kann dann irgend etwas sein, ein Aschenbecher groß oder solche Sachen. Das finde ich ganz schlimm.

Wolfgang Widerhofer: Interviews sind im Schnitt eher schwierig, werden aber oft gebraucht für die Erzählung. Natürlich kommt man den Leuten näher, wenn sie sprechen und wenn man ihnen zuschaut, wie sie sprechen und in welcher Art sie etwas erzählen und wie sich Geschichten einbinden in ihre Kultur. In dem Film DAS JAHR NACH DAYTON[30] gibt es eine Einstellung, die fünf Minuten lang ist – ein Interview. Eine Frau sitzt auf einem Bett und erzählt ihre ganze Geschichte. Das war eine Zeitlang im Rohschnitt der mögliche Anfang für den Film. Das Monolithische daran hat mich fasziniert, diese Frau, die dasitzt und einfach nur erzählt. Mehr braucht es nicht. Da ist kein bildlicher Kontext, da sitzt einfach jemand auf einem Bett und erzählt seine Geschichte. Später haben wir für den Anfang doch eine andere Einstellung genommen.

Thomas Giefer: Ich habe einen Film zum Thema Wahlkampf gemacht.[31] Ich hatte die Idee, die Aussagen der Kandidaten als ständige Wiederholung zu montieren, daß sie immer wieder das Gleiche erzählen müssen, manchmal fünfmal am Tag – und das habe ich auch so geschnitten. Die Idee war zu zeigen, wie sich ihr Reden durch die ständige Wiederholung sinnentleert, daß es zur Absurdität wird, wenn man immer wieder das gleiche sagen oder auch anhören muß. Um so etwas zu montieren, ist das non-lineare *editing* ideal, da kann ich blitzartig immer wieder auf die gleichen Redeausschnitte, auf die gleichen Versatzstücke zurückgreifen. Ich kann sie aus verschiedenen Szenen holen und zusammensetzen und dadurch etwas Neues schaffen. Das hat gar nichts mehr damit zu tun, was die Leute inhaltlich erzählen. Es thematisiert eigentlich eine ganz andere Sache, daß nämlich die Wahlen eine ständige Wiederholung des Immergleichen sind und daß eine Ritualisierung von politischer Auseinandersetzung stattfindet. Das war meine Idee.

[30] DAS JAHR NACH DAYTON, Regie: Nikolaus Geyrhalter, A 1997.

[31] DER BÜRGERMEISTER, DER ENTERTAINER, DER TEPPICHHÄNDLER UND SEINE FRAU, Regie/Montage: Thomas Giefer, WDR 2002.

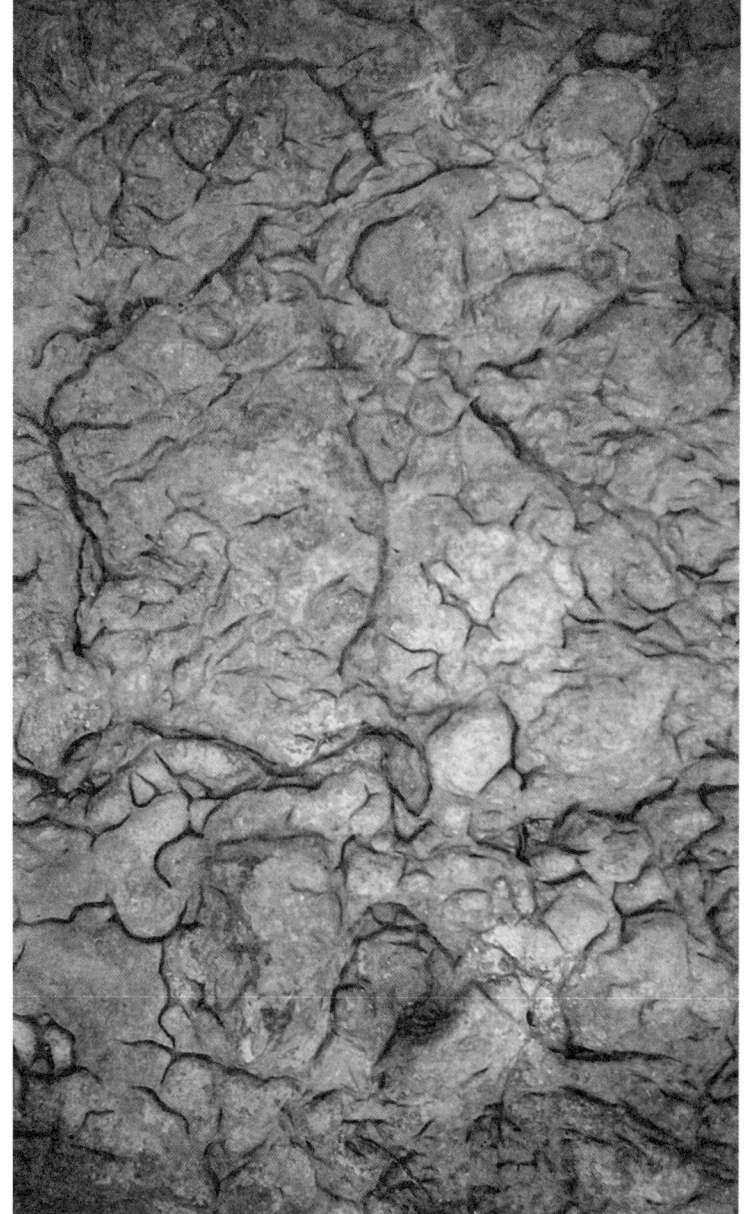

Zeigen/Sagen/Kommentieren

Es gibt die Äußerungen der Protagonisten, und es gibt Off-Erzählungen oder Kommentare der Autoren/Regisseure. Oft sieht man erst am Schneidetisch, was die Bilder und Töne, die beim Drehen entstanden sind, von sich aus erzählen. Dann kommt die Frage, was ergänzend gesagt werden muß, damit der Zuschauer dem Ablauf der Ereignisse und den Intentionen der Filmemacher folgen kann. Ein zu früher Einsatz von Off-Erzählung und Kommentar birgt die Gefahr, durch Worte vorwegzunehmen, was durch die Montage der Bilder und Töne intensiver und emotionaler erzählt werden kann. Deshalb die immer wiederkehrende Frage: was ist das Minimum, das zusätzlich gesagt werden muß, und was ist schon zuviel? Wann und wie können Erzählung und Kommentierung aus dem Off eine Szene entlasten, was laden sie ihr möglicherweise aber auch zusätzlich auf? Wie weit kann sich die Erzählung aus dem Off vom Bild entfernen? Was leistet sie im dramaturgischen Bogen, und was teilt sie über die Haltung der Autoren/Regisseure mit?

Thomas Giefer: Sherlock Holmes sagt: »Kombiniere das und das!« Das war ein geflügeltes Wort. Jeder Detektiv stellt verschiedene Elemente der Realität nebeneinander. Indem er Dinge, die für andere Leute gar nicht zusammengehören, parallel denkt, kommt er auf die Kombination. Kombinieren heißt: »Ich ziehe den Schluß daraus, ich habe die Lösung gefunden.« Vergleichbares passiert bei der Montage. Es reicht nicht, die Realität einfach abzubilden. Ich versuche, hinter die Oberfläche zu schauen unter Verwendung von dokumentarischen Bildern. Nicht indem ich mit dem Kommentar eine Bedeutung nahelege. Die Bedeutung sollte sich aus der Montage der Bilder erschließen. Wenn das funktioniert, dann hat die Montage einen Sinn bekommen. Wenn ich Kommentare mache, dann so knapp und so prägnant wie möglich. Die spielen eine ähnliche Rolle wie die Montage. Sie sind mein Beitrag zur Strukturierung und Präsentation des Materials. Ich bekenne mich dazu, daß es mein Film ist, meine Darstellung, meine Sicht der Dinge, meine politische Anschauung. Sonst könnte ich mit vielen Leuten gar nicht ehrlich umgehen.

Peter Przygodda: Um ein Material etwas anders zu interpretieren oder durch zusätzliche Informationen zu ergänzen, braucht es einen Kommentar. Manche Themen brauchen einen Kommentar, manche nicht. Kommt auf Konzept und Realisierung an. Bei mehreren Interviewpartnern zum Beispiel ergäbe sich die Möglichkeit, daß der eine den anderen kommentiert, direkt oder indirekt – käme auf die inhaltliche Kombination an. Das ist alles nicht generalisierbar. Dann kommt die Frage des Sprechers. Spricht man als Filmemacher selbst den Kommentar? Warum nicht die eigene Stimme nehmen, wenn man etwas ganz Persönliches macht und vorausgesetzt, die innere Beteiligung läßt dies zu?

Beate Mainka-Jellinghaus: Alexander Kluge war herrlich im Texte-Schreiben. Er kam zum Beispiel abends um acht Uhr, stellte sich in den Türrahmen und sagte:»Wie gefällt Ihnen denn das Gedicht von Morgenstern? Ich sag es Ihnen jetzt mal.« Dann hat er mir das aufgesagt, und dann sind wir sofort in die Küche gegangen und haben das aufgenommen. Schon hatten wir eine Sequenz mit diesem kleinen Morgenstern-Gedicht gemacht. Das ist doch toll. Oder er hat zwei Seiten geschrieben, die haben wir dann auf eine Seite runtergekürzt und dann wirklich ganz primitiv in der Küche aufgenommen. Wir haben meistens gleich die erste Fassung nehmen können. Ich finde auch Versprecher schön. Wenn das alles so glatt ist, im Studio und mit Sprecher aufgenommen, dann ist das ein anderer Film. Mit Werner Herzog habe ich mich lange auseinandersetzen müssen. Ich habe ihm gesagt:»Sie müssen bei Ihren Filmen Ihre eigene Stimme benutzen. Ich kann mit einem Sprecher nichts anfangen. So wie Sie das empfinden, so kommt es auch aus dem Mund heraus, das können Sie nicht auf einen Sprecher übertragen. Nehmen Sie doch mal den Mut und reden selber.« Und dann hat er das gemacht.

Peter Przygodda: Kinogucken ist keine intellektuelle Tätigkeit. Der Intellekt setzt erst danach ein. Das ist der ganze Zauber, der das Kino ausmacht. Geschichten erzählen. Lachen und weinen. Die Illusion als Transportmittel. Bewußtlos liefert man sich dem Sog und der Kraft der Emotion aus. Deshalb: sowenig Erklärungen wie möglich! Dem Publikum im Kino darf nicht die kleinste Chance gelassen werden, anzufangen zu denken – wie, was, warum, ach so. Abenteuergeschichten sind immer noch die schönsten Geschichten.

Zeigen/Sagen/Kommentieren

225

Klangbild/Musik/Sound Design

In den Windungen der Spirale kehrt auch die Beschäftigung mit dem Klangbild des Films auf verschiedenen Stufen wieder. Nach und nach mehren sich die Tonspuren, auf denen die Originaltöne, Geräusche, Atmosphären, zusätzliche Sprache und Musik verteilt werden. Bevor es in die Mischung geht, wird bis in die Feinheiten nochmal geprüft: Soll alles so bleiben? Stehen alle Töne dramaturgisch an der richtigen Stelle? Welche Töne sind möglicherweise noch um ein paar Felder zu versetzen, wie langsam oder wie schnell werden sie geblendet, wo ist der harte Schnitt vielleicht doch die bessere Wahl, und was muß im Sound Design zusätzlich gemacht werden, um in der Mischung das dem Film entsprechende Klangbild zu verwirklichen?

Elfi Kreiter: Musik ist ein ganz besonderes Kapitel, eines der schwersten, finde ich. Musik wird heute viel zu leichtfertig verwendet. Man meint, man müsse Musik hören. Das stimmt nicht. Musik habe ich sehr vorsichtig und sparsam verwendet. Es gibt ganz wenige Filme, in denen ich eine Musik von außen dazugesetzt habe. Bei dem Film STAN RIVKIN – DER LETZTE DER KOPFGELDJÄGER gibt es am Anfang einen sehr schönen Song, der heißt: *I'm the hammer*. Das war eine Musik, die extra für Stan Rivkin in Amerika gemacht wurde. Diese Musik haben wir am Anfang des Films verwendet, dort, wo Stan Rivkin durch die Straßen von New York geht. Der Inhalt des Songs und die Musik paßten genau zu diesem Menschen. Besonders beliebt ist bei mir die Verwendung sogenannter Original-Hintergrundmusiken, zum Beispiel Musik aus offenem Fenster, Rummelplatzmusik, Paraden usw., die einen Film auf natürliche Weise lebendig machen, wenn sie denn dramaturgisch richtig eingesetzt und in der Mischung perfekt behandelt werden. Bei dem Film BULLENREITER – DIE LÄNGSTEN 8 SEKUNDEN DER WELT[32] wollte ich Musik, die das Geschehen in den Zeitlupenaufnahmen noch verstärkt. Ich habe im Ton- bzw. Musikarchiv angerufen und den Kollegen die Einstellungen genau beschrieben. Die ausgesuchte Musik paßte perfekt. Sie unterstrich noch die langsamen Bewegungen und das Kräftemessen zwischen Bulle und Mann. Ich würde aber nie irgendeine beliebige Musik unter Szenen ziehen, bloß um Musik zu haben. Ich habe einmal einen Film für eine freie Produktion geschnitten, auch mit Georg Stefan Troller, da hatte ich schwierige, wunderbare Montagen gemacht zu Originalmusiken. Die Musiken mußte ich dann rausnehmen, weil der Produktionsfirma die GEMA-Gebühren zu teuer waren. Sie haben dann ihren Hauskomponisten genommen, und der hat versucht, im Sinne der ursprünglich

---

[32] BULLENREITER – DIE LÄNGSTEN 8 SEKUNDEN DER WELT, Regie: Georg Stefan Troller, ZDF 1982.

vorhandenen Musik zu komponieren. Wenn man es nicht weiß, ist es vielleicht okay. Mich hat es aber sehr gestört, es war viel besser mit der Originalmusik. Am meisten hat mich aber gestört, daß man mir nicht von vornherein gesagt hat: »Vergessen Sie die Originalmusik, das können wir uns nicht leisten.« Dann arbeitet man doch ganz anders.

Thomas Giefer: Früher war zusätzliche Musik für mich tabu. Nur wenn ich eine Originalmusik gefunden habe, habe ich sie benutzt. Der gängige Einsatz von Musik hat mir aber nicht gefallen, das war meistens Soße und hochstilisiert. Mag sein, daß es eine unbewußte Anpassung an Fernsehgewohnheiten ist, aber mir gefällt es heute viel besser. Es hängt auch wieder mit der Montage zusammen – damit, daß ich mehr Zutrauen in die Eingriffe in das Material habe. Letzten Endes ist die Musik, genau wie der Kommentar und die Montage, mein Beitrag zum Film. Das ist der Stempel, den ich ihm aufdrücke. Es muß nicht unbedingt eine Musik sein, die man erwartet. Mit Musik betone ich auch, daß ich eine Geschichte erzähle und nicht die Realität vorführe. Ich habe Abschied genommen von der Illusion der Authentizität.

Bettina Böhler: Die Frage nach der Musik ist immer eine schwierige Frage. Manchmal wird so gesagt, ach, da legen wir Musik drüber, dann geht das schon. Das ist sehr gefährlich. Wenn eine Szene ohne Musik nicht funktioniert, dann wird sie mit Musik auch nicht funktionieren. Deshalb ist es unter Umständen richtig, daß man mit Musik erst später arbeitet. Aber auch dann sollte man natürlich die Möglichkeit haben, noch etwas am Bildschnitt zu verändern.

Barbara Hennings: Ich schneide immer ohne Musik. Es gibt ganz wenige Ausnahmen, bei denen ich Musik dazunehme. Szenen, in denen Leute tanzen, schneide ich natürlich mit Musik. Aber alle anderen Sequenzen schneide ich ohne Musik, selbst wenn später Musik dazu kommen soll. Der Film muß auch ohne Musik laufen können. Wenn das nicht klappt, dann ist etwas verkehrt. In vielen Filmen wird Musik eingesetzt, um Dinge, die nicht so geglückt sind, ein bißchen zu puschen. Das kann manchmal hilfreich sein, aber das ist nicht der Sinn der Musik. Filmmusik soll dem Film eine Dimension hinzufügen, die die Dramaturgie auf eine vielleicht geheimnisvolle Weise unterstützt. Filmmusik dient nicht der Untermalung, so wie man im Fahrstuhl immer irgendeine Musik hört. Deshalb schneide ich im Prinzip erstmal ohne Musik. Heute muß ich aber zu den Abnahmen eine sogenannte Layout-Musik unterlegen. Manchmal ist das ganz schön, aber ich persönlich brauche es überhaupt nicht. Ich habe manchmal Musik in mir, sie ist nur nicht hörbar. Schnitt hat sehr viel mit Musik zu tun, insofern beides bestimmt ist von einem Rhythmus. Den hat man, oder man hat ihn nicht. Ich höre beim Schneiden auch nicht immer alle anderen Töne, und trotzdem weiß ich, wann und wie sie kommen.

Beate Mainka-Jellinghaus: Meistens habe ich irgendwo hingelangt und das richtige Musikstück gleich gefunden und drangelegt. Das ist unglaublich. Ich habe mich selbst immer gewundert, daß das geklappt hat. Und dann habe ich aufgehört. Ich durfte um Gottes Willen nichts mehr verändern. Ich mußte mich dann danach richten. Wenn man Beethoven nimmt oder ähnliches, gibt es in der Musik oft Wiederholungen. Da habe ich einfach im Beethoven geschnitten oder im Wagner einen Musikschnitt gemacht. Das dauert dann schon einigermaßen lange, denn das muß vom Hören her perfekt sein. Ich habe Wiederholungen herausgeschnitten, das ist überhaupt kein Problem. Ich konnte das ganz genau machen. Und ich habe in meinem ganzen Leben höchstens zwei Tonspuren am Schneidetisch gehabt, weil ich alles selbst geschnitten habe, auch die Töne, jeden Übergang, ich mußte das ausprobieren. Man kann nicht einfach Überblendungen machen, hier eine Überblende und da eine Überblende, man muß es schneiden. Weiche Überblenden kann ich nicht leiden. Entweder schneide ich von der Klassik in einen Schlager und es glückt mir, oder ich lasse es.

Mathilde Bonnefoy: Wir benutzen von Anfang an Musik. Dabei ist es eher selten, daß diese Musik endgültig ist. Oft sind es Layouts, die später im Lauf des Schnitts in ihrer Essenz vom Komponisten nachgeahmt und wieder zu uns geschickt werden. In den seltensten Fällen behalten wir die anfängliche Musik. So wie die Szenen immer wieder verändert werden, so wird auch die Musik sehr oft im ganzen Prozeß ausgetauscht oder anders eingesetzt. Wir können uns nicht vorstellen, den Film zu schneiden ohne Musik, denn die Musik ist selbst ein Element des Sinns. Oft sind die Musikstücke schon im Kopf des Autors gewesen, und die probieren wir dann aus. Manchmal merkt man sofort, daß sie nicht funktionieren, dann benutzen wir sie nicht, sondern nehmen etwas anderes. Manchmal sind sie perfekt. Oft schneiden wir auch auf Musik. Bevor wir weitergehen zur nächsten Szene, passen wir den ganzen Schnitt der Szene auf die Musik an. Das ist sehr wichtig. Auch wenn die Töne, die Atmosphären und die Dialoge sehr präsent sind, kann die Musik eine Szene begleiten. Die Dramaturgie des Einsatzes von Musik wird von uns schon von Anfang an bestimmt, das heißt auch, wie sie angeblendet wird und wie leise sie bleibt und wann sie lauter wird. An solchen Sachen basteln wir stundenlang, bevor wir weitergehen zur nächsten Szene. Auch schon im rohesten Schnitt, denn es ist einfach ein wesentlicher Teil der Erzählung.

Thomas Giefer: Musik ist ein Ton wie andere Töne auch. Die Berührungsängste habe ich irgendwann verloren. Es gibt Filme, bei denen mir die Musik bodenlos auf die Nerven geht. Wo ich die Musik grauenhaft finde, weil sie den ganzen Film kaputtmacht, weil sie überbetont, was gezeigt wird und sowenig Vertrauen in das Material, in die Realität und in die Originaltöne zu spüren ist. Filme können aber auch durch einen Kommentar zerstört werden. Und es gibt auch Filme, die durch Langeweile zerstört werden, wenn man zu sehr auf das Material vertraut. Alles, was nicht im Kontext einer dramaturgisch wirklich guten Montage seinen Platz hat, macht einen Film mehr oder minder kaputt. Die Frage ist eigentlich, wie werden die einzelnen Elemente eingesetzt, und wie fügen sie sich zusammen?

Brigitte Kirsche: Es gab einige Jahre, da wurden die Filme richtig zugekleistert mit Musik. Das passiert heute auch wieder, daß der *sound* wichtiger ist als die Handlung. Zumindest das lernt man, daß Musik auch als störend empfunden werden kann. Ich habe Regisseure, mit denen ich gearbeitet habe, auch dahingehend beeinflußt, daß ich sagte, laß doch nur die Geräusche, das reicht – wir hören viel mehr von dem, was die Leute sagen, wenn da keine Musik ist. Denn Musik ist stark, die nimmt die Aufmerksamkeit sofort weg. Aber wenn sie dazugehört, dann ist sie wunderbar. Das heißt, nicht stur nur das eine oder andere machen, das geht sowieso nicht.

Barbara Hennings: Man kann dramaturgisch durch den Ton sehr viel unterstützen und den Zuschauer auch neugierig machen auf etwas. Man kann Räume verknüpfen durch den Ton oder auch Zeiten verbinden. Das ist spannend, und deshalb vertone ich gerne. Aber ich sehe auch die Vorteile, wenn ein Sound Designer das macht. Der hat einen anderen Blick, er ist nicht so sehr dem Material verhaftet, hat dann wieder ganz andere Ideen, vielleicht frischere. Ob sie mir immer gefallen, sei dahingestellt, aber zumindest ist es nochmal ein anderer Blickwinkel. Als ich diesen Beruf gelernt habe, gehörte die Tonarbeit zum Berufsbild. Heute sind aus diesem einen Beruf drei oder vier Berufe geworden. Ich wußte früher genau, welche Geräusche ich haben will und wie sie klingen sollen. Das hatte ich schon beim Schnitt im Kopf, auch wenn die Töne noch nicht angelegt waren. Inzwischen habe ich auch sehr viele Töne in einem eigenen Tonarchiv gesammelt. Auf meiner Archiv-CD habe ich zum Beispiel: Applaus, an- und abschwellen in drei verschiedenen Stärken, Aquarium-Summen, Arbeitsgeräusche am Heizkörper, Büro mit leisen Telefonen im Hintergrund, Faxgerät, Schreibmaschine, Büroraum, eine Atmosphäre durch ein Fenster mit ein paar Autos, dann Polizeibüro, im Hintergrund immer irgendwelche Schritte auf dem Flur, Bratgeräusche in der Küche, Fahrstuhlgeräusche, aufwärts, abwärts, unterschiedlich dumpf, eine hallige Atmo, die eigentlich leer ist, aber hallig klingt ein leerer Raum eben doch anders. Dann habe ich unendlich viele Autos, rückwärts, vorwärts, Trabi, Volvo, historische Autos, ich habe LKW Baujahr 1930 und einen uralten BMW Sport und einen Jeep von 1937 und einen alten Bus von 1929 und Taxen und Oldtimer, so richtig knattertatter. Es ist schon spannend, was sich im Lauf der Zeit angesammelt hat. Dann habe ich diverse Telefone, Unterwassergeräusche, Blubbern, ein Sportboot, Hafenatmosphäre, Nebelhorntuten, ein startendes Motorboot und Wasser in der Schleuse, wenn sie volläuft, und und und. Da gucke ich halt rein, und dann hole ich mir, was ich brauche. Computergeräusche gibt es natürlich auch inzwischen sehr viele. Und Pferdekutschen, solche alten Sachen. Ist schön, das zu haben. Aber es macht viel Arbeit.

Peter Przygodda: Das war für uns überhaupt keine Frage, vom Musikschneiden, Originalton säubern/schneiden, Sprachsynchron, Geräuschsynchron, Atmosphären und Effekte anlegen, Mischungsvorbereitungen, Mischpläne schreiben, bis zur Mischung selbst alles in der Hand zu haben, alles selber zu machen. Deshalb ist meine Respekthaltung gegenüber dem hiesigen, relativ neuen Berufszweig des sogenannten Soundeditors etwas ambivalent. Für Dokumentarfime mache ich die digitale Tonbearbeitung immer noch selbst – Umwege, Mißverständnisse vermeiden, effektiv sein.

Mathilde Bonnefoy: Das Sound Design ist eine extrem wichtige Arbeit, so wie die Mischung später auch. Aber es ist so, daß man im Schnitt schon die Richtung vorgibt, in die es geht. Man sagt, so soll der Film sein, so soll die Geschichte sein, so soll der Sinn sein. Deswegen macht man für den Sound Designer eine Vorlage, nach der er sich richten soll. Natürlich gibt es noch sehr viel Spielraum. Aber trotzdem ist das, was dramaturgisch wichtig ist am Ton, schon im Schnitt angelegt. Der Schnitt ist im Grunde das letzte Schreiben des Films. Dazu gehören möglicherweise auch Nachdreharbeiten oder nachträgliche Sprachaufnahmen.

Zum Ende kommen

*Schauen und nochmal schauen, sehen und hören – damit fing alles an.
Dann auswählen, Zusammenhang herstellen und entscheiden in immer
neuen Durchgängen. Wann kommt der ganze Prozeß zu einem Ende?
Wenn alles eine Balance gefunden hat und die Sache in sich stimmig ist.
Wenn im Ganzen genug Offenheit bleibt und die Seiten der Notizbücher
keine Vorschläge mehr enthalten. Wenn der Fertigstellungstermin un-
aufschiebbar geworden ist und man hoffentlich nicht zu einem vorschnel-
len Ende kommen muß. Nach vielem Auf und Ab in den Windungen der
Spirale, deren Drehung sich verlangsamt und schließlich ganz aufhört.
Das heißt nicht, daß keine Zweifel bleiben, daß alle Fragen beantwortet
sind und daß man für alles eine Lösung gefunden hat. Irgendwann sind
die möglichen Alternativen aber ausprobiert und so viele Entscheidungen getroffen, daß der eingeschlagene Weg unumkehrbar wird.*

Mathilde Bonnefoy: Man arbeitet Schritt für Schritt dem Ende entgegen. Das ist oft ein sehr langsames Annähern. Es gibt sehr viele kleine
Schritte. Manchmal gibt es schon irgendwann eine lange Passage, mit
der man zufrieden ist, die steht schon mal. Dann gibt es aber Probleme
am Ende oder in der Mitte. Im Grunde dauert die Arbeit an dem Film so
lange, wie das Blatt Papier noch einen Eintrag hat beim Angucken des
Films. Ich behalte auch diese Notizen, denn sie sind der Abdruck dieses
kreativen Prozesses. Der erste große Schritt ist das Erste-Mal-Gucken
und dann das Aufschreiben, und das wiederholt man, bis man zum
Schluß wirklich nichts mehr auf dem Papier hat.

Peter Przygodda: Im günstigsten Fall bleiben kaum Zweifel. Neben der
eigenen latenten Unsicherheit kann auch Wut entstehen, wenn irgendwelche Leute, Verleiher, deren Sekretärinnen und Anwälte hinterher,
wenn der Schnitt schon längst steht, etwas anderes daraus machen
wollen. Viele Köche verderben den Brei. Es bleiben nur noch Wut und
Enttäuschung übrig. Dann gibt es aber auch Filmemacher, die wollen
ihren Film überhaupt nicht fertigmachen. Die Ängste vor dem großen
Loch hinterher. Ist zwar verständlich, aber kontraproduktiv. Von einem
gewissen Punkt an kann der Film nur noch schlechter werden. Ich lebe
mit dem Zweifel an der eigenen Kompetenz, und ich lebe ganz gut
damit. Es ist eine produktive Unsicherheit, die treibt und erhält die
Spannung, immer weiterzugehen im Ausquetschen des Materials. Bin
ein Probierer, kein Schnellentscheider und vielleicht auch zu sehr dem
Autorenfilm verhaftet.

Bettina Böhler: Man neigt dazu, gerade in der letzten Feinschnittphase,
alles zu sauber zu machen, so daß kein Ruckler mehr stört und auch

rhythmisch alles auf dem Punkt ist. Manchmal schneidet man damit auch etwas tot. Damit das nicht passiert, ist der Regisseur wieder wichtig, weil der merkt, daß etwas, das nicht zu genau ist, am Ende doch mehr Leben hat. Man muß sich manchmal zügeln in dem Wahn, alles perfekt machen zu wollen. Ein kleiner Perfektionist steckt in jedem von uns, das ist nicht immer angebracht.

Wolfgang Widerhofer: Ich versuche schon, mit einem klaren Bild zum Ende zu kommen. Es ist wichtig, daß man das Gefühl hat, es ist okay, daß man sich verabschiedet. Aber es tut mir weh, schließen und aufhören zu müssen. Ich muß nicht kämpfen, aber das letzte Bild hat dann doch eine gewisse Funktionalität. Ich mag es gern, wenn es einfach abreißt, unerwartet und trotzdem stimmig. Diesen Moment zu finden, in dem man das Ende nicht erwartet und trotzdem akzeptiert.

Zum Ende kommen

MATERIAL

Dschuang Dsi
Der Koch

Der Fürst Wen Hui hatte einen Koch, der für ihn einen Ochsen zerteilte. Er legte Hand an, drückte mit der Schulter, setzte den Fuß auf, stemmte das Knie an: ritsch, ratsch! – trennte sich die Haut, und zischend fuhr das Messer durch die Fleischstücke. Alles ging wie im Takt eines Tanzliedes, und er traf immer genau die Gelenke.

Der Fürst Wen Hui sprach: »Ei, vortrefflich! Das nenn' ich Geschicklichkeit!«

Der Koch legte das Messer beiseite und antwortete zum Fürsten gewandt: »Der SINN ist's, was dein Diener liebt. Das ist mehr als Geschicklichkeit. Als ich anfing, Rinder zu zerlegen, da sah ich eben nur Rinder vor mir. Nach drei Jahren hatte ich's so weit gebracht, daß ich die Rinder nicht mehr ungeteilt vor mir sah. Heutzutage verlasse ich mich ganz auf den Geist und nicht mehr auf den Augenschein. Der Sinne Wissen hab' ich aufgegeben und handle nur noch nach den Regungen des Geistes. Ich folge den natürlichen Linien nach, dringe ein in die großen Spalten und fahre den großen Höhlungen entlang. Ich verlasse mich auf die (anatomischen) Gesetze. Geschickt folge ich auch den kleinsten Zwischenräumen zwischen Muskeln und Sehnen, von den großen Gelenken ganz zu schweigen.

Ein guter Koch wechselt das Messer einmal im Jahr, weil er *schneidet*. Ein stümperhafter Koch muß das Messer alle Monate wechseln, weil er *hackt*. Ich habe mein Messer nun schon neunzehn Jahre lang und habe schon mehrere tausend Rinder zerlegt, und doch ist seine Schneide wie frisch geschliffen. Die Gelenke haben Zwischenräume; des Messers Schneide hat keine Dicke. Was aber keine Dicke hat, dringt in Zwischenräume ein – ungehindert, wie spielend, so daß die Klinge Platz genug hat. Darum habe ich das Messer nun schon neunzehn Jahre, und die Klinge ist wie frisch geschliffen. Und doch, so oft ich an eine Gelenkverbindung komme, sehe ich die Schwierigkeiten. Vorsichtig nehme ich mich in acht, sehe zu, wo ich haltmachen muß, und gehe ganz langsam weiter und bewege das Messer kaum merklich – plötzlich ist es auseinander und fällt wie ein Erdenklotz zu Boden. Dann stehe ich da mit dem Messer in der Hand und blicke mich nach allen Seiten um. Ich zögere noch einen Augenblick befriedigt, dann reinige ich das Messer und tue es beiseite.«

Der Fürst Wen Hui sprach: »Vortrefflich! Ich habe die Worte eines Kochs gehört und habe die Pflege des Lebens gelernt.«

Laurence Sterne
Tristram Shandy
6. Buch/40. Kapitel

Ich fange nun an recht hübsch in meine Arbeit hineinzukommen; und mit Hilfe von Pflanzenkost und etwas kühlenden Samenträsklein werde ich, wie ich nicht zweifle, imstande sein, die Geschichte meines Onkels *Toby* und meine eigene in einer ziemlich geraden Linie fortzusetzen. Nun waren dies die vier Linien, die ich in meinem 1., 2., 3. und 4. Bande einhielt.

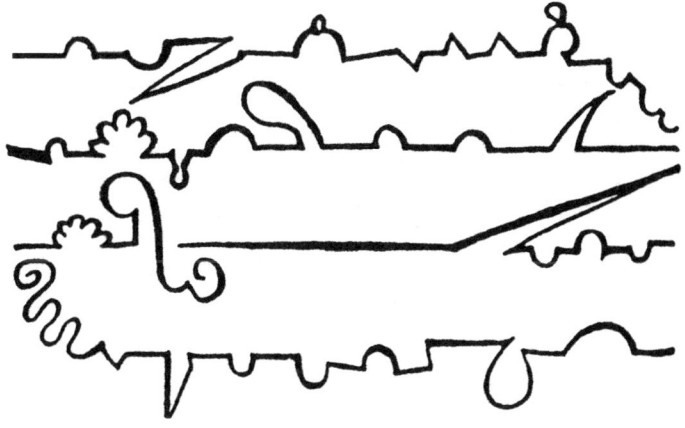

Im 5. Bande habe ich mich sehr gut benommen, – die Linie, die ich in diesem beschrieb, war genau folgende:

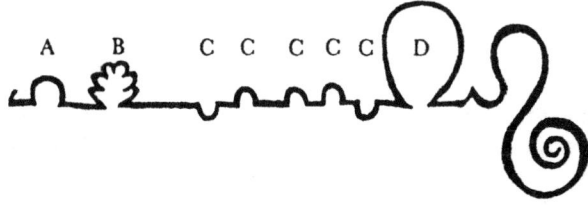

Hieraus ergibt sich, daß ich mit Ausnahme des mit A bezeichnten Bogens, wo ich einen Abstecher nach *Navarra* machte, – und der gezahnten Kurve B, welche den kurzen Austritt bedeutet, den ich mir dort mit der Frau von *Baussière* und ihrem Pagen erlaubte, – nicht die geringste Abschweifung machte, bis mich die Teufel des *Giovanni della casa* zu der Schleife D verführten; – denn die C C C C C sind nur Parenthesen, die gewöhnlichen ein- und ausspringenden Vorfälle, die im Leben der größten Staatsminister vorkommen und die im Vergleich mit dem, was die

Menschen getan haben – oder mit meinen eigenen Abschweifungen in A, B und D in nichts verschwinden.

In diesem letzten Bande habe ich es noch besser gemacht, – denn vom Ende der Episode *Le Fevers* bis zum Anfang der Feldzüge meines Onkels *Toby*, – bin ich kaum um einen Schritt weit aus meinem Wege herausgetreten. Wenn ich mich in diesem Maße weiter verbessere, ist es nicht unmöglich, daß ich noch, falls seine Gnaden der Teufel von *Benevento* es gestattet, – dahin gelange so schön eben wie folgt fortzufahren:

———————————————————

welche Linie so gerade gezogen ist, als ich sie mit einem (zu diesem Zwecke geliehenen) Lineal eines Schreiblehrers ziehen konnte, und die weder rechts noch links abschweift.

Diese *gerade* Linie, – der Pfad, den Christen wandeln sollen, sagen die Geistlichen, –

– Das Sinnbild moralischer Geradheit, sagt *Cicero*, –

– Die beste Linie, sagen Kohlpflanzer, – die kürzeste Linie, sagt *Archimedes*, die man von einem gegebenen Punkte nach einem anderen ziehen kann. –

Ich wollte, meine Damen, Sie würden sich die Sache für ihre nächsten Geburtstage zu Herzen nehmen!

– Was für ein Weg!

Können Sie mir sagen, – das heißt ohne Ärger, ehe ich mein Kapitel über gerade Linien schreibe, – infolge welchen Mißgriffs, – auf wessen Behauptung hin, – oder auf Grund welcher Veranlassung Männer von Geist und Genie diese Linie beständig mit der SCHWERKRAFT verwechselt haben?

Maya Deren
Bewegungsmuster

Wenn man zum Beispiel bei einer wirklichen Party das ganze langweilige Geplaudere weglassen würde, bliebe hauptsächlich noch jenes konstante Bewegungsmuster des Lächelns, der gesellschaftlichen Verklemmtheit übrig. Jede Person versucht jemanden am anderen Ende des Raums zu erreichen, oder bewegt sich zögernd, um jemand neues zu treffen, oder umarmt einen alten Freund, oder rückt ab von einer langweiligen Person hin zu einer interessanteren. Indem ich dieses allgemeine Thema als choreographisches Motiv einer Partysequenz nehme, habe ich die Aufnahme, wo eine Person mit einer Bewegung anfängt, eine andere Person diese weiterführt und eine dritte Person diese Bewegung zu Ende führt, zusammengeschnitten. Diese Aufnahmen werden nicht durch die konstante Identität des einzelnen Schauspielers zusammengehalten, sondern durch die emotionale Geschlossenheit der Bewegung selbst, unabhängig von dem Schauspieler, der sie ausführt. Oder ich habe eine komplexe Gruppenbewegung sich gegenseitig durchkreuzender Absichten gefilmt. Diese spezielle Konstellation, die sich nur ein einziges Mal ergab, habe ich dann mehrfach verwendet. Im Film selbst nahm ich zuerst manchmal nur das Ende einer Bewegung und später dann die ganze Bewegung, was diesen eigenartigen Schock bewirkt, daß man plötzlich die Geschichte einer Episode entdeckt, die man schon vollständig zu kennen glaubte. Gegen Ende dieser Sequenz folgen die Wiederholungen rasch aufeinander, so daß die Party zunehmend »un-natürlicher« wird und auf diese Weise in die nächste Sequenz überleitet, in der die Bewegungen selbst stilisiert werden. [...] RITUAL IN TRANSFIGURED TIME geht sogar noch weiter in der Betonung der Form, die meine früheren Filme in zunehmendem Maße bestimmt hat. [...] Diese Filme verwenden die Elemente der Realität – Leute, Orte, Dinge – und unterscheiden sich deshalb von abstrakten Filmen, die auch manchmal solche Elemente einsetzen können, dann aber in erster Linie aus plastischen Gründen. Diese Filme sind genau so weit, wenn nicht noch weiter, von der surrealistischen Methode des spontanen Selbst-Ausdrucks entfernt. Ich würde es vorziehen, das Wort »klassizistisch« zu verwenden, um RITUAL IN TRANSFIGURED TIME präzise zu beschreiben, weil dieser Begriff die inhaltlich-faktischen, fiktionalen, abstrakten oder psychologischen Elemente nicht näher definiert. Das Ganze ist ein methodisches Konzept: eine kontrollierte Manipulation irgendeines oder aller Elemente durch eine Form, die diese Elemente überschreiten und umgestalten wird.

Wsewolod I. Pudowkin
Eine einfache Form kontrapunktierten Bildes und Tons

Zum Beispiel kann es geschehen, daß Sie, lieber Leser, im wirklichen Leben plötzlich einen Hilfeschrei hören. Sie sehen nur das Fenster; sie schauen hinaus und sehen zuerst nichts anderes als den Straßenverkehr. Aber *Sie hören die Begleitgeräusche dieser Autos und Autobusse nicht*, stattdessen klingt immer noch der Schrei, der Sie zuerst erschreckte, in Ihren Ohren. Endlich finden Ihre Augen die Stelle, von wo der Schrei kam, Sie sehen einen Menschenhaufen. Jemand hebt einen Verletzten auf, *der jetzt still ist*. Aber nun, wo Sie auf den Verletzten hinunterschauen, werden Sie plötzlich den Straßenlärm gewahr und inmitten dieses Lärms das durchdringende Geheul der Ambulanzsirene. Nun fesselt plötzlich die Kleidung des Verletzten Ihre Aufmerksamkeit, sein Anzug sieht demjenigen Ihres Bruders ähnlich, dessen Besuch Sie – Sie erinnern sich nun – um zwei Uhr erwarten. In der furchtbaren Anspannung, die nun folgt, der Sorge und Unsicherheit, ob der vielleicht tödlich Verletzte nicht am Ende Ihr eigener Bruder sein könnte, *hört jedes Geräusch auf,* und Ihre Sinne sind von tiefem Schweigen umgeben. Kann es zwei Uhr sein? Sie schauen nach der Uhr und nehmen gleichzeitig ihr Ticken wahr. Das ist der erste synchrone Augenblick zwischen einem dargestellten Gegenstand und dem von ihm verursachten Geräusch, seit Sie zum ersten Mal den Schrei hörten.

Es gibt immer zwei Rhythmen, den rhythmischen Lauf der objektiven Welt und das Tempo, den Rhythmus, mit dem wir diese Welt subjektiv betrachten. Die Welt ist ein vollkommener Rhythmus, der Mensch indessen empfängt nur Teileindrücke dieser Welt durch seine Augen und Ohren und in geringerem Maße durch seine Haut. Die Aufnahmebereitschaft für Eindrücke wechselt mit der Erregung oder Beruhigung seiner Gefühle, während der Rhythmus der objektiven Welt, die er betrachtet, unverändert weiterbesteht.

Der Vorgang menschlicher Wahrnehmung ist der Montage sehr ähnlich, durch die die Geschwindigkeit der Aufnahme in entsprechender Weise verändert werden kann, für den Ton genauso wie für das Bild. Es ist möglich, den Tonfilm so zu konstruieren, daß er gleichzeitig der realen Welt und ihrer Wahrnehmung durch den Menschen entspricht. Das Bild kann das Tempo der realen Welt beibehalten, während der Tonstreifen dem wechselnden Rhythmus menschlicher Wahrnehmung folgt, oder umgekehrt. Dies ist eine einfache Form kontrapunktierten Bildes und Tons.

Klaus Kreimeier
Alte Bilder – neue Bilder

Nur im technischen Bereich bewirkte Film, als Medium mechanischer Wirklichkeitsreproduktion, einen Bruch mit dem Vergangenen: er forcierte die Analogie zu den Notationen der Netzhaut, das Sehnsuchtsziel der Naturalisten und Impressionisten, mit Hilfe der Elektrizität und der optischen Industrie und trieb sie im Bereich der analogen Fertigkeiten zur Vollendung. Gleichzeitig aber fesselte der technische Prozeß das ästhetische Subjekt an die materiale Wirklichkeit. Der Realitätsausschnitt vor der Kamera – ob Studioarchitektur oder ungesteuerter Fluß des Lebens – war Rohmaterial und Referenz zugleich: die übermächtige Instanz, die, aller filmischen Manipulationsmöglichkeiten ungeachtet, über Reichtum und Armut visueller Erfahrung entschied.

Mit dieser Instanz macht der Computer kurzen Prozeß. Die Pixel sind referenzlos; sie befreien das Subjekt, im Wortsinn, aus den Fesseln der Analogie. Der Auseinandersetzung mit dem Material in der Malerei und der Fixierung auf das mechanische Abbild in der Kinematographie folgt nun die Simulation – ein Verfahren, das die Wirklichkeit hinter sich läßt und gleichzeitig souverän mit allen Methoden spielt, die die Mensch-

heit ersonnen hat, um das Wirkliche einzuholen. In dieser neu errunge-
nen Freiheit gipfelt alles Digitale – und in ihr erschöpft es sich auch. Sie
ist nicht gering zu veranschlagen; nur: zur Zeit wird sie überschätzt. Wie
die Materialsprache der Malerei und der mechanische Gestus des Films
ist auch das pixelgenerierte Universum der Bilder nur eine *Möglichkeit*
unserer visuellen Kultur – ein Zeichensystem überdies, das an frühere
anschließt, indem es emphatisch bekundet, daß seine Bilder nicht Ab-
bilder, sondern autonome Gebilde seien.

In der Tat erweist sich heute, daß die Kinematographie nur eine Episode
in der Kulturgeschichte des Auges war – eine Episode freilich, die ihren
Nachhall und ihre Schattenspiele noch weit in das nächste Jahrtausend
senden wird. Nicht der Film, als Abdruck des Augenscheinlichen auf einer Emulsionsschicht, prägt die kinematische Epoche, sondern das *Filmische*, das Prinzip des bewegten Bildes, das heute auf den Bildschirmen der Computer weiter vibriert. Die einst mit Verve geführte Debatte
über die Qualität der Formate – 35mm, 16mm, Super 8 – wie auch die
Materialschlacht zwischen Film und Video hat ihre Bedeutung verloren;
soweit die unterschiedlichen Techniken einem gemeinsamen Ziel dienten – den photographischen oder elektromagnetischen Abdruck eines
Realitätssegments so präzis und so schnell wie möglich auf ein
wiedergabefähiges Material zu bannen – werden die Differenzen, die
noch vor Jahren die ästhetischen Diskussionen beflügelten, irrelevant.
Die digitale Technik zieht neue Trennlinien: zwischen alten Bildern, die
Realität referieren, und neuen Bildern, die ebenso materielos sind, wie
sie aus dem Nichts aufzutauchen scheinen.

Karel Reisz, Gavin Millar
Der Beitrag der Filmmontage

In britischen Studios ist der Regisseur normalerweise die Schlüsselfi-
gur des Films. Er arbeitet an der letzten Fassung des Drehbuchs mit und
überwacht den Schnitt. Die Verantwortung für die endgültige Fassung
des Films liegt bei ihm und beim Cutter. In Hollywood ist es normalerweise anders. Die Autoren arbeiten im allgemeinen ihre Drehbücher
wesentlich detaillierter aus und überlassen lediglich dem Regisseur,
den Anweisungen des Drehbuchs zu folgen. Hinzu kommt, daß in Amerika der Produzent sich im allgemeinen sehr viel enger mit der künstlerischen Seite einer Produktion befaßt als sein britischer Kollege. In
Amerika überwacht der Produzent fast ständig die Montage des Films.
Dieses Stadium in der Produktion wird in den meisten Hollywood-Studi-
os nicht mehr der Verantwortung des Regisseurs überlassen.

»Es gibt nur etwa ein halbes Dutzend Regisseure in Hollywood, denen
erlaubt wird, ihre Filme so zu drehen, wie sie es selber wünschen, und

denen die gesamte Überwachung des Schnitts anvertraut ist. (...) Wir haben drei Jahre lang versucht, einen Regisseursverband (Directors Guild) zu gründen, und die einzige Forderung an die Produzenten war, für ein ›A‹-Picture zwei Wochen und für ein ›B‹-Picture eine Woche Vorbereitungszeit zu erhalten und die Kontrolle über den ersten Rohschnitt des Films zu bekommen. (...) Wir haben gebeten, daß der Regisseur das Drehbuch, das er verfilmen soll, vorher zu lesen bekommt und daß man ihm erlaubt, den ersten Rohschnitt dem Studioleiter vorführen zu können. Es bedurfte drei Jahre ununterbrochener Verhandlungen, nur um diese Forderung durchzusetzen. (...) Ich möchte behaupten, daß achtzig Prozent der Regisseure heutzutage die Szenen genauso drehen, wie sie im Drehbuch stehen, ohne jegliche Änderungen, und daß neunzig Prozent von ihnen keinerlei Einfluß auf das Drehbuch oder die Montage haben. Wahrlich eine traurige Situation für ein Medium, von dem behauptet wird, es sei eine Domäne der Regisseure.«*

Obwohl Frank Capras Darstellung so nicht mehr zutrifft, scheinen die Fortschritte nicht besonders groß zu sein. Man muß freilich hinzufügen, daß einige der führenden Regisseure Hollywoods es geschafft haben, die offenbar hoffnungslose Situation zu überwinden: Preston Sturges und John Huston schreiben und inszenieren ihre eigenen Filme; Chaplin schrieb, produzierte und führte selber Regie; John Ford produzierte in der Regel seine Filme selber; Orson Welles hatte bereits die Gesamtverantwortung für CITIZEN KANE. Der Erfolg ihrer Filme sollte eigentlich unzweifelhaft belegen, was auch der allgemeinen Meinung entspricht: daß nämlich die Regie und die Montage (sei sie schon vor den Dreharbeiten im Drehbuch festgelegt oder danach im Schneideraum) von einer einzigen Person gemacht oder wenigstens überwacht werden sollte.

Helen van Dongen
60.000 Meter für einen Film

Für LOUISIANA STORY hatten wir kein fertiges Drehbuch, in dem festgelegt war, welche einzelnen Szenen gedreht werden und wo sie ihren endgültigen Platz in der Geschichte finden sollten. Stattdessen hatten wir ein visuell und filmisch geschriebenes Skript, mit dem Hauptziel, die Geschichte verständlich zu machen. Flaherty beschrieb zum Beispiel die Anfangssequenz folgendermaßen:

›Wir befinden uns tief im Bayou Country im unteren Louisiana. Es ist die Zeit des Hochwassers – das halbe Land ist überschwemmt. Wir bewe-

* Frank Capra in einem Brief an die *New York Times*, veröffentlicht am 2.4. 1939. Zitiert nach Karel Reisz, Gavin Millar: *Geschichte und Technik der Filmmontage*, hg. von *Stiftung Deutsche Kinemathek*, München 1988, S. 44.

gen uns durch einen dichten Wald. Überall Wildvögel, in der Luft und schwimmend auf dem Wasser. Wir sind verzaubert von dem Leben der wilden Tiere und dem Geheimnis der Wildnis vor uns …‹

Für die Sequenz wurde eine ungeheure Menge verschiedenartiges Material gedreht, nicht nur, wenn wir gerade Aufnahmen für diese Sequenz machten, sondern während der gesamten Drehzeit, immer wenn wir irgendetwas entdeckten, das eventuell infrage kommen konnte, um die Atmosphäre und Geographie des Landes zu beschreiben. (60.000 Meter wurden so für einen Film verdreht, der schließlich eine Länge von 2.400 Metern hatte.) Fast alles konnte infrage kommen und fast alles wurde auch gedreht. Wie Pflanzen, die im Sumpf aufwachsen, wucherten unsere Bilder ins Uferlose. Wir hatten Szenen mit Alligatoren, die auf ihren Nestern saßen, die durch das Wasser glitten, sich in der Sonne wärmten oder ihren häßlichen Kopf aus einem Schlammloch des Sumpfwaldes steckten; fremdartige und schillernde Vögel saßen auf Baumwipfeln oder Sträuchern, die aus Tümpeln voller Lilien ragten; Schlangen glitten an Bäumen hoch, Lotusblätter spiegelten sich im klaren Wasser, Tautropfen hingen an den Blättern, kleine Fliegen glitten über das Wasser, eine Spinne spann ihr Netz, Spanisches Moos baumelte von riesigen Eichen herab, Fische, Kaninchen, Rehkitze und Stinktiere und anderes mehr, zu viel, um es einzeln aufzuzählen.

Eine derartige Fülle unterschiedlichsten Materials, zeitweise unter der Überschrift ›Einführungsszene‹ abgelegt – die das Thema ›Atmosphäre des Sumpfes und des Waldes‹ behandeln sollte –, stellte natürlich schon an sich eine Schwierigkeit beim Schnitt dar. Bei der ersten Durchsicht des Materials erschien es uns ziemlich zusammenhanglos. Wo war in diesem ganzen Wirrwarr das Hauptthema geblieben, das wir entwickeln wollten?

Der Cutter hatte kein präzises Drehbuch, das ihm sagte: ›Wir fangen mit der Großaufnahme von einem Lotusblatt an, das sich als Silhouette gegen das Wasser abhebt; danach kommt die Einstellung von einem Alligator, der über ein Stück Treibholz hinwegklettert …‹. Stattdessen gab es nur eine allgemeine Beschreibung der Örtlichkeiten und der Atmosphäre und des Gefühls, das zum Ausdruck kommen sollte. (›Wir sind verzaubert von dem Leben der wilden Tiere und dem Geheimnis der Wildnis vor uns…‹).

Der Cutter hat die Idee des Regisseurs zu erkennen und sichtbar zu machen und als Anleitung für den Schnitt zu beachten. […]

Der entscheidende Punkt bei der Auswahl und Abfolge der Szenen sollte ihr emotionaler Gehalt sein, ihr tieferer Sinn. Vermitteln sich erst einmal die gewünschten Gefühle und Stimmungen über die gesamte Sequenz hin und besteht überdies eine Balance zwischen Form und Inhalt, entstehen die metrischen und rhythmischen Werte von ganz allein.«

Urban Gad
Die kleinen Klebedamen

Selbstverständlich muß der verantwortliche Regisseur
sein Werk selbst vollenden,
vielleicht vom Operateur oder einer »Klebedame« unterstützt.
[...]
Wie oft mögen solche kleinen Klebedamen
die Nächte hindurch arbeiten
und in unermüdlicher und uneigennütziger Weise sich abquälen.
[...]
Nach und nach erwirbt man sich so viel fachmäßige Übung darin,
einen Riesenfilm (in der Projektion) buchstäblich auswenig zu lernen,
daß man ihn bis ins Kleinste im Gedächtnis hat.
[...]
Die folgenden Tage verbringt man damit,
die ganzen kleinen Bilder des Films,
die man gegen das Licht hält,
genau zu betrachten.
Danach wird der ganze Film wieder auseinandergenommen,
damit er beschnitten werden kann.
[...]
Diese Arbeit erfordert eine gewisse Übung,
denn für den Laien ist es keine ganz leichte Sache,
in den außerordentlich kleinen Filmbildern
die Einzelheiten zu unterscheiden
und den kaum sichtbaren Veränderungen
in den Stellungen der Figuren zu folgen.
Erst durch Übung erwirbt man sich die notwendige Geschicklichkeit,
die darin besteht,
den Film ruckweise durch die Hände gleiten zu lassen.
Geschieht dies ungefähr mit der Schnelligkeit,
wie sie bei der Vorführung aufgewandt wird,
dann bekommt man einen Eindruck
von der Bewegung des Films.

Karel Reisz, Gavin Millar
Gegen alle Regeln

Von all den neuen Filmregisseuren der sechziger Jahre hat Godard den
heftigsten Widerspruch erregt. Sein unkonventioneller Stil brachte
ihm wütende Kritiken ein von Leuten, die meinten, À BOUT DE SOUFFLE
sei gegen alle Regeln der Filmsprache und ohne Rücksicht auf Kon-

ventionen und das Publikum gemacht. Wie nun sehen seine Filme aus? Glatt im konventionellen Sinn sind sie nicht. Godard arbeitet häufig mit sprunghaften Anschlüssen (*jump cuts*), d.h. er schneidet zwei unzusammenhängende Passagen einer durchgehenden Handlung hintereinander, ohne die Kameraposition zu verändern. Er schneidet jäh von einer Einstellung in die andere, ohne daß er versucht, den Schnitt zu glätten. Sein rüder Umgang mit Handlungspassagen, die ihn nicht interessieren, ist radikaler als alles, was es im Kino je gegeben hat. Er macht keinerlei Konzessionen ans Publikum, das dankbar wäre für eine Überblendung, die einen Zeit- oder Ortswechsel anzeigte. Er läßt sich auf keine althergebrachte Regel über Totale, Halbtotale und Nahaufnahme ein. Auf den ersten Blick scheint es, als habe er nie von der Gefahr gehört, das Publikum zu langweilen oder zu verschrecken. Er besitzt die Unverschämtheit, sein Publikum mit hochliterarischen Filmen im Gewande amerikanischer B-Pictures zu konfrontieren. (À BOUT DE SOUFFLE ist *Monogram Pictures* gewidmet). Er geht mit Stimmungen ganz eigenwillig um – ohne jede Rücksicht auf Wahrscheinlichkeit. Vollkommen ungezwungen springt er von der Tragödie zur Farce. Er täuscht uns in À BOUT DE SOUFFLE, indem er eine absurde Geschichte erzählt. In PIERROT LE FOU werden sogar die Zeiten durcheinandergebracht. Die merkwürdige Chronologie dieses Films zeigt uns Szenen aus Gegenwart und Zukunft in fortlaufenden Einstellungen und an denselben Orten; und das nicht etwa als augenfällige Sichtweise einer einzelnen Person. Zu alledem wird durch den Montagestil keine wohlgefällige Moral geboten.

Kamerawinkel, Dauer der Einstellungen, Rhythmus legen dem Zuschauer nicht nahe, welche Figur er lieben, welche er hassen soll. [...] Aufeinanderfolgende Fäden der Handlung werden gezeigt, wie wir sie als Zuschauer im richtigen Leben wahrnehmen würden. Nichts wird vorbereitet oder entwickelt. ›Hinweise‹ auf bevorstehende Ereignisse fehlen. Uns wird der Einblick verwehrt, wir sind nicht allwissend. Wir müssen akzeptieren, daß die Polizei Michel verfolgt, ohne zu wissen, wieso. Wir akzeptieren, daß er plötzlich von der Straße abbiegt, obwohl nichts darauf hindeutete, daß er seinen Motor reparieren muß; und wir akzeptieren, daß es angemessen – wir wollen nicht sagen: notwendig – findet, den Polizisten zu erschießen. Wir akzeptieren all das, so wie wir akzeptiert haben, daß Michel ein Autodieb ist, ohne daß wir wüßten, warum (es gibt keine soziologischen oder psychologischen Erklärungen für sein Handeln), genauso wie wir akzeptiert haben, daß er seine Freundin zurückließ (am Anfang des Films, nachdem sie ihm geholfen hatte, das Auto zu stehlen). Die Sichtweise des Autors, der bereit ist, sein Wissen mit uns zu teilen, ist ersetzt durch die Sichtweise eines zufälligen Passanten, der so wenig Bescheid weiß wie wir.

Quellen

Literatur

Adorno, Theodor W.: *GS 13 – Die musikalischen Monographien*, Frankfurt/M. 1971
Albersmeier, Franz-Josef (Hg.): *Texte zur Theorie des Films*, Stuttgart 1979

Balázs, Béla: *Der Geist des Films*, Frankfurt/M. 1972
Beller, Hans: *Handbuch der Filmmontage*, München 1993
Benjamin, Walter: *Das Passagen-Werk*, Frankfurt/M. 1982
Bogdanovich, Peter: *Wer hat denn den gedreht?*, Zürich 2000
Brecht, Bertolt: *Schriften zum Theater 1 – GW 15*, Frankfurt/M. 1967
Bresson, Robert: *Noten zum Kinematographen*, München 1980
Buñuel, Luis: *Die Flecken der Giraffe*, Berlin 1991

Cage, John: »Vortrag über etwas«, in: ders.: *Silence*, Frankfurt/M., 1995
Cramer, Friedrich: *Chaos und Ordnung – Die komplexe Struktur des Lebendigen*, Frankfurt/
    M./Leipzig 1993
Cramer, Friedrich: *Gratwanderungen – Das Chaos der Künste und die Ordnung der Zeit*,
    Frankfurt/M. 1995
Cramer, Friedrich: *Der Zeitbaum – Grundlagen einer Zeittheorie*, Frankfurt/M./Leipzig 1996
Cramer, Friedrich: *Symphonie des Lebendigen*, Frankfurt/M./Leipzig 1998
Cramer, Friedrich: »Kann man die Zeit erzählen?«, in: *Poiesis* Nr.12, hg. von Rudolf zur
    Lippe, Hohengehren 2001
Campbell, Joseph: *Die Kraft der Mythen – Bilder der Seele im Leben des Menschen*, Zürich/
    München 1994
Campbell, Joseph: *Der Heros in tausend Gestalten*, Frankfurt/M. 1978

Deleuze, Gilles: *Das Bewegungsbild – Kino 1*, Frankfurt/M. 1997
Deleuze, Gilles: *Das Zeit-Bild – Kino 2*, Frankfurt/M. 1997
Deren, Maya: *Poetik des Films*, Berlin 1984
Dschuang Dsi: *Das wahre Buch vom südlichen Blütenland*, München 1994
Duras, Marguerite: *India Song*, München 1989

Eisenstein, Sergej M.: *Schriften Bd. 1-4*, Hg. von H.J. Schlegel, München 1974
Eisler, Hanns: *Schriften I – Musik und Politik/1924-1948*, München 1973
Emigholz, Heinz: *Das schwarze Schamquadrat*, Berlin 2002

Farocki, Harun: »Quereinfluß/Weiche Montage«, in: C. Rüffert, I. Schenk, K.-H. Schmid, A.
    Tews (Hg.): *Zeitsprünge*, Berlin 2004
Flückiger, Barbara: *Sound Design*, Marburg 2002
Flusser, Vilém: *Medienkultur*, Frankfurt/M. 1998
Frey, James N.: *Wie man einen verdammt guten Roman schreibt*, Köln 1996

Hein, Birgit/Herzogenrath, Wulf: *Film als Film – 1910 bis heute*, Stuttgart 1978
Heisenberg, Werner: *Schritte über Grenzen*, München 1989
Heisenberg, Werner: *Der Teil und das Ganze*, München 1998
Herbst, Helmut: *Dem Licht bei der Arbeit zusehen*, o.O. 2004

Jung, C.G.: *Archetypen*, München 2001
Jung, C.G.: »Zugang zum Unbewußten«, in: C.G. Jung, M.L. von Franz, J.L. Henderson, J.
    Jacobi, A. Jeffé: *Der Mensch und seine Symbole*, Freiburg 1991

Klaue, W., Leyda, J. (Hg.): *Robert Flaherty*, Staatliches Filmarchiv der DDR anläßlich der VII.
    Leipziger Dokumentar- und Kurzfilmwoche, o. J.
Kluge, Alexander: *Die Lücke, die der Teufel läßt*, Frankfurt/M. 2003

Kostelanetz, Richard: *John Cage im Gespräch*, Köln 1991

Kreimeier, Klaus: »Alte Bilder – neue Bilder«, in: *Film & Computer*, hg. von Hilmar Hoffmann und Walter Schobert, Frankfurt/M. 1998

Laotse: *Tao te king*, hg. von Richard Wilhelm, München 1993

Linke, Detlef B.: *Kunst und Gehirn – Die Eroberung des Unsichtbaren*, Hamburg 2001

Marschall, S.,Witzke, B.: *Wir sind alle Menschenfresser*, St. Augustin 1999

Morrison, Philip und Phylis u.a.: *Zehn Hoch – Dimensionen zwischen Quarks und Galaxien*, Frankfurt/M. 1995

Murch, Walter: *In the Blink of an Eye – a Perspektive on Filmediting*, Los Angeles 1995

Murch, Walter: *Ein Lidschlag, ein Schnitt*, Berlin 2004

Oldham, Gabriella: *First Cut – Conversations with Film Editors*, Berkeley/Los Angeles/London 1992

Ondaatje, Michael: *Die Kunst des Filmschnitts – Gespräche mit Walter Murch*, München/Wien 2005

Ott, Stephan: »Reiner Originalton ist die pure Armseligkeit«, in: *Film & Computer*, hg. von Hilmar Hoffmann und Walter Schobert, Frankfurt/M. 1998

Pudowkin, Wsewolod I.: »Über die Montage«, in: Franz-Josef Albersmeier: *Texte zur Theorie des Films*, Stuttgart 1979

Reisz, Karel, Millar, Gavin: *Geschichte und Technik der Filmmontage*, München 1988

Röskau, Benedikt: »Der digitale Drehbuchautor«, in: *Film & Computer*, hg. von Hilmar Hoffmann und WalterSchobert, Frankfurt/M. 1998

Rorty, Richard: *Eine Kultur ohne Zentrum*, Stuttgart 1993

Schadt, Thomas: *Das Gefühl des Augenblicks*, Bergisch Gladbach 2002

Schlee, Thomas Daniel, Kämper, Dietrich (Hg.): *Olivier Messiaen – La Cité celeste – Das himmlische Jerusalem*, Köln 1998

Schönberg, Arnold: *Gesammelte Schriften 1*, Nördlingen 1976

Schub, Esfir: »Der Nichtspielfilm«, in: Wolfgang Klaue, Manfred Lichtenstein (Hg.): *Sowjetischer Dokumentarfilm*, Staatliches Filmarchiv der DDR, Berlin 1967

Singer, Wolf: *Der Beobachter im Gehirn*, Frankfurt/M. 2002

Singer, Wolf: *Ein neues Menschenbild?*, Frankfurt/M. 2003

Sterne, Laurence: *Tristram Shandy*, Frankfurt/M./Leipzig 1982

Taylor, Henry M.: »Spektakel und Symbiose: Das Kino als Gebärmutter«, in: Alfred Messerli, Janis Osolin (Hg.): *Tonkörper*, Frankfurt/M. 1991

Thiel, Eberhard: *Sachwörterbuch der Musik*, Stuttgart 1962

Van Dongen, Helen: *Robert Flahertys Louisiana Story*, hg. von Eva Orbanz, Konstanz 1998

Van der Keuken, Johan: *Abenteuer eines Auges*, Hamburg 1987

Vertov, Dziga: *Schriften zum Film*, München 1973

Vogel, Amos: *Film als subversive Kunst*, Andrä-Wördern 1997

Vogler, Christopher: *Die Odyssee des Drehbuchschreibers*, Frankfurt/M. 1997

Voss, Gabriele (Hg.): *Dokumentarisch Arbeiten*, Berlin 1996

Voss, Gabriele (Hg.): *Ins Offene – Dokumentarisch Arbeiten 2*, Berlin 2000

Zender, Hans: *Happy New Ears*, Freiburg 1991

Zeitungen/Zeitschriften

Althen, Michael: »Die Leute mit den Scherenhänden«, in: *Frankfurter Allgemeine Zeitung* vom 27.6. 2002

Baier,Tina: »Augenblicke der Illusion«, in: *Süddeutsche Zeitung* vom 8.1. 2004

Beller, Hans: »Coverage-System«, in: *Schnitt*, Nr.32, 4/2003

Borchert, Thomas: »Die Schnittmaschine«, in: *Stern* vom 23.1. 2003

Brunow, Jochen, Grob, Norbert, Jochum, Norbert: »Das Chaos in die Ordnung. Fragmentarisches zum essayistischen Film«, in: *Filme*, 1/1980

Fischinger, Oskar: »Klingende Ornamente«, in: *Deutsche Allgemeine Zeitung* vom 28. Juli 1932

Jullien, François, Herzog, Roman: »Chinesisches Werkzeug«, in: *Lettre international*, Nr.64, Berlin 2004

Kniebe, Tobias: »Mißtrauen Sie mir«, in: *Süddeutsche Zeitung* vom 8./9.4. 2004

Kühnen, Ulrich: »Denken auf asiatisch«, in: *Gehirn & Geist* – Dossier Nr.2/2004

Mies, Uwe: »Altman-Interview zu GOSFORD PARK«, in: *Westdeutsche Allgemeine Zeitung* vom 16.6. 2002

Linke, Detlef B., Kersebaum, Sabine: »Geht doch mit links«, in: *Gehirn & Geist*, Nr.3, 2005

Oplustil, Karlheinz: »Peter Przygodda«, in: *Cinegraph – Lexikon zum deutschsprachigen Film*, hg. von Hans Michael Bock, Lg. 13, München 1989

Rouch, Jean: »Die Kamera und der Mensch«, in: *Kinemathek*, Nr. 56, Juni 1978

Schröder, Gerald: »Kren filmt Brus«, in: *Schnitt*, Nr.32, Herbst 2003

Seesslen, Georg: »Wo Simulation herrscht, hilft nur Kino«, in: *Berliner Zeitung*, 30.10. 2003

Ulrich, Thomas: »Reines Hören«, in: *Lettre international*, Nr.66, Herbst 2004

Voss, Gabriele: »Der Monteur als Platzanweiser – oder die Verteidigung der Ungewißheit«, in: *Schnitt – Special zum Dokumentarfilm*, November 1998

Voss, Gabriele: »Wo bleibt die Arbeit? Oder: Das Lächeln von Sophia Loren«, in: *Poiesis*, Nr. 10, hg. von Rudolf zur Lippe, Baltmannsweiler 1998.

Zischler, Hanns: »Jean Rouch erzäht«, in: *Filmkritik*, Nr. 253, Januar 1978

Fernsehen

CINÉMA VÉRITÉ – DEFINING THE MOMENT, Regie: Peter Wintonick, Produktion: National Filmboard of Canada 1999

DER REGISSEUR UND DIE CUTTERIN, Regie: Konstanze Radziwill, Sara Fruchtmann, D 2003

DOKUMENTARISCH ARBEITEN – MODELL/REALITÄT, Christoph Hübner im Gespräch mit Harun Farocki, ZDF/3sat 2005

DOKUMENTARISCH ARBEITEN – DIE KAMERA ALS SONDE, Christoph Hübner im Gespräch mit Thomas Imbach, WDR/SF DRS/3sat 2000

DOKUMENTARISCH ARBEITEN – SCHAUEN STATT ZEIGEN, Christoph Hübner im Gespräch mit Erich Langjahr, WDR/SF DRS/3sat 2005

DOKUMENTARISCH ARBEITEN – ZUFALL UND METHODE, Christoph Hübner im Gespräch mit Klaus Wildenhahn, WDR/3sat 1995

MONTAGE – MEINE SCHÖNE SORGE, Regie: Maria Salvador, Produktion: HFF KONRAD WOLF, Potsdam Babelsberg, D 2000

VIDEOBRIEFE (1988/89), von Dieter Roth & Ingrid Wiener, Video-VHS, Berlin 2003

ZWISCHEN DEN BILDERN, Produktion: Stiftung Deutsche Kinemathek, ZDF 1981
– Teil 1: MONTAGE IM ERZÄHLKINO, von Heide Breitel, Klaus Feddermann und Hans Helmut Prinzler
– Teil 2: MONTAGE IM DOKUMENTARISCHEN FILM, von Heide Breitel und Hans Helmut Prinzler
– Teil 3: ÜBER DIE TRÄGHEIT DER WAHRNEHMUNG, von Klaus Feddermann und Helmut Herbst

Bio-/Filmographien

Gabriele Voss, geb. 1948. Promotion über Wahrnehmungstheorie und Ästhetik. Seit 1972 Filmarbeit für Kino und Fernsehen, überwiegend in Zusammenarbeit mit Christoph Hübner. Arbeitsschwerpunkte: Buch, Dramaturgie und Montage. Mitbegründung des RuhrFilmZentrums und des Filmbüros NW. Reisen für Goethe-Institute in den USA, Frankreich, England, Tunesien und Georgien. Verschiedene Auszeichnungen, Festivalteilnahmen, Werkschauen. Neben der Filmarbeit Dozenturen an verschiedenen Hochschulen. Publikationen, u.a. *Die Kunst, die Welt zu zeigen* (1980), *Der zweite Blick* (1983), *Dokumentarisch Arbeiten* (Hg., 1996) *Ins Offene – Dokumentarisch Arbeiten II* (Hg., 2000).
Filme (gemeinsam mit Christoph Hübner, in verschiedenen Funktionen) u.a.:
DOKUMENTARISCH ARBEITEN IV, 3 Folgen à 60 Min., D 2004/05 / DIE CHAMPIONS, 129 Min., D 1998-2003 / WAGNER‖BILDER, 72 Min., D 2002 / DOKUMENTARISCH ARBEITEN III, 3 Folgen à 60 Min., D 2000 / PROSPER-EBEL – CHRONIK EINER ZECHE UND IHRER SIEDLUNG II:DAS ALTE UND DAS NEUE, 83 Min., D 1995-1998 / BINARY FILE 692, 4'30 Min., D 1998 / DOKUMENTARISCH ARBEITEN II, 3 Folgen à 60 Min., D 1997/98 / DOKUMENTARISCH ARBEITEN I, 6 Folgen à 60 Min., D 1994/95 / ANNA ZEIT LAND, 96 Min., 1990-1994 / VINCENT VAN GOGH – DER WEG NACH COURRIÈRES , 91 Min., D 1988/89 / MENSCHEN IM RUHRGEBIET: ILSE KIBGIS, GELSENKIRCHEN, GEDICHTE, 30 Min., D 1989 / EKKES SCHULZ, DORTMUND, STEELDRUMS, 30 Min., D 1988 / THEO JÖRGENSMANN, BOTTROP, KLARINETTE, 30 Min., D 1986 / HANS KARL STEFFEN, DORTMUND, MALER, 30 Min., D 1986 / PROSPER-EBEL – CHRONIK EINER ZECHE UND IHRER SIEDLUNG: INMITTEN VON DEUTSCHLAND, 82 Min. & 110 Min., D 1983 / DIE EINWANDERER, 82 Min. D 1981 / FRAUEN-LEBEN, (zus. mit Christa Donner), 45 Min., D 1981 / LEBENS-GESCHICHTE DES BERGARBEITERS ALFONS S., 8 Teile, 256 Min., D 1978

Wolf Singer, geb. 1943, studierte Medizin in München und Paris, promovierte 1968 an der Ludwig-Maximilians-Universität in München, habilitierte sich 1975 an der TU München und ist seit 1981 Direktor am Max-Planck-Institut für Hirnforschung in Frankfurt/Main. Seine Forschung ist der Aufklärung der neuronalen Grundlagen kognitiver Funktionen gewidmet. Zunächst konzentrierte er sich auf die Hirnentwicklung hinsichtlich erfahrungsabhängiger Reifungsprozesse. Heute befassen sich die meisten Projekte mit dem sog. Bindungsproblem. Kognitive Funktionen beruhen auf der gleichzeitigen Verarbeitung einer Vielzahl unterschiedlicher Sinnessignale in weit verteilten Regionen der Hirnrinde – wie werden diese Teilprozesse zusammengebunden, um kohärente Wahrnehmungen zu ermöglichen?

Alexander Kluge, geb. 1932 in Halberstadt, ist literarischer Autor und Filmemacher, im Zweitberuf Rechtsanwalt. 1962 las er erstmals in der Gruppe 47 aus seinem Buch *Lebensläufe*. Seither erschienen zahlreiche Buchpublikationen, zuletzt: *Chronik der Gefühle* (2000), *Die Lücke, die der Teufel läßt* (2002) und *Die Kunst, Unterschiede zu machen* (2003). Alexander Kluge ist für die unabhängigen TV-Kulturmagazine *10 vor 11*, *News & Stories* und *Prime-Time/Spätausgabe* in RTL und SAT.1 verantwortlich. Die Magazine befassen sich mit Buch, Film und Musiktheater. Sie versuchen ein Beispiel zu geben für das »Fernsehen der Autoren«. Einige seiner wichtigsten Filme sind in der Filmographie von Beate Mainka-Jellinghaus zu finden.

Raimund Barthelmes, geb. 1947, Studium der Theaterwissenschaft. Von 1971-1979 Cutter beim Bayerischen Rundfunk. Seit 1979 Tätigkeit als freier Cutter. Seit 1980 Lehraufträge für Schnitt an der Deutschen Film- und Fernsehakademie Berlin, Filmakademie Baden-Württemberg Ludwigsburg und Hochschule für Fernsehen und Film München.
Filme u.a.:
POLIZEI 6/31, Regie: Samir Nasr, 88 Min., D 2000 / NACHTTANKE, Regie: Samir Nasr, 88 Min., D 1999 / DIE BLUME DER HAUSFRAU, Regie: Dominik Wessely, 92 Min., D 1998 / HAPPY BIRTHDAY TÜRKE, Regie: Doris Dörrie, 108 Min., D 1991 / DER ACHTE TAG, Regie: Reinhard Münster, 102 Min., D 1989 / GELD, Regie: Doris Dörrie, 104 Min., D 1988 / TREFFEN MIT RIMBAUD, Regie: Ernst August Zurborn, 87 Min., D 1987 / ICH UND ER, Regie: Doris Dörrie, 97 Min., D 1986 / PARADIES, Regie: Doris Dörrie, 107 Min., D 1986 / HÄCKMAC, Regie: Peter

Heller, 69 Min., D 1983 / MÄNNER, Regie: Doris Dörrie, 97 Min., D 1985 / DER VERGESSENE FÜHRER, Regie: Peter Heller, 120 Min., D 1983 / FÜR DIE EWIGKEIT, Regie: Thomas Schadt, 58 Min., D 1983 / KASSENSTURZ, Regie: Rolf Silber, 88 Min., D 1982 / AUFSTEIGERSAGA, Regie: Rolf Schübel, 45 Min., D 1974

Bettina Böhler, geb. 1960 in Freiburg, 1979-1984 Schnittassistentin, seit 1985 Cutterin. Seit 1991 freie Dozentin für Schnitt an der DFFB Berlin. 1999-2001 Gremiumsmitglied der Filmförderung Hamburg. Seit 2004 auch freie Dramaturgin. Deutscher Schnittpreis 2000, Preis der deutschen Filmkritik 2001 für DIE INNERE SICHERHEIT.
Filme u.a.:
FREMDE HAUT, Regie: Angelina Maccarone, 97 Min., D/A 2005 / GESPENSTER, Regie: Christian Petzold, 85 Min., D 2004 / MARSEILLE, Regie: Angela Schanelec, 95 Min., D/F 2003 / FARLAND, Regie: Michael Klier, 90 Min., D 2003 / KHAMOSHPANI, Regie: Sabiha Sumar, 105 Min., D/F/PA 2002 / WOLFSBURG, Regie: Christian Petzold, 93 Min., D 2002 / BUNKER – DIE LETZTEN TAGE, Regie: Martina Reuter, Gavin Hodge, 89 Min., D/CH 2002 / DIE INNERE SICHERHEIT, Regie: Christian Petzold, 105 Min., D 2000 / DANACH HÄTTE ES SCHÖN SEIN MÜSSEN, Regie: Karin Jurschik, 73 Min., D 2000 / PLÄTZE IN STÄDTEN, Regie: Angela Schanelec, 118 Min., D/F 1998 / F. EST UN SALAUD, Regie: Marcel Gisler, 92 Min., CH/D 1998 / OUT OF AMERICA, Regie: Michael Klier, 80 Min., D 1994 / TERROR 2000, Regie: Christoph Schlingensief, 80 Min., D 1992 / DIE BLAUE STUNDE, Regie: Marcel Gisler, 87 Min., D 1991 / OSTKREUZ, Regie: Michael Klier, 83 Min., D 1991 / TAIGA, Regie: Ulrike Ottinger, 500 Min., D 1991 / ÜBERALL IST ES BESSER, WO WIR NICHT SIND, Regie: Michael Klier, 75 Min., D 1989 / DU MICH AUCH, Regie: Dani Levy, 85 Min., D/CH 1986

Mathilde Bonnefoy, geb. 1972, abgebrochenes Philosophiestudium an der Pariser Sorbonne 1990/91. Mit einer französischen und amerikanischen Staatsbürgerschaft seit 1991 in Berlin. Deutscher Filmpreis 1999, Filmband in Gold für LOLA RENNT. 2000 Nominierung zum ACE Eddie Award für LOLA RENNT. Nominierung zum Deutschen Kamerapreis 2001 für DER KRIEGER UND DIE KAISERIN. Nominierung zum Film + Schnittpreis 2001 für DER KRIEGER UND DIE KAISERIN. Nominierung zum Deutschen Kamerapreis für HEAVEN.
Filme u.a.:
TRUE (Kurzfilm, Teil von PARIS, JE T'AIME), Regie: Tom Tykwer, 10 Min., F/D 2005 / DURCH DIE NACHT MIT JULIE DELPY UND BELA B., Regie: Mathilde Bonnefoy, 60 Min., F/D 2004 / THE MAKING OF »MEIN TEIL«, Regie: Mathilde Bonnefoy, 30 Min., D 2004 / THE SOUL OF A MAN, Regie: Wim Wenders, 103 Min., D/USA 2003 / TWELVE MILES TO TRONA, (Kurzfilm, Teil von TEN MINUTES OLDER: THE TRUMPET), Regie: Wim Wenders, 10 Min., S/UK/D/FIN/C/NL 2002 / HEAVEN, Regie: Tom Tykwer, 96 Min., D/F 2002 / DER KRIEGER UND DIE KAISERIN, Regie: Tom Tykwer, 135 Min., D 2000 / LOLA RENNT, Regie: Tom Tykwer, 81 Min., D 1998

Heide Breitel, geb. 1941, 1957-1960 Photolaborantin/Photographin, 1960-1962 Ausbildung zur Filmcutterin, 1973-1979 Dozentin für Filmgestaltung und Filmschnitt an der DFFB. Seit 1977 eigene Filme, seit 1980 eigene Produktion. Max Ophüls Förderpreis 1983 und 1987, Deutscher Filmpreis 1987, Filmband in Silber.
Filme u.a.:
AUS ERFAHRUNG KLUG, Regie: Heide Breitel, 50 Min., D 2005 / MON PARADIS – DER WINTERPALAST, Regie: Elfi Mikesch, 48 Min., D/F 2002 / DIE STRASSE DER TROUBADOURE, Regie: Elfie Mikesch, 60 Min., D/F 2002 / ICH KANN DAS SCHON, Regie: Heide Breitel, 87 Min., D/F 2000/02 / DIE MARKUS FAMILY, Regie: Elfi Mikesch, 85 Min., D 2000 / KA-HEY, ICH GRÜSSE DICH, Regie: Elfi Mikesch, 52 Min., D/F 1999 / LEBEN, Regie: Heide Breitel, 81 Min., D 1997/99 / VERRÜCKT BLEIBEN – VERLIEBT BLEIBEN, Regie: Elfi Mikesch, 88 Min., D 1997/98 / DIE UMARMUNG DER WEISSEN SCHWESTER, Regie: Heide Breitel, 44 Min, D 1993/94 / DASEIN, Regie: Heide Breitel, 89 Min., D 1990/91 / LERNEN KÖNNEN JA ALLE LEUTE, 3 Filme: SCHWINDELFREI, BEIDE SEITEN GLEICH, L UND I HEISST LIEBE, Regie: Heide Breitel, 47, 56 und 90 Min., D 1988/89 / ICH BIN NICHT SCHÖN – ICH BIN VIEL SCHLIMMER, Regie: Heide Breitel, 57 Min., D 1987 / WENN DER WALD STIRBT, STIRBT DIE SEELE, Regie: Heide Breitel, Eva Maria Hammel, 30 Min., D 1983 / MACUMBA, Regie: Elfi Mikesch, 88 Min., D 1982 / IM JAHR DER

SCHLANGE, Regie: Heide Breitel, 90 Min., D 1982 / ZWISCHEN DEN BILDERN, Teil 1: MONTAGE IM ERZÄHLKINO, Teil 2: MONTAGE IM DOKUMENTARISCHEN FILM, Regie: Heide Breitel und Hans Helmut Prinzler, jeweils 60 Min., D 1981 / DIE KLEINEN KLEBERINNEN, Regie: Heide Breitel, Eva Maria Hammel, 50 Min., D 1980

Thomas Giefer, geb. 1944, Studium an der DFFB, 1968 relegiert, anschließend Kino-, Wochenschau- und politische Filmarbeit. Seit 1974 Reportagen, Dokumentationen und Dokumentarfilme überwiegend für das öffentlich-rechtliche Fernsehen. Adolf-Grimme-Preis mit Gold 2001, Gold Medal World Media Festival Hamburg 2001, Gold Medal New York Filmfestival 2001 für MORD IM KOLONIALSTIL – PATRICE LUMUMBA .
Filme u.a.:
MIT DEM MUT DER VERZWEIFELTEN, Regie: Rena & Thomas Giefer, 60 Min., D/F 2005 / TOD IN TEHERAN, Regie: Thomas Giefer, 45 Min., D 2004 / ROMERO – TOD EINES ERZBISCHOFS, Regie: Rena & Thomas Giefer, 45 Min., D 2003 / DER BÜRGERMEISTER, DER ENTERTAINER, DER TEPPICHHÄNDLER UND SEINE FRAU, Regie: Thomas Giefer, 45 Min., D 2002 / MORD IM KOLONIALSTIL – PATRICE LUMUMBA, Regie: Thomas Giefer, 53 Min., D 2000 / IRAN – ABSCHIED VOM GOTTESSTAAT, Regie: Ahmad Taheri & Thomas Giefer, 53 Min., D 1999 / TOD IN MEMPHIS – MARTIN LUTHER KING, Regie: Thomas Giefer, 45 Min., D 1998 / DIE MACHT, DAS ÖL UND DER TOD, Regie: Thomas Giefer, 45 Min., D 1996 / DJIHAD – DER HEILIGE KRIEG, Regie: Ahmad Taheri & Thomas Giefer, 45 Min., D 1991 / DIE RATTENLINIE – FLUCHTWEGE DER NAZIS NACH 45, Regie: Rena & Thomas Giefer, 45 Min., D 1990 / OPERATION ERNTE – CHRONIK EINES PUTSCHES IN AFRIKA, Regie: Jürgen Roth & Thomas Giefer, 45 Min., D 1987 / DIE KURDEN – EIN VOLK, DAS ES NICHT GEBEN DARF, Regie: Ulrich Tilgner & Thomas Giefer, 90 Min., D 1983 / SCHAH MATT – REVOLUTION IM IRAN, Regie: Ulrich Tilgner & Thomas Giefer, 90 Min., D 1981

Barbara Hennings, geb. 1944, Volontariat AG Nachwuchsförderung 1962-1964. 1964/65 Assistentin. Seit 1965 Cutterin/Film-Editor. Zahlreiche Kinoproduktionen. Über hundert TV-Dokumentationen. Nominierung Deutscher Fernsehpreis 2001 für ALPTRAUM EINER EHE. Kamerapreis für den besten szenischen Schnitt 2000 für UND MORGEN GEHT DIE SONNE AUF.
Filme u.a.:
MEIN BRUDER IST EIN HUND, Regie: Peter Timm, 92 Min., D 2004 / DER ZIMMERSPRINGBRUNNEN, Regie: Peter Timm, 93 Min., D 2001 / ALPTRAUM EINER EHE, Regie: Johannes Fabrick, 90 Min., D 2000 / MARLENE, Regie: Josef Vilsmeier, 93 Min., D 2000 / UND MORGEN GEHT DIE SONNE AUF, Regie: Johannes Fabrick, 90 Min., D 1999 / DER HAHN IST TOT, Regie: Hermine Hunthgeburt, 90 Min., D 1998 / AIMÉE UND JAGUAR, Regie: Max Färberböck, 132 Min., D 1997 / BELLA BLOCK (2 Folgen: KOMMISSARIN und LIEBESTOD), Regie: Max Färberböck, jeweils 90 Min., D 1993 / DAS SCHRECKLICHE MÄDCHEN, Regie: Michael Verhoeven, 92 Min., D 1990 / SCHULZ UND SCHULZ, Regie: Ilse Hofmann, 90 Min., D 1989 / IGNAZ SEMMELWEISS, Regie: Michael Verhoeven, 90 Min., D 1988 / DIE SPIDER MURPHY GANG, Regie: Georg Kostya, 92 Min., D 1983 / DIE WEISSE ROSE, Regie: Michael Verhoeven, 120 Min., D 1981 / SCHADE DASS BETON NICHT BRENNT, Regie: Schuhkraft, Etz, Hennings, 110 Min., D 1981 / PORTRAIT EINER BETRIEBSRÄTIN, Regie: Barbara Hennings, Günther Hörmann, 45 Min., D 1980 / GEWERKE IM SCHIFFBAU, Regie: Günther Hörmann, 45 Min., D 1979 / NUR NOCH DIE HÄLFTE WERT, Regie: Günther Hörmann, Thomas Mitscherlich, Barbara Hennings, 120 Min., D 1978

Brigitte Kirsche, 1937-1940 Ausbildung zur Photo-Kauffrau und Laborantin in Stettin. Ab 1938 Assistentin bei der Produktion von landwirtschaftlichen Lehrfilmen. Ab 1950 als Schnittmeisterin bei *Phönix-Film* in der Synchronisation. Danach bis 1958 bei der Defa-Synchron. Ab 1958 Tätigkeit bei der Interwest/Berliner Synchron von Wenzel Lüdecke. 1965 Anstellung beim NDR. Ab 1976 hauptamtliche Abteilungsleiterin für die Abteilung Schnitt beim NDR. Deutscher Schnittpreis 2003 für herausragende und bahnbrechende Leistungen in der Filmmontage.
Filme u.a.:
UND PLÖTZLICH WAREN WIR FEINDE, Regie: Jürgen Hobrecht, 30 Min., D 1998/99 / EIN LANGES LEBEN – OLGA BONTJES VAN BEEK, Regie: Konstanze Radziwill, Sara Fruchtmann, 60

Min., D 1996/97 / HÄRTETEST, Regie: Janek Rieke, 90 Min., D 1996/97 / BEFREIUNG AUS DER ROSENSTRASSE, Regie: Michael Muschner, 60 Min., D 1993/94 / WARUM STARB NIRMALA ATAYE? Regie: Konstanze Radziwill, Inge Buck, Barbara Debus, 60 Min., D 1993/94 / LA PALOMA, Regie: Eberhard Fechner, 2 Folgen à 90 Min., D 1987 / IM DAMENSTIFT, Regie: Eberhard Fechner, 90 Min., D 1983/84 / DER PROZESS, Regie: Eberhard Fechner, 3 Folgen à 90 Min., D 1976/84 / COMEDIAN HARMONISTS, Regie: Eberhard Fechner, 2 Folgen à 90 Min., D 1975/76 / ALLE JAHRE WIEDER, Regie: Dieter Wedel, 3 Folgen à 90 Min., D 1975/76 / LEBENSDATEN, Regie: Eberhard Fechner, 90 Min., D 1975 / 1000 MILLIARDEN, Regie: Dieter Wedel, 90 Min., D 1974 / RENTENSPIEL, Regie: Dieter Wedel, 90 Min., D 1974 / UNTER DENKMALSCHUTZ, Regie: Eberhard Fechner, 90 Min., D 1973/74 / SPUREN, Regie: Dan Cohen, 90 Min., D 1972 / GEDENKTAG, Regie: Dieter Wedel, 90 Min., D 1970 / KLASSENPHO-TO, Regie: Eberhard Fechner, 2 Folgen à 90 Min., D 1969/70 / NACHREDE AUF KLARA HEYDEBRECK, Regie: Eberhard Fechner, 60 Min., D 1969 / DAMENQUARTETT, Regie: Eberhard Fechner, 90 Min., D 1968 / DUO, Regie: Mauricio Kagel, 30 Min., D 1967 / SELBSTBEDIE-NUNG, Regie: Eberhard Fechner, 90 Min., D 1966 / ZWEIKAMPF, Regie: Carl Heinz Caspari, 60 Min., D 1966

Elfi Kreiter, geb. 1936 in Niederschlesien, Flucht 1945 nach Bayern. Musisches Gymnasium, ab 1957 Ausbildung zur Cutterassistentin beim Südfunk Stuttgart. Selbständiges Schneiden ab 1961. 1963 Wechsel zum neu gegründeten ZDF. Seit 1966 Zusammenarbeit mit Hans-Dieter Grabe (etwa 30 Filme). Seit 1973 Zusammenarbeit mit Georg Stefan Troller in Paris (etwa 70 Filme). Arbeiten in den ZDF-Auslandsstudios Wien, Brüssel und London. Ab 1980 Montage aller Dokumentarfilme von Eva Hoffmann. 1991 Adolf-Grimme-Preis mit Gold für das Gesamtwerk. 1992 Deutscher Kamerapreis für nicht-szenische Schnittleistung der Reportage LETZTE CHANCE FÜR HAITI. Jury- und Lehrtätigkeit.
Filme u.a.:
UNTER DEUTSCHEN – EINDRÜCKE AUS EINEM FREMDEN LAND, Regie: Georg Stefan Troller, 89 Min., D 1996 / ER NANNTE SICH HOHENSTEIN, Regie: Hans-Dieter Grabe, 89 Min., D 1994 / LETZTE CHANCE FÜR HAITI – DER KAMPF UM PATER ARISTIDE, Regie: Georg Stefan Troller, 44 Min., D 1991 / DO SANH, Regie: Hans-Dieter Grabe, 56 Min., D 1991 / CÄSAR, CÄSAR! ERIN-NERUNGSVERSUCHE IN RENDSBURG, Regie: Eva Hoffmann, 90 Min., D 1990 / JENS UND SEINE ELTERN, Regie: Hans-Dieter Grabe, 80 Min., D 1990 / STAN RIVKIN – DER LETZTE DER KOPF-GELDJÄGER, Regie: Georg Stefan Troller, 45 Min., D 1985 / HIROSHIMA, NAGASAKI – ATOM-BOMBENOPFER SAGEN AUS, Regie: Hans-Dieter Grabe, 90 Min., D 1985 / GRAFENECK – DIE ZEIT DES LEBENS, Regie: Hartmut Schoen, 45 Min., D 1984 / PERSONENBESCHREIBUNG: »BULLENREITER – DIE LÄNGSTEN 8 SEKUNDEN DER WELT«, Regie: Georg Stefan Troller, 45 Min., D 1982 / BERNAUER STRASSE 1-50 ODER ALS UNS DIE HAUSTÜR ZUGENAGELT WURDE, Regie: Hans-Dieter Grabe, 72 Min., D 1981 / PERSONENBESCHREIBUNG: »BEGEGNUNG IM KNAST«, Regie: Georg Stefan Troller, 44 Min., D 1981 / SCHNEIDE, ABER SCHNEIDE NICHT TIEF – FRAUEN IM ARABISCHEN SUDAN, Regie: Eva Hoffmann, 45 Min., D 1980 / PERSONENBE-SCHREIBUNG: »RON KOVIC – WARUM VERSCHWINDEST DU NICHT?«, Regie: Georg Stefan Troller, 31 Min., D 1977 / SANH UND SEINE FREUNDE, Regie: Hans-Dieter Grabe, 44 Min., D 1975 / PERSONENBESCHREIBUNG: »EUGEN SMITH – WER WEINT WARUM IN MINAMATA«, Regie: Georg Stefan Troller, 30 Min., D 1974 / MELINA MERCOURI – DAS LAND DER GRIECHEN MIT DER SEELE SUCHEN, Regie: Georg Stefan Troller, 31 Min., D 1973 / NUR LEICHTE KÄMPFE IM RAUM DA NANG, Regie: Hans-Dieter Grabe, 44 Min., D 1970 / DIE HELGOLAND IN VIETNAM, Regie: Hans-Dieter Grabe, 30 Min., D 1966 / DIE ZWEITE REVOLUTION – AUTOMATEN ÜBERNEHMEN DIE ARBEIT, Regie: Horst Wünsche, 45 Min., D 1964

Beate Mainka-Jellinghaus – Angaben zur Biographie? »Sie dürfen ruhig fehlen«, sagt Beate Mainka-Jellinghaus auf entsprechende Rückfrage, »die Lücke ist gut, lassen, nichts daran machen.«
Filme u.a.:
GEB. 1899, ALFRED SOHN-RETHEL, SOZIALPHILOSOPH, Regie: Günther Hörmann, 60 Min., D 1988 / DIE MACHT DER GEFÜHLE, Regie: Alexander Kluge, 115 Min., D 1981-83 / KRIEG UND FRIEDEN, Regie: Alexander Kluge, Volker Schlöndorff, Stefan Aust, Axel Engstfeld, 123 Min.,

D 1982 / Gewöhnliche Leben der Menschen aus A., Regie: Günther Hörmann, 120 Min., D 1980/82 / Fitzcarraldo, Regie: Werner Herzog, 158 Min., D 1981 / Der Kandidat, Regie: Alexander Kluge, Stefan Aust, Alexander von Eschwege, Volker Schlöndorff, 129 Min., D 1980 / Woyzeck, Regie: Werner Herzog, 81 Min., D 1979 / Die Patriotin, Regie: Alexander Kluge, 121 Min., D 1979 / Nosferatu – Phantom der Nacht, Regie: Werner Herzog, 94 Min., D 1978 / Stroszek, Regie: Werner Herzog, 108 Min., D 1976 / How much wood would a wood-chuck chuck, Regie: Werner Herzog, 44 Min., D 1976 / Herz aus Glas, Regie: Werner Herzog, 94 Min., D 1976 / In Gefahr und grösster Not bringt der Mittelweg den Tod, Regie: Alexander Kluge, 90 Min., D 1974 / Die Grosse Ekstase des Bildschnitzers Steiner L., Regie: Werner Herzog, 45 Min., D 1974 / Jeder für sich und Gott gegen alle, Regie: Werner Herzog, 109 Min., D 1974 / Gelegenheitsarbeit einer Sklavin, Regie: Alexander Kluge, 91 Min., D 1973 / Aguirre, der Zorn Gottes, Regie: Werner Herzog, 93 Min., D 1972 / Land des Schweigens und der Dunkelheit, Regie: Werner Herzog, 85 Min., D 1971 / Behinderte Zukunft, Regie: Werner Herzog, 63 Min., D 1970 / Auch Zwerge haben klein angefangen, Regie: Werner Herzog, 98 Min., D 1969/70 / Fata Morgana, Regie: Werner Herzog, 79 Min., D 1968/70 / Artisten in der Zirkuskuppel: ratlos, Regie: Alexander Kluge, 103 Min., D 1967/68 / Ruhestörung – Ereignisse in Berlin, 2.-12. Juni 1967, Regie: Günther Hörmann, 97 Min., D 1967 / Lebenszeichen, Regie: Werner Herzog, 90 Min., D 1967 / Mahlzeiten, Regie: Edgar Reitz, 94 Min., D 1966 / Abschied von gestern, Regie: Alexander Kluge, 88 Min., D 1967

Peter Przygodda, geb. 1941, 1967 als Schnitt-Assistent in Arthur Brauners CCC-Ateliers in Berlin-Spandau. 1968 Regie- und Schnittassistent in München. 1969 der erste eigene Kurzfilm. Ab 1970 selbständiger Schnittmeister, erstmals Zusammenarbeit mit Wim Wenders. Bis 1974 häufig Zusammenarbeit mit Klaus Lemke, später auch mit Hans W. Geissendörfer und Reinhard Hauff. 1971/72 erste eigene, längere Dokumentation über die Rockgruppe *Can*, 1978 und in den achtziger Jahren weitere eigene Filme in Brasilien. Deutscher Filmpreis 1975, Filmband in Gold (Schnitt) für Falsche Bewegung. Deutscher Filmpreis 1978, Filmband in Gold (Schnitt) für Der amerikanische Freund, Die linkshändige Frau, Die gläserne Zelle. Erhielt im Jahr 2002 den Adolf-Grimme-Preis (Schnitt) für Kopfleuchten.
Filme u.a.:
Don't Come Knocking, Regie: Wim Wenders, 122 Min., D/F 2004/05 / Schneeland, Regie: Hans W. Geissendörfer, 145 Min., D 2004 / Augenlied, Regie Mischka Popp/Thomas Bergmann, 90 Min., D 2003 / Kopfleuchten, Regie: Mischka Popp/Thomas Bergmann, 90 Min., D 2002 / Die Stille nach dem Schuss, Regie: Volker Schlöndorff, 101 Min., D 2000 / Der Himmel über Berlin, Regie: Wim Wenders, 127 Min., D 1986/87 / Paris, Texas, Regie: Wim Wenders, 148 Min., D 1983/84 / Alle Geister kreisen, Regie: Peter Przygodda, 97 Min., D 1981-85 / Der Zauberberg, Regie: Hans W. Geissendörfer, 153 Min., D/F/I 1981 / ... als Diesel geboren, Regie: Peter Przygodda, 122 Min., D 1978/79 / Messer im Kopf, Regie: Reinhard Hauff, 113 Min., D 1978 / Die gläserne Zelle, Regie: Hans W. Geissendörfer, 93 Min., D 1977 / Die linkshändige Frau, Regie: Peter Handke, 116 Min., D 1977 / Der amerikanische Freund, Regie: Wim Wenders, 126 Min., D/F 1976/77 / Die verlorene Ehre der Katharina Blum, Regie: Volker Schlöndorff, 106 Min., D 1975 / Paul, Regie: Klaus Lemke, 75 Min., D 1974 / Can, Regie: Peter Przygodda, 54 Min., D 1972 / Ludwig – Requiem für einen jungfräulichen König, Regie: Hans Jürgen Syberberg, 140 Min., D 1972 / Liebe so schön wie Liebe, Regie: Klaus Lemke, 80 Min., D 1971 / Pornografie illegal, Regie: Alois Brummer, 72 Min., D 1971 / Der lüsterne Türke ... seine Nächte mit Eliza, Suleika und Ranah ... und wie es ihm erging, Regie: Michael Müller, 81 Min., D 1970/71

Wolfgang Widerhofer, geb. 1971. Lehrgang Film- und Geisteswissenschaft, Universität Wien. Absolvent der Drehbuchwerkstatt München. Lebt und arbeitet in Wien.
Filme u.a.:
Operation Spring, Regie: Angelika Schuster, Tristan Sindelgruber, 93 Min., A 2005 / Flug Nummer 884, Regie: Wolfgang Widerhofer, Markus Glaser, 52 Min., A 2004 / Senad und

EDIS, Regie: Nikolaus Geyrhalter, 30 Min., A 2003 / NACHTREISE, Regie: Kenan Kilic, 64 Min., A 2002 / ELSEWHERE, Regie: Nikolaus Geyrhalter, 240 Min., A 2000/01 / AM SPIEGELGRUND, Regie: Tristan Sindelgruber, Angelika Schuster, 90 Min., A 1999 / PRIPYAT, Regie: Nikolaus Geyrhalter, 100 Min., A 1999 / SONNENFLECKEN, Regie: Barbara Albert, 30 Min., A 1998 / DAS JAHR NACH DAYTON, Regie: Nikolaus Geyrhalter, 200 Min., A 1996/97 / ANGESCHWEMMT, Regie: Nikolaus Geyrhalter, 86 Min., A 1994

Text-/Bildnachweise

Dschuang Dsi: »Der Koch«, in: ders.: *Das wahre Buch vom südlichen Blütenland*, Diederichs Verlag, München 1994, S. 54.

Laurence Sterne: *Tristram Shandy*, 6. Buch/40. Kapitel, Insel Verlag, Frankfurt/M. 1982, S. 508f.

Maya Deren: »Bewegungsmuster«, in: dies.: *Poetik des Films*, Merve Verlag, Berlin 1984, S. 67-69 (Auszug aus dem Kapitel »Ritual in Transfigured Time«).

Wsewolod I. Pudowkin: »Eine einfache Form kontrapunktierten Bildes und Tons«, in: ders.: *Filmtechnik*, Arche Verlag, Zürich 1961, S. 218f. (Auszug aus dem Kapitel »Der Asynchronismus als Prinzip des Tonfilms«).

Klaus Kreimeier: »Alte Bilder – neue Bilder«, in: Hilmar Hoffman, Walter Schobert (Hg.): *Film & Computer*, Deutsches Filmmuseum, Frankfurt/M. 1998, S. 195f.

Karel Reisz, Gavin Millar: »Der Beitrag der Filmmontage«, in: dies.: *Geschichte und Technik der Filmmontage*, hg. von Stiftung Deutsche Kinemathek, München 1988, S. 43f. (Auszug aus dem Kapitel »Montage und Tonfilm«).

Helen van Dongen: »60.000 Meter für einen Film«, zit. nach Karel Reisz, Gavin Millar: *Geschichte und Technik der Filmmontage*, a.a.O., S. 94f. (Auszug aus dem Kapitel »Der poetische Dokumentarfilm«).

Urban Gad: »Die kleinen Klebedamen«, in: ders.: *Der Film – seine Mittel – seine Ziele*, Schuster & Loeffler, Berlin 1921, S. 236-238. Zit. nach Helmut Herbst: *Dem Licht bei der Arbeit zusehen*, o.O. 2004, S. 86f.

Karel Reisz, Garvin Millar: »Gegen alle Regeln«, in: dies.: *Geschichte und Technik der Filmmontage*, a.a.O., S. 229f. (Auszug aus dem Kapitel »Der Autorenfilm«).

Die im Kapitel »Materialien« verwendeten Titel stimmen teilweise nicht mit den Originaltiteln oder Kapitelüberschriften der Originaltexte überein.

Die Photographien stammen von Christoph Hübner. S. 15: Georgien 3/04, S. 18: Kaukasus/Georgien 3/03, S. 19: an der Ruhr 2/05, S. 22: an der Ruhr 4/03, S. 30: Witten 4/03, S. 31: Georgien 3/05, S. 48: Heidelberg 5/04, S. 49: Witten 10/04, S. 61: Witten 4/03, S. 69: Georgien 3/05, S. 78: Singapur 5/04, S. 86: Lissabon 6/04, S. 95: Setúbal 6/04, S. 136: Georgien 3/05, S. 147: an der Ruhr, S. 155: Lissabon, S. 163: Wuppertal 1/05, S. 178: Setúbal 6/04, S.192/193: Georgien 3/05, S. 210: Setúbal, S. 223: Formentera 4/02, S. 231: Göschweiler 10/04.

Der Verlag dankt für die Abdruckgenehmigungen.